知识领航财富人生
舵手俱乐部 www.duoshou108.com

个人投资者线上交易

劳拉·赛塞　编著
高海嵘　张艺博　译

山西出版传媒集团
山西人民出版社

图书在版编目(CIP)数据

个人投资者线上交易/(美)赛塞编著;高海嵘,张艺博译.--太原:山西人民出版社,2016.1
ISBN 978-7-203-09514-9

Ⅰ.①个… Ⅱ.①赛… ②高… ③张… Ⅲ.①股票交易-基本知识 Ⅳ.①F830.91

中国版本图书馆 CIP 数据核字(2016)第 023971 号
著作权合同登记号:图字:04-2016-003

个人投资者线上交易

著　　者:	(美)劳拉·赛塞
译　　者:	高海嵘　张艺博
责任编辑:	崔人杰
出　版　者:	山西出版传媒集团·山西人民出版社
地　　址:	太原市建设南路 21 号
邮　　编:	030012
发行营销:	0351-4922220　4955996　4956039　4922127(传真)
天猫官网:	http://sxrmcbs.tmall.com　电话:0351-4922159
E-mail:	sxskcb@163.com　发行部
	sxskcb@126.com　总编室
网　　址:	www.sxskcb.com
经　销　者:	山西出版传媒集团·山西人民出版社
承　印　者:	大厂回族自治县德诚印务有限公司
开　　本:	710mm×1000mm　1/16
印　　张:	16.5
字　　数:	238 千字
印　　数:	1-5100 册
版　　次:	2016 年 5 月　第 1 版
印　　次:	2016 年 5 月　第 1 次印刷
书　　号:	ISBN 978-7-203-09514-9
定　　价:	49.00 元

如有印装质量问题请与本社联系调换

前 言

今天，证券和期货领域全电子化的交易所，正在对传统交易所发出挑战，并已占领了它们的市场。

到2006年年底，美国所有主流交易所的绝大多数成交量，都是在线完成的，即便是最坚定的场内交易所，纽约证券交易所，都已经迅速电子化；而芝加哥商业交易所收购芝加哥期货交易所一事，客观上加速了古老的场内交易方式的灭亡。

线上交易是怎样"后来居上"的？

线上交易的美妙之处，在于投资者几乎可以在任何地方、任何时间进行交易——现在的交易者能在自己舒适的家里，直接通过电子交易平台参与交易。

线上交易不但改变了客户下交易订单的方式，还从根本上改变了整个交易界：客户获得了对他们的订单处理方式的更大的控制能力，这种授权戏剧性地推动了市场前所未有的民主化进程。线上交易促使市场参与者之间公平竞争环境的形成，而且随着线上交易技术的进步，投资者和经纪人也取得了一些令人震惊的进步。

对于经纪人公司而言，线上交易解决了许多困扰经纪商的重大问题，交易电子化简直就是"天赐良机"。

数十年来，经纪商不得不承担着叫价出错的严峻问题，这给经纪人公司造成严重的后果。传统的指令单进入系统时，使用电话传送到场内

进行交易,这一过程常伴随着潜在的错误:客户可能会喊错价,经纪人也可能听错价,订单也可能被场内误执行等,最终经纪人公司不可避免地为所有的错误买单。线上交易技术能使市场有效地处理大量的交易数据,只需极少的员工和几乎不会出错的机器。对于很多经纪人公司而言,线上交易订单不仅是无缝对接交易,而且也被无缝地提交和执行——整个过程中越少人为的参与,就意味着越少的人为错误。某些线上交易系统甚至通过应用风险管理软件,进一步减少了经纪人的应负责任。这种软件能在允许客户交易之前,检查客户的账户负债和未平仓合约数,以时时跟踪客户持有的头寸为基础,同时令公司和客户都受益:客户每时每刻都知道他们账户的市值,且更方便公司进行风险管控,并帮助客户避免追加保证金和借方余额的事件发生。

另一方面,从线上交易的数据直接被路由器引领到电子交易平台那一刻起,维持场内管理的花费,就已经大幅度降低了,这对经纪人公司来说也是一大"喜事"。

线上交易在经纪人公司那里受欢迎,在客户这里更受欢迎。除了交易时间和地点更加随心所欲,线上交易对客户的吸引力还在于"支配权"带来的快感。

在获取了控制订单接入的授权之后,客户发现了更多的自由:当他们取消或者重置指令单时,不必再听经纪人公司的抱怨,也不用在交易期间听公司大谈特谈它们的广告;更令人兴奋的是,享受那种即便是在非常不同寻常的情况下,或者极端的市场波动状态下,指令单也立即被执行的感觉!

进一步讲,随着交易授权以及更大订单接口的有效使用,线上交易给投资者提供了全新的观察市场的方法。除了用计算机进行模式匹配交易,线上交易系统还可以直接连接到市场数据服务中心,来获取报价信息,如当前的买/卖价格、当前买/卖价格的订单以及头寸大小。

客户不但享有了极大的独立性和意想不到的好处,而且支付的交易

佣金也大大减少了。

当线上交易系统直接把客户吸引到经纪人事务所的电子交易平台上时，客户就可以发出订单指令，并直接把订单传送到自动撮合交易平台，最终在循环结束时，系统会直接把成交回报提供给客户。

为客户提供实时的价格访问通道，订单的总体视图和一旦下单立即被处置的便利，性能卓著地打造出一个公平的电子交易竞争环境，这就是线上交易赢得客户认可和喜爱的原因。

线上交易高级技术的自然发展，呈现出扩张的特征，但是也有障碍：大多数线上交易的客户都是通过互联网交易的，而其带宽有限，所以，线上交易技术的发展，就决定于如何在较窄的带宽下传递尽可能多的信息，解决这一问题的一种方法是，线上交易系统的设计者，对带宽有限的用户发布精简版，而对带宽较理想的客户发布高级版；另一种方法是，开发一种有弹性的线上交易系统，这样客户能够自行添加或者删除一些组件，以适应自己的交易需求和带宽。

无论如何，显而易见的是，线上交易系统肯定会继续成长，系统设计者们也会继续寻找能更好地迎合客户需求的新方法，而交易者们也会硕果累累！

为了让投资者更深入地了解线上交易的发展历程和趋势，更充分地掌握线上交易的知识和技术，我们精选近些年最成功的交易者和市场分析人的著作，编成此书——阅读本书，你可以掌握"构建可靠的交易方法"、"将技术分析运用到交易决定中"等实用性策略，圆自己线上交易赚钱的梦想！

目 录

第一篇　线上交易背后 …………………………………… 1
- 第1章　让线上交易为你所用 ………………………………… 3
- 第2章　电子交易的方方面面 ………………………………… 9
- 第3章　驯化技术野兽：如何提前应付计算机时代的调整 …… 17
- 第4章　糟糕交易如何练出优秀交易人 ……………………… 23

第二篇　评估市场机会 …………………………………… 31
- 第5章　直面风险：做出计划，防范决定性损失 …………… 33
- 第6章　交易大厅的经验：将现场情绪反映到交易屏幕上 … 38
- 第7章　如何在大幅运行前找到盈利交易 …………………… 48
- 第8章　交易量在说话 ………………………………………… 55
- 第9章　金融市场受季节影响吗？ …………………………… 66
- 第10章　迷你合约的作用 …………………………………… 75
- 第11章　重要的是何时变现退出 …………………………… 79
- 第12章　基本面又有话说 …………………………………… 83
- 第13章　该调整交易了？或许该纳入图表 ………………… 92

第三篇　线上交易和新前沿 ……………………………… 99
- 第14章　下电子订单：快起来 ……………………………… 101
- 第15章　交易工具：制胜之法 ……………………………… 108

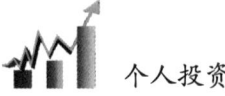

第16章 进入21世纪:电子下单更有利于投资者 …………… 114
第17章 收获季来临:放眼未来 …………………………… 124
第18章 知道何时退场:卖股12原则 ……………………… 130

第四篇 交易系统 ……………………………………………… 139

第19章 充分利用机械交易系统 …………………………… 141
第20章 系统多样化提高交易回报 ………………………… 147
第21章 做盈利交易:开发自己的交易系统 ……………… 159
第22章 用系统实现白日梦 ………………………………… 168
第23章 开发自己的第一个交易系统:
一个有关骄傲、谦虚和希望的警世寓言 ………… 177

第五篇 期权入门 ……………………………………………… 185

第24章 期权在投资组合中的地位 ………………………… 187
第25章 用涨、跌期权价差降低风险 ……………………… 193
第26章 用期权抓住市场波动机会 ………………………… 203
第27章 期权交易的常见错误 ……………………………… 215

第六篇 结语 …………………………………………………… 223

第28章 交易七宗致命罪 …………………………………… 225

术语表 ……………………………………………………………… 235

第一篇　　线上交易背后

线上交易给交易人铺平了赛场，同时提高了交易灵活性，降低了费用，改善了进入市场的途径。交易人在交易大厅现场观看指令流的优势，已经变为了解指令下达和运行的高超电子交易人，这不是说交易就像敲击键盘下达指令一样简单。交易是一种训练，需要勤劳、决断和自控，光有专业知识和正确的态度还不够，今天你还需要正确的工具和计划才能参与比赛。

这一部分我们会看看想要交易成功需要的工具——有形的和心理上的。首先，执行交易的方式会影响盈亏总额，如果了解了电子订单执行的技术，就能提高选择时机和交易执行技巧，且行之有效。

我们还会看看技术问题——建立自己的交易办公室需要什么以及如何有效保持设备运转平稳。大多数个人交易人在计算机出现问题时，没有信息技术部门可求救。如果知道如何让计算机保持最佳状态，你就能专心于交易，无须操心机器是否会按指令运行。

当然，除了合适的设备，你还需要一个商业计划，其中包含开发盈利策略、管理风险、写出深入的交易计划以及补充市场知识。我们还会指点你如何找到合适的经纪人，然后讨论一下税收问题和设定积极交易业务的好处。

一旦掌握了这些基础，你就能真正利用线上交易提供的无拘无束的自由了。

第1章 让线上交易为你所用

琳达·布拉福德·拉斯奇克

电子交易如预期那样为交易人铺平了赛场，每个人现在都有了一样的入口，场内交易人再也没有在场内观看指令流的优势了，费用构成也一路下滑，计算能力、交易执行平台的性能和链接状况则不断提高。

虽然科技改变了交易面貌，但交易人几乎都不明白指令程序及其影响盈亏总额的方式。技术分析的内容林林总总，但交易执行技巧甚少有人关注。我敢说，能够得到一个基点的执行价的优势统计去年的交易量分析利润影响因素，两成半情况下能发现更好的结果。想想你口袋里多出来的那些钱，也许就值得多关注一下交易执行了。但首先，我们先来看看电子指令执行背后的技术及指令如何运行。

技术路线

我们了解一下指令自做出起走过哪些步骤。下达指令的执行平台称为前端，这个软件程序存储在你的CPU中，会传递指令。每个软件程序都有一个应用程序界面（API），黑盒子程序能直接写到API中，而谨慎的交易人会手动输入指令，更成熟的交易人或大型公司会直接将交易管理和执行策略写入API，黑盒子交易策略现在占到标普电子迷你合约交易量的35%到40%。

API将指令发送给后端，后者包括处理订单的硬件。如果你没有直接交易入口，指令会先到结算公司的互联网服务器，路由器和交换器通过叶片（网络设备的一部分）传送指令，然后将指令传递给另一个服务器，这个服务器将指令传递给合适的交易所，交易所服务器亦即所说

 个人投资者线上交易

的配对引擎,将指令配对,并将成交的指令返回给合适的结算公司。

如果没有直接连接到交易所,执行指令的较快传送速度是500毫秒(半秒钟)。我的指令连接到T1线会用50毫秒(直接入口会降低到5—50毫秒),然后再用20毫秒找到合适的路线,后端软件用2—4毫秒将指令送达交易所(至少在芝加哥商业交易所是这样)。一个软件应用传递给另一个软件应用都需要时间,整个过程的步骤越少,执行速度就越快,可能断开的链接就越少。

但这种速度真正能有多大影响?这么说吧,在早上的经济数据公布后、联邦公开市场委员会(FOMC)开会后、在主要支撑和阻力线上或扰乱性新闻事件发生的任何时刻,如果市场变化快,标普电子迷你合约市场会迅速出现状况,在变化快的市场,每分钟会有高达250的价格变化,这就是说,市场每秒钟运行4个基点。如果认为两秒钟八个基点相当于每份合约100美元,你也许就要时刻留意你的那些指令是如何被处理的。另一个隐含问题是,如果结算公司一台服务器上的客户太多,市场非常活跃的时候,服务器的利用率就非常高,这就会在关键时刻产生配对延误。

价格看起来稍有延误的又一个原因是,并非所有的执行平台都利用交易所的直接配对供应(亦称为流数据)。交易所的直接供应价格昂贵,因此一些应用平台利用二手数据供应进行价格配对。可惜的是,交易人一般总是付出多少得到多少,使用直接供应的大多数平台会收取少数费用来弥补成本。如果你不是活跃交易人,没有直接供应也没多大区别。但如果你每日交易并以此为生,那么执行指令时不看看交易所的直接传输指令,就等于放弃了一个重要的先机。

执行速度在另一方面也举足轻重,排在队首也是一项先机。交易人越早做出指令,在市场达到该水平时就越可能成交。排序位置的重要性在电子迷你或十年期票据这样的市场非常突出,这种市场的买盘或卖盘量一般都是3000份合约。

你还会问,你的止损订单是在交易所的服务器上还是成了合成止损?合成止损是指指令要么是在自己电脑里,要么是在中介电脑里,市

场达到该水平时，交易指令才会被发送到交易所服务器执行。活跃交易人希望自己的止损指令放置到交易所，这样的话，如果你自己的互联网连接出现问题，而你的指令已经在交易所的服务器上了，指令的执行和排队位置就不会受到影响。

一些交易人喜欢用复杂的交易管理策略，如跟踪止损技巧，Ninja Trader、Trade Maven、Strategy Runner 和 TradesStation 这样的应用软件提供了一些附加功能。入行不久的交易人认为这些额外的功能物有所值，增加了链接的层数。但别忘了，每增加一个层次，都会花费更多的处理时间，给整个指令执行过程增加链接。一些附加应用将交易管理指令保存在你自己的计算机里，如果你的计算机或互联网出了状况，这就会出问题。把你公司的指令速查表格就放在手边，如果任何联通环节出了问题，就让他们查查你的指令状态，他们也能代你执行交易。

但交易是真实的吗？

既然已经说明了表象背后的技术，我们回头来谈谈提高交易执行的真正挑战。遗憾的是，点一点鼠标就执行，害了一些交易人，他们正面临着盈亏总额下跌的问题。过于容易的执行导致了过度交易以及对市场流言反应过度的倾向。

电子交易让所有参与人都能看到市场买卖盘的规模，其中很多人不明白的是卖盘或买盘往往不是真实的。例如，计算买价和卖价之间差价的黑盒子系统可能报出卖盘是 1000 份合约，但如果有 200 份成交了，另外 800 份会立即取消。一些程序会监测买盘或卖盘成交的速度，这就会让大家取消或调整买卖盘大小。如果差价自动计算的话，相关市场的买卖盘会同时计算，指令不断被调整，而另一个市场中则有订单在成交。最后，还有公司用自动入市算法，没几秒钟就发送指令买或卖 300 份合约，这样就不可能知道有效的真实数量或报买价。

约 5 年前，一些交易人以抢夺买卖盘为职业，专属交易店迅速发展起来，一些受过培训的激进交易人就利用了短期市场的无效性。随着黑盒子系统的发展，其执行交易的速度无人能及，这种职业才消失殆尽。

兰德金融公司总裁杰夫·昆图入行30多年，他也是从自营交易公司起步的。这些公司的数量在减少，被商业长廊（trading arcade）取而代之。昆图现在管理光子交易室，是一家一流拱廊。自营交易公司和拱廊的区别在于：在自营交易公司，交易人用公司的资金并获得一定比例的利润，而在拱廊，交易人用自己的资金获取全部利润，但要支付月费获得高深的技术和超快的链接。开办拱廊只需要15 000美元，在昆图看来，拱廊交易人现在远比专属店交易人更稳定，能获得更大利润，因为他们用自己的钱都小心翼翼。

昆图还表示，场外专业交易人必须交易更长的时帧，因为自动交易系统越来越多。昆图的交易员每笔交易的平均持有时间是3—7分钟。这些交易员的执行平台速度更快，链接状况绝佳。关键是，几乎没什么交易人能在比这个更短的时帧内进行稳定收益的实时交易。很多场外交易人在5分钟和15分钟时帧时成绩最好（也总是记得这个长期时帧）。如果交易人的时帧更长的话，他往往无法安然度过噪音（趋势中难免出现的回调或整理）的骚扰。

昆图还谈到了专业交易人随电子交易变化而成长的重要性。交易人时常发现一个策略用上两三年后，就无法适应市场的变化了。例如，几年前，许多专业交易人能够交易利率市场差价，还能针对现货市场交易和债券来获利不菲，但这些玩法现在都无影无踪了。这个行业有一个真理：一旦你发现了开锁的钥匙，他们就换锁了。

避免事后反应

下面是给刚开始使用电子平台的交易人的一些建议：别紧盯着交易记录，这会促使你事后反应或者在赢利时过早退出。看着图表想想最初怎么要做这笔交易的。如果市场运行缓慢，看着记录会让你吃下劣质交易的苦果。难道你没听说过有人参加拍卖，被困在了报价中，结果揣了一些不想要的东西回家了？过于关注交易记录对交易人的影响无异于去参加拍卖，被激动人心的时刻俘虏。

如果在心里没底的时候看交易记录，你很可能见风就是雨而退出交易。但如果在稍低于支撑线下设置休眠止损指令，在交易市场现价之上几个基点设置退出看多交易的指令，就更有可能在一片乱象中以更好的价格退出交易，情况恶化时，止损就可以退出交易。

如果想要买多，我会先准备好买盘价。如果市场下跌，并在我设定的价格交易，而我的订单却没有成交，我会点击平台上的执行键，我的指令就在市场上得以执行。如果我想要退出，假设我是买多，我会设置按市价交易指令，如果价格跌破我的设定，我会点击执行键，我的指令就会立即在市场成交。我每次入市，都会在电子迷你合约上多支付12.50美元，这就相当于，市场提供了流动性（设定买盘价和卖盘价），但你在获得流动性时要掏腰包。

大多数交易人低估了他们的反应时间，他们都会有一个知道自己的交易错误的价格水平，他们告诉自己，价格达到该水平时就退出交易。但他们设定指令的时候，价格已经远远超过自己最初的心理止损价了。

最好的办法是先设定一个休眠止损指令，但别受乱象干扰（亦即余地别太小，容不下一点波动）。一旦设定了安全净休眠止损指令，如果市场运行对你有利或价格行动停滞，止损就可以缩小些。只要点一下鼠标，就可以更改止损，也可以设定休眠止损指令，你会明白平台功能的重要性。

你需要的平台附加功能

交易人的执行平台所需要的功能包括：点击鼠标更改指令、点击鼠标进行买卖、定制自己的交易模块、容易设定止损指令、点击鼠标更改止损指令的价格以及同时看到多个休眠指令。一些交易人喜欢阶梯式执行，另一些则喜欢简单交易模型，能参与买卖盘就行。所有的平台都开发出来适合他们需求的样式，交易人应该研究一下哪些平台能提供他们最喜欢的功能，也别忘了除了功能和易用，可靠性是关键，而且交易人还要确保与有24小时联系电话的公司合作，能在两三声铃响后有人接电话。

因为大多数市场现在都是一天24小时交易，因此市场一般都会测试美国交易日晚间出现的市场高价或低价。标普电子迷你合约会测试全球外汇交易所高价或低价，因此要盯着债券、货币、黄金和原有的晚间最高价和最低价，这些市场的流动性都好于以前。

我在大多数24小时交易的市场会用由20到500笔交易组成的价格条，在看债券这类市场的时候，5分钟条状图是个好选择，该类市场在半夜不会有太多交易活动。

经验是最好的老师

寻找时机和交易执行的技能都会随着经验积累而增长，新入行的交易人应该一直从小规模交易入手，先要学会为每一个基点而努力。

电子交易的确让场外交易人处于同一水平，利用了交易科技的交易人能够获得更大的利益，而且，交易人控制自己的行为和情绪状态的能力，还是一直对自己交易产生最大的影响。

琳达·布拉福德·拉斯奇克自1981年就成为全职专业交易人，她以场内交易员出道，后来创立了LBR集团，这是一家专业的资金管理公司。她除了以注册税务师的身份运行一些成功项目外，还担任几家对冲基金的首席交易人，并掌管一些商业对冲项目。拉斯奇克因为杰克·施瓦格的著作《市场新怪杰》而为人所知，又因自己的著作《城市精英》而声名鹊起。她经常为 SFO 和其他刊物供稿，在其网站 www.lbrgroup.com 可以看到大量指导文章。本文首刊于2006年4月的 SFO。

第2章 电子交易的方方面面

吉姆·考沃夫

市场的电子通道、高速的互联网连接以及计算机技术的结合,给想和美林证券这样的投行或约翰亨利公司这样的对冲基金巨头同台竞技的个人交易人铺平了赛场,现在不是害怕巨人的时代了,交易技术能让大卫与用一笔交易就够将他的家产买卖一千次的家伙站在同一起跑线上。

大卫·斯沃曼是从业16年的芝加哥商业交易所场内交易员,并著有《期货直通道:电子交易完全指南》。他表示:当今的技术让市场参与者处于同一地位,而且结束了场内人士比其他人早看到价格运行的日子。"在交易史上第一次把体制赋予场内特权方的内在先机共有化了,让交易就是交易,而不是看谁有先机。"

搭建一个交易室需要的工具非常简单,只要一个价格合理、可靠的计算机和DSL联网,再加上一个优秀的经纪人和客户服务,一些数据传输专线,可用的下达指令软件,就可以开始做交易了。但专业的交易人需要的可远远不止这些,交易人和交易系统专家表示,交易人需要适合自己的商业计划、交易策略和市场知识。

采购计算机

交易人首先要到市场采购工具:个人电脑。可供选择的非常多,但重点在两个问题:投资组合的大小和交易类型。对不少交易人来说普通处理器就够了,对其他人来说,要能吐出来核潜艇计划的计算机才行。身在伦敦的交易人安迪·雷尔森在泛欧证交所交易富时100指数期货合约,他用的是AMD牌电脑,处理器是1.2GHZ,还有一个监视器。他

承认这不是最理想的装备,因为他不得不将一个交易屏幕分割成很多太小的窗口,以便浏览最新的交易、市场价格、分析和新闻。

"这不是一线电脑,但处理器完全足够我用。"雷尔森说他计划马上再买一个监视器。

埃德·斯皮尔在芝加哥的公寓里有三个独立的监视器,中等戴尔电脑,奔腾5处理器,他在芝加哥商业交易所交易电子迷你标普期货。

"因为需要运行的程序类型,就需要性能非常强的电脑,而不是花1200美元买的下架系统。"斯皮尔表示,他从2002年就开始交易了,"大多数标准计算机的内存量根本无法满足处理多任务的需要,因此需要的第一个工具就是能同时运行多个程序的电脑。"

加州杜阿尔特瑞特为公司的交易设备专家杰克·霍尔认为,交易人应该买有两个相同硬盘的电脑,一个用于后备和存储数据,另一个运行交易程序。霍尔还建议用四台监视器,"备些多余的,因为总有出错的时候。我一般在建立系统的时候,就带两个装有 System Guardian 的硬盘,这个软件将你的硬盘映射到另一个硬盘上,无论你做什么计划表。而且你还可以进行设置,如果硬盘死掉的话,可以用另一个硬盘重新启动,进行后备运行。"

霍尔6年来都在进行定制交易工作站服务,确立了完整的奔腾5系统:两个硬盘、四台分别配有电视调谐器的监视器、断电时能维持电脑运行30分钟的无间断供电器。霍尔还表示:"如果你用电脑进行交易,那就拜托你,只此一个用处吧。别让家人用来打游戏、下载、发邮件,另备一台吧。"

斯沃曼称,如果你真打算进行交易,并希望在市场获利,那么多买个硬盘或电脑只是对工具的一笔投资。此外,买到最好的技术会提高你在市场的竞争力。

"如果技术给你铺平了赛场,那你的先机在哪里?"斯沃曼问,"你的技术有效吗?买的东西对吗?恰当维护了吗?问题的真相是,如果有人愿意为一些速度和技术埋单,他就能和德意志银行、摩根史坦利或任何机构一样快。但获得先机还包括知道自己需要什么,因为你很可能并

第2章 电子交易的方方面面

不需要像德意志银行那么快。"

斯沃曼认为一些交易人并不想成为技术专家，这种情况下，他们可以离开交易室，这里有最好的技术、最好的软件和最快的网速。个人交易人建立的交易室在过去10年里——特别是20世纪90年代后期的股市热潮中急剧增多，身处其中的参与者每月至少都会花上1500美元，那你为什么要一个月里在技术上用上可能是一年花的钱呢？斯沃曼认为，这是买到一切所需的问题，包括软件、图表和铅笔，更别说名人的交易建议和更好的交易佣金。交易arcade还能提供顶级的市场链接，一般是一根T1线，每个月花费1000美元。

在家交易的交易人有了高速DSL链接就能获得稳定的性能。霍尔认为，交易人应该用一个便宜的拨号互联网服务器备份链接，在DSL或电缆出问题时能用得上。

"系统上安装了调制解调器，至少你能上线，并进行交易。"霍尔说。他反反复复这么啰唆，倒像个经历了灾难的保险推销员，而他也的确如此。

霍尔称："无论谁，只要用了几年计算机，都有过硬盘挂掉的经历，否则就称得上是幸运儿了。后备磁带驱动器又慢又贵，但你还是要保证有而且运行正常。三周前我的两个客户都因为硬盘挂掉而损失了所有数据，还以为他们在磁带驱动器上有备份。这不是偶然事件。"

合适的交易工具

找到了适合交易风格的计算机是一回事，筛选交易人需要的所有软件则是另一回事了。雷尔森说他从RealTick公司买了一个根据互联网信息随时更新图表和实时报价的软件包。他先试了试Futuresoure，但还需要数据再多一点，包括日内波动。另一方面，他用RealTick的软件包只能看到所买市场的价格数据，而FutureSource却能提供所有交易所的价格。

斯皮尔用了他的经纪人提供的完全软件包，包括了Q-Charts公司的一个制图软件包，提供了他跟踪标普指数价格趋势需要的基本分析。

他认为:"它包括移动平均线等基本信息,有我这个交易水平需要的内容。而且我只想关注一个商品,因此就只关注电子迷你标普合约。我认为如果一心一意,就能做得更好。"

其他交易人推荐 Equis 的 Metastock 软件,其分析软件包非常健全。

雷尔森和斯皮尔都用基本的市场新闻频道来获得最新情况,前者将电视频道定在彭博社,后者则借助 CNBC。其他交易人不愿意听财经新闻的叽叽呱呱,认为绝大部分都是混淆视听和胡说八道,不是交易中的核心因素,最多只当是背景噪音。

找到适合自己交易需要的软件可能是交易人最艰巨的任务了。再怎么说,除非用上一段时间,否则不可能确定制图或技术交易程序的质量。

而且,还有几十个"不能错过"的技术交易系统纷纷竭力吸引交易人。但想要找到交易系统的万灵药通常是缘木求鱼,即使如此,也挡不住每个月都涌现出"确保成为百万富翁"的新交易系统,有经验的交易人会建议你别浪费自己的钱。

斯沃曼说:"我觉得生产这些交易系统的人在很大程度上是想生产垃圾,大部分人都德高望重,在这些东西上兢兢业业,但其系统一文不值的原因在于,如果真有了不起的交易系统,那每个人都会人手一套,我就不相信花上 99 美元或 999 美元,你就能买到一个什么好交易系统,卖的都是不管用的。"他觉得问题在于这些软件包都是根据特定的市场时帧设计和构建的,可能已经不适用了。

斯沃曼说:"系统不是黑盒子。买了一种模式,这种模式是在 X 时段才产生的。但时间是勇往直前的,模式即使有效的话也不会永远有效。"

Tradingschool.com 的首席执行官同时也是《电子日交易策略》的作者罗伯特·迪尔也认为交易系统一般都是浪费时间和金钱,"人们觉得需要而实际不需要的就是交易系统。实际上,大多数的交易系统没什么用,没比交易人自己交易好到哪儿去。核心问题就是懒,大家愿意相信有个神奇的现成系统,只要按一下键就能得到答案,这就大错特

错了。"

找到合适交易工具的另一个方法就是与经纪人密切合作。

斯皮尔说他经常向将经纪人请教各种交易建议,写邮件,打电话也行。"如果在需要的时候找不到经纪人,我是不会交易的。在找经纪人的时候我发现,无论你是折扣经纪人或全面服务经纪人,佣金几乎一样,所以你完全可以找一个全服务经纪人。"

其他人可能持有异议,会更愿意找线上系统好的打折公司,随时随地都能找到经纪人。或者,如果大量的快速反馈客户服务出现电子故障,或只需要知道如何操作系统时,他们就直接联系所交易的交易所。

有43年交易经验的吉姆·斯宾塞认为,经纪人要能进入所有主要市场,这很重要。虽说电子交易的效率因不同的经纪人而异,但斯宾塞认为直接链接交易大厅或电子交易平台的经纪人更好,"找一个中型的优秀经纪人,并非最大,但也是交易所成员"。斯宾塞在密歇根的哈伯斯普林斯运营JM斯宾塞公司。

交易这一行

对大多数交易人来说,从业余投资人成为活跃交易人可以勉强算是一种毕业,从从业者变为创业者。交易人应该走这条路,就像交易是一个行业,因为它就是一个行业。罗伯特·格林是注册会计师并担任Greentradertax.com 公司的 CEO,这家公司开发交易账户软件。他认为交易人应该像一个专家一样,知道所有的有利税率和交易陷阱。首先要做的包括建立居家业务,从实际办公空间的面积就可以获得减税,而且格林认为,作为活跃交易人,还可以获得进一步的税率优惠。

"家庭办公室享受的税收优惠很大",他说,"如果你有心想享受居家办公的优惠,省下来的钱可不少,而且极大降低启动交易的费用。"

格林估计,交易人居家办公可以节省 5 000 美元到 15 000 美元的税收优惠。此外,活跃交易人根据《国内税收法典》第 179 条对折旧的规定,可以冲销 100% 的固定资产如双硬盘和备份数据储存的新电脑,而且每年还能冲销价值约 100 000 美元的资产,包括桌椅和其他交易设

备。从税收的角度看，建立居家交易业务，还有大量的警示和门道，因此咨询懂行的会计师很重要。

交易人对跟踪交易意见不一。格林自己开发了一个软件，能自动存档每笔交易，会计师能很容易看出来哪些能减，哪些不能减。这个软件还能提供很多经纪人交易账目报告不能提供的详细交易信息。而斯皮尔称，他的经纪人每天都给他提供所做全部交易的报告，而且他能根据需要要求经纪人提供以前的报告。还有些交易人称 Microsoft Money 和 Quicken 的个人记账软件就够了。

参访的几个交易人中，斯沃曼则坚决提倡制定管理一人交易公司的完整计划，其中包括了解税收优惠和如何成立公司。另一个重要问题就是从风险管理角度确定交易策略。

"第一次点击鼠标前，的确需要商业计划，知道如何开展"，斯沃曼认为，"我说的不是你的交易方法，那无关紧要，更重要的是如何管理使用这种方法的风险。成功交易人一直知道不能自不量力。"

第一次点击鼠标

对这次市场运行或这一合约有效的交易方法和交易策略写得已经长篇累牍了。如果咨询一直想要挑战机遇的交易人，他或她会奉劝你，找一个对自己有效且有助于自己遵守原则的系统或方法。交易充满了无限挑战，而且通常难以招架，如果情况不如意时，怀疑心态就会潜入大脑。当自己的大脑和交易信号认可时，启动交易就变得纠结，你还在为上一次的失利而心痛。雷尔森称，交易前七个月他遇到的最大挑战是过滤从四面八方涌来的大量信息。

"起初，我极力看好追踪所有的消息，结果自己不堪重负"，雷尔森说，"相互矛盾的观点太多时，你就被陷在里面了，正因如此，我对聊天室敬而远之。"

聊天室，的确，没有一个参访的交易人对交易聊天室说过一句好话，原因很简单，这些聊天室里的人没干该干的事——交易。迪尔、斯沃曼和斯宾塞这样的长期交易人认为，这些线上聊天都是浪费时间，来

的人通常有意无意传递错误信息。

交易老手认为,参与并赢得交易的关键是一直都有要运气。那该怎么做呢?按照斯沃曼的话说,就是找到有可靠风险回报率的交易。换句话说,掷骰子看看交易对你是否有利,这样做的结果往往是不如你的意,也会让你的交易账户入不敷出。

"在电子交易环境下,人们在学习的过程中,重要的是多做交易,直到学会",斯沃曼认为,"办法就是交易的潜在风险回报率达到4:1,不是1:4,交易越多才能做得更好。"

斯宾塞说,交易人还应该知道世界金融和商品市场如何运行。通过学习货币与债券、股票和实体商品之间的互动,交易人能辨别出赚钱的真正趋势。斯宾塞会关注巴西雷亚尔,巴西的大豆产量和对世行的债务水平。为什么?其中每个元素都能产生影响或同时影响债务市场,全球货币或粮食产量的事件。这种细微事件放在更大的宏观经济环境中考量,就有助于提早确定市场的长期趋势。要想发现长期趋势,斯宾塞建议去找能找到的最早的图表。

他说:"找出最长期的图表,看看能追溯到泡沫时期、内战封锁时期南海贸易公司棉花涨到100美元时的图。长期趋势会主导短期趋势。"

斯宾塞将其称为"一般资金管理"。

"交易人不需要一群人在耳边嘀嘀咕咕,告诉他会发生什么",斯宾塞说,"如果图表上没有,基本面数据里也没有,那就不存在。"

内心战争

交易是一项回报巨大的工作,但对很多人来说,也是一个艰难和孤独的事。雷尔森说他费了一点时间才习惯自己交易,特别是亏损交易多过获利交易的时候。

"要做很多辛苦工作",雷尔森承认,"我这辈子就在这件事情上最费心,真正考验神经,就像是把灵魂拿去解剖。"除此之外,雷尔森说他很高兴能在家交易,而且认为自己正在通过盈亏学习制胜之法。

交易人经常说,街霸的决心和磨炼敏锐的头脑是获利的利器。斯沃曼记得有个交易人整天坐在交易桌前，不吃饭，甚至都不去卫生间。他说："我不是说交易人别去卫生间或散步，但是他要做好准备以监视器屏幕为食，正因如此，他才那么在行。"

迪尔告诉他的学生，他会定期见见其他交易人，谈谈新看法和趋势。他会参加不同的交易大会并发言，讨论他的意见，这有助于他有足够时间离开交易室。但交易日复一日，的确就是一个烫手山芋。

别人问："你怎么应付孤独感呢？"迪尔说："没办法。"

> 吉姆·考沃夫是从业16年的财经记者，驻地芝加哥，报道全球的股票、期权和期货市场。本文的一个版本首刊于2003年5月的 *SFO*。

第3章 驯化技术野兽：
如何提前应付计算机时代的调整

约翰·卡特

交易本身可以说是世上最紧张的工作之一了。市场一天的活动价值就可以决定交易人的孩子是可以付全额学费上哈佛，还是只能屈身于地区大学，还要送比萨赚书本费。

对技术发展一无所知的人处于不利地位，从过时的软件到安装在用户电脑里的间谍软件，交易人对技术视而不见那就是自寻死路。因为技术问题而让交易出现差错，对以此为生的严肃交易人来说是不可原谅的。

虽说不像抛出100手的订单那么让人兴奋，想在行业内保持竞争优势的交易人必须首先知道当今世界他面临的技术风险。在电子交易时代，电脑是交易人最重要的交易工具，但不能轻信其能力，而是要对面临的阻碍心里有数，并提前采取措施解决这些问题。

说到这一点，交易人需要面对的技术问题主要有三个：

1. 电脑攻击。因为连接到了互联网，交易人的电脑会在不知情的时候被侵入，这是现今大多数电脑故障出现的原因。这时，交易人必须知道要首先移除病毒，并进行隔离，防止问题再次发生。

2. 速度变慢。需要采取措施最大化电脑的效率，并防止系统崩溃。

3. 一般技术问题。交易人用的技术无法运行时该怎么办，这种情况总会发生。

无视这些可能发生的问题，就会出现麻烦，像进行无止损交易，用点时间现在就动手处理这些问题，才是顺利交易的正途。

清除病毒

交易人尽可以用最好的软件，但如果不好好照料、保护和维护计算机，就算世上最牛的交易软件也毫无用处。交易人的计算机每天都会受到隐藏病毒的侵害，其中一些病毒对电脑的危害性会让你目瞪口呆。全职交易的交易人如果忽视了下面几个步骤，就无异于麦当劳不擦柜台或不打扫休息室。

有一种情况是交易人面对的最大技术挑战，而且完全无法察觉——避免间谍软件，这是保持计算机平稳安全运行最重要的步骤之一。你问为什么，原因很简单，间谍软件会让交易人的电脑崩溃，破坏互联网连接，并让上网变得不安全。间谍软件不是网络跟踪器，后者我们后面再做详细介绍。简而言之，间谍软件是未经许可而安装在用户电脑的软件，有时是用户并不知道自己做了许可，在下载软件程序前，没看到安装协议里的小字体内容就接受了。间谍软件会控制交易人的互联网浏览器，收集上网习惯数据，在交易人访问某些网站时弹出广告，一般来说这样会降低电脑运行速度。此外，许多间谍软件编程很差，会引起不兼容问题，破坏重要的系统功能，威胁交易人电脑的稳定性。要想确保电脑平稳运行，不会死机和崩溃，就必须清楚所有间谍软件，并防止其再次光临。

我第一次学习如何搜索这些恶意软件时，在我电脑里发现了50个间谍软件，移除之后，电脑运行速度就更快了，而且也不死机了。这些东西都是在后台下载，因此无法看到。插一句，我搜索的时候，认为自己电脑里没有间谍软件，不用说，我错了。

没错，你也可以当007

移除间谍软件最好的应用程序是 SpyBot Search&Destroy 和 Ad Aware，都能免费下载，可以时常用用，两个都很重要，因为可以相互查缺补漏。另一个值得特别推荐的是 SpywareBlaster，设定了一些注册项目，可以永久防止安装间谍软件，而且还不占用任何资源在后台运行，用户安装之后就可以不用管了。

一旦安装了这三个必装应用，交易人只要每周检查并安装更新就行，就跟杀毒软件一样，能够时时保护交易人。

更新 SpyBot 时，从开始菜单打开应用（用高级模式选项），选择"搜索更新"，下载更新就会显示出来，务必安装所有更新。SpyBot 的另一个特征是"免疫"，选择这个选项，并在"互联网搜索永久免疫"项下选择"免疫"，这与 SpywareBlaster 在阻止新间谍软件上的效果一样，能让交易人选择锁定交易人主文件不被攻击，我极力推荐这个功能。更新 Ad Aware 时，只要打开应用并选择"现在检查更新"就行。更新 SpywareBlaster 也基本一样，打开并选择"检查更新"。一旦更新，就点击"选择全部"和"保护所选项"，这些更新就生效了，只要发现间谍软件就会移除。

公司跟踪交易人电脑信息的另一个工具就是网络跟踪器，这是一种小型的文本文件，有利有弊。利在于方便访问常用网站，如亚马逊，安装了网络跟踪器，亚马逊就会记住用户，不用每次在访问时都输入网址。但也有不好的地方，跟踪网址用途，调整弹出广告，而且一般会侵犯用户隐私。最好的处理办法就是斩草除根，清除电脑里所有的网络跟踪器，打开"开始—设定—控制面板—互联网"选项，在临时互联网文件中，有一个按钮"删除网络跟踪器"，点击即可清除，然后到"隐私—高级"选项，点击名为"撤销自动跟踪处理"的框，我会在下面第一方网络跟踪器上选"提示"，在第三方网络跟踪器上选"阻止"。这样交易人访问亚马逊时，会弹出信息询问是否接受跟踪，对我经常访问的网站，我会同意。所有的第三方跟踪会被自动阻止，这就拦截了弹出广告并让交易人的电脑以最好模式运行。如果有个我很少访问的网站询问是否接受跟踪，我就拒绝，跟踪器就不会植入我的电脑。

最大化系统资源

交易人每周都要做三件事以保证电脑运行效率最大。前两个与删除不必要的文件有关，第一个是找到所有不必要的文件，右击鼠标选择

"删除",这种删除并未真正删除文件,而是将文件转移到了回收站,要想真正删除并释放内存,就需要清空回收站。

这样就要到回收站,这个图标在电脑的桌面上,右击,选择"清空回收站",然后清除所有文件。

第二个占内存的地方称之为快速缓冲贮存区,存储着交易人访问的所有网址,以便在下次访问时更快下载网页。因为有了宽带就不需要这种功能,清理快速缓冲贮存区要到"开始—设定—控制面板—互联网"选项,在互联网暂存文件下点击"删除文件",会出现一个弹出框,询问用户是否删除所有线下内容。这样做很重要,所以交易人应该选择"是"。如果计算机用户从来没删除过,删除计算机上的所有垃圾需要花上几分钟时间。认真的交易人应该至少每周删除一次。

最后,完成了上面两个操作后,严谨的交易人会想整理硬盘的文件碎片。磁盘文件碎片会降低计算机速度,还常常会造成其他多种问题,如死机、崩溃、出错。正常使用电脑就很快能积累磁盘碎片,从而延长程序接入时间,恶化问题,减少电脑运行的年数。整理硬盘的文件碎片可以让碎片重新连接起来,使计算机运行更有效。交易人如果不是每天也应该每周整理一次,到"开始—程序—附件—系统工具—磁盘清理",要选择硬盘驱动器(一般是 C 盘),点击"清理",如果从来没清理过,则会花上 20-30 分钟。还有一个 Diskeeper 程序能够自动清理碎片,因此这没什么难的。

即使交易人的计算机处于最佳工作状态,技术问题还是会出现。以我的经验来说,所有交易人应该对四个主要问题有所准备:

1. 灯火管制或电力限制会切断所有电源

2. 有线电缆或 DSL 故障

3. 无法联系经纪人

4. 数据传输或交易平台故障

这些问题随时会发生,严谨的交易人会做好万全准备以防万一。

灯火管制或电力限制不定什么时候发生,我个人过去两年就经历过好几次,原因各式各样,可能是天气、电网问题,车祸损害了电线杆,

第3章 驯化技术野兽：如何提前应付计算机时代的调整

看起来都是从天而降，而交易人的电脑则一下了没电了，无法看市场和执行交易。要应付这种情况，如下的准备可以减少损失：

1. **计算机的后备电池**。大型的办公用品商店都有。一旦停电了，后备电池可以提供30分钟的时间，足够你清仓或重新设置参数，以防停电时间太长，同时交易人还有时间手动关闭电脑，这比因为突然停电而关机安全得多。

2. **有绳电话**。这是老式电话，座机和听筒之间有线连接。如果停电，无绳电话也就没电了，但老式的有绳电话还能让交易人给经纪人打电话，不到30美元就能买到。当然，手机这时也能用，但如果倒霉到家了，手机也有没电的时候就需要有绳电话。

3. **有电的时候，电缆或DSL也能出故障**。这种情况出现的话，那就是最糟糕的时候了，因此聪明的交易人还是会有所准备。最好的办法就是给电话线接一个电量充足的笔记本电脑，这样的话如果DSL或电缆不能用，交易人也能上网，而且即使停电了也有后备电源。给笔记本电脑充好电，能随时连到电话线，就能节省几个小时的宝贵时间。

及时联系

业内的另一个技术趋势就是让电脑全权代替经纪人的所有工作，虽然这样既有效率又能节省开支，但底线是如果有了问题，最好能立即找到经纪人。如果我打电话却找不到经纪人，就会大发雷霆，看来该换经纪人了。如果我想缓一缓，就会给信用卡公司打电话，停付佣金。

我在这里建议既要利用技术，又要能通过即时信息程序与经纪人保持联系，这种方法异常有效，能全天保持联系。如果我的数据传输出了问题，我就及时联系经纪人获得数据。我对经纪人的要求是能用电话或即时信息立刻联系到。如果经纪人不在身边，我有电话号码和即时信息以备后用。在交易这一行，没理由不找一个大活人能立刻帮你解决指令问题。否则我们交那些佣金还图什么呢？

如果交易人数据传输出故障了，按照我们已经谈到的做就行。一定要能联系到经纪人获得数据或设置好这种情况下的交易。Yahoo Finance

也是一个非常好的网站，能免费获得股票、期权和期货的数据。

交易人还应该知道计算机的其他情况，包括如何拦截弹出广告、如何最有效、最快备份硬盘、拦截病毒和黑客最好的软件有哪些、如何阻止垃圾邮件、后备电池等等。

交易成功需要先机。对自己电脑的真实现状置之不理或在没电时就吃亏的交易人，是把自己置于绝对的不利境地，无法与有备无患的交易人一争高下。留心当下的科技前沿情况，交易人就比那些不这样的人占有优势。而且，比其他人掌握优势是让交易人获胜的重要条件之一。

约翰·卡特是摩根斯坦利一位股票经纪人的儿子，高中二年级时就接触了交易，近19年来交易活跃。他在英国剑桥大学学习国际金融，并从奥斯汀的德克萨斯大学毕业。他从1996年起就全职从事交易工作，并于1999年推出了www.tradethemarkets.com网站，发表他对期货、股票和期权市场的看法，并于2005年推出了www.razorforex.com网站关注外汇市场，最近还写了《驾驭交易》，于2005年12月出版。为了保持清醒，他会在闭市后锻炼身体，以应对他和客户碰到的金融波动，跑步、冲浪和练跆拳道是他保持清醒的方法。本文首刊于2004年5月的 *SFO*。

第4章 糟糕交易如何练出优秀交易人

约翰·卡特

亲爱的日记：怎么个人投资者总是被骗？

这个问题是我大概15年前写在交易日志里的，虽说日记这种东西一般是十几岁的小姑娘刚坠入爱河才用得上，但实际上是交易人进行自我发现的重要工具，对个人交易人更是特别重要。

个人交易者不像基金管理人，不受人监管，行动自由，无论怎么干都不受拘束。可惜这种自由放纵了坏习惯的滋生，这些交易人犯的最大错误，也是让几乎所有交易人常见而致命的心头病——为了赚钱而交易。为了赚钱而交易，难道这不是交易人应该做的吗？你觉得应该是这样。但要这么来看：交易人设定指令当然是想着要赚钱，但大多数交易人得到什么了呢？赔掉了大笔大笔的钱，既然这样，如果为了交易而赚钱行不通，那么应该从什么角度来看交易？思想上要做怎样的转换才能防止赚少亏多？

安家

带着这些想法我回顾了自己最惨的一笔交易，这笔交易打得我找不到北，一巴掌打醒了我，让我看清交易的现实，让我认识到我必须调整自己的思想角度才能吃交易这行饭。我和妻子在90年代初刚从德克萨斯的奥斯丁搬到明尼苏达州。那时是9月，我们对即将到来的寒冬毫无准备，当然我们本该在看到羊毛内衣广告的时候就应该认识到问题了，哎，这么说也是马后炮。冬天来的时候我们住的是公寓，车要停在外面，2月姗姗来迟时，我们花了30分钟时间才鼓起勇气在零下70华氏

度的寒风中走出家门，这还是仅仅为了看看车能不能启动，绝大部分都不行。租期满了后，我们觉得是该采取行动了，必须找个有车库的房子，现在就找。我们很快找了一套，并提出全额付款，对方立即同意出售了，不用闭门不出的生活这才开始。

天才的创举？

那时我已经兼职做了几年交易，期权交易账户金额刚过150 000美元。我计划拿出30 000美元付房子的首付。快到付款日时，我想了一个妙计，为什么不多做几笔交易，用赚的利润付首付？这样就不用动150 000美元的账户，真是一个天才妙计！

当晚我倒上咖啡审查了几个小时的图表，看了多个时帧和无数指标，这几个小时的研究让我一次次得出相同的结论：股市的主要平均数正接近牢固的阻力线。因此我做出来显而易见的决定：在第二个交易日积极买进OEX看空期权。

第二天早上，我意已决，就设置了指令，然后就去做我的正式工作。我能在办公室看到数据，因此不用去市场看交易价格，订单是否成交。吃午饭的时候，市场已经向阻力线接近，我的100个OEX期权在800美元成交，也就是80 000美元。市场盘整了一段时间，又向上突破了一点儿，看跌期权价格下跌到了700美元，这个便宜可不能不占，我提前行动又买入了100个看跌期权，把整个账户资金都押在了上面。我算着只要再有两个点的移动我就有了首付的钱了，不用说，连爱因斯坦都会竖起大拇指了。

第二天市场出了怪事，开盘走高，更不一般的是，继续上扬到10点左右一直到中午，最奇怪的是，市场以当日最高价报收。我有点搞不懂了，但同时还是相信交易会依照我的预想运行。毕竟，我只要赚30 000美元就行了。如果市场稍不顺我意，只能说明市场比我预料的要多几天时间见效。

损失之痛

到这时候，我们都知道故事不会有一个好莱坞式的结局，我们还是直接结尾吧。市场连续四天高歌猛进，我已经忍无可忍，只能忍痛割爱，于是打电话给经纪人请他给我结算出场。我的投入只剩区区0.75美元，而账上只留下了15 000美元。仅仅四天我就让135 000美元打了水漂，我愣了半天才反应过来自己刚刚报销了交易账户，更糟的是，这下没钱付房子的首付款了。我尽力安慰自己，"至少我还不是第一个倒霉蛋"或是"我才22岁，有的是时间"。但是没用，胜利的诱惑太大。当然我做了任何理性人在这种情况下该做的，用信用卡里的钱垫付了房钱，我发誓不告诉妻子一个字。我在这儿显然也是在赌她不会看到这篇文章。我有六个月没有交易。还是让我们把故事快进到今天吧。

时代变了

我今天早上看了看市场，想了解情况的进展。美联储的联邦公开市场委员会要在下午1：15（中央时区）发布公告，还有三个小时，今天的交易会有好戏看。我知道在公告之前大部分市场都会大涨。前一晚我看了自己在不同市场的日图表。我每晚一般会看大约30个图表，如股市期货、金属、能源、粮食和货币。昨晚有几个情况引起了我的注意，首先是新西兰元和美元这个货币对刚好在100个时段的指数移动平均线下运行，已经是第四次检验这个价格水平了，这次我觉得价格会突破均线上行，主要原因是在14时段的相对强弱指标出现了看涨背离（见图4-1）。

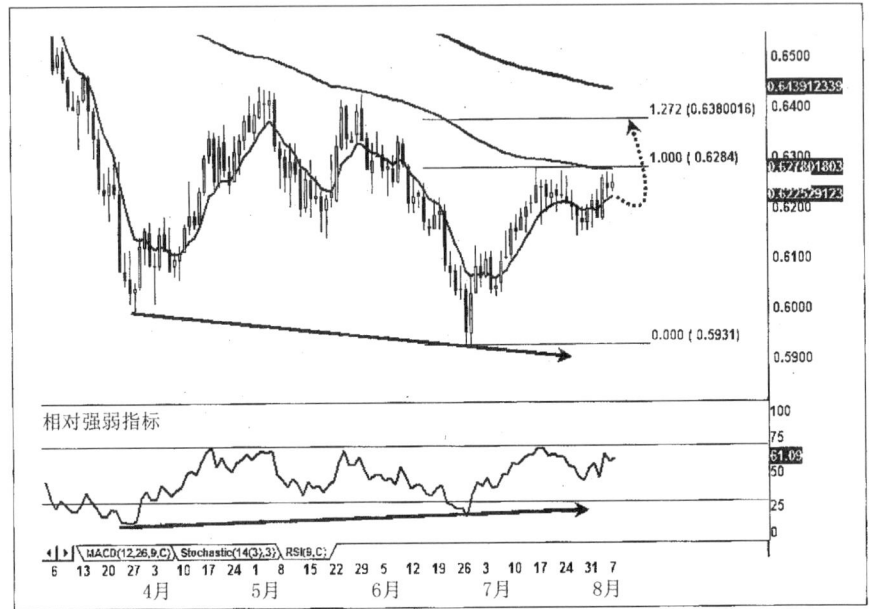

图 4-1　新西兰元复合日图

睡觉前我在 0.6238 设定了报价，比 8 个时段的指数移动平均线高约 15 点，止损设在 0.6196，基本上是资金管理止损点。我的目标是上涨 1.272%，即 1.6380，我总是在目标价就成交，因此就这定了在 0.637 卖出的指令，比目标价低 10 点。

其中曲折

早上起来我就发现订单成交了，目前的交易价格是 0.6254，比我的入场价高 16 点。我知道因为联邦公开市场委员会今天开会，市场会发生很大波动，就把止损提高，定在 0.6222，目标价则没动。虽然我不会在联邦公开市场委员会开会当天重仓交易，但只要图表形态清晰，我不介意做几笔轻仓交易。我多次发现在大型财政公告前，市场会先上涨，然后在图上合理的技术价位停留一段时间，接着新闻会让价格继续其技术走势。

在每晚例行审查时，我注意到了芝加哥商品交易所迷你道指合同的日图，图4-2中11 330区域非常明显被测试了三次。上周五就业数据好于预期，而且预计会暂停利率周期，市场猛涨，但后继乏力，当日下午抛盘严重，现在则刚好在关键的11 330价位下徘徊。缓慢的随机指标姗姗来迟，看起来像是正在形成跌势。

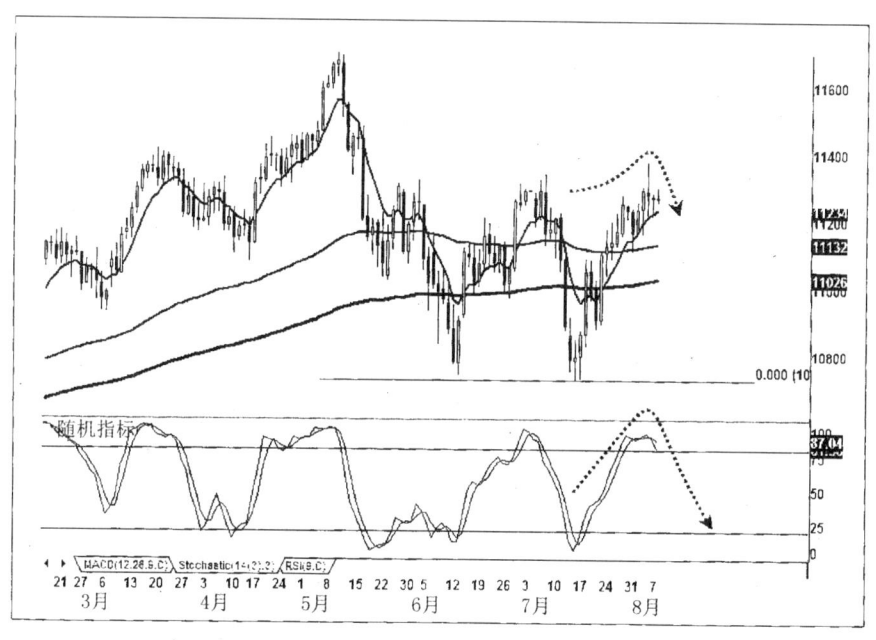

图4-2 迷你道指合同日图

在迷你道指合同交易上，我不像对新西兰元或美元交易那样设置过夜指令，而是想等到第二天早上看看开盘情况，再用核心价格进行看跌交易，因此我会等到早上9：30（中央时区）市场开盘。一开盘我就在上涨中买空，价位是11 295，这是日阻力1的核心价位，止损是11 315，用到核心价位时，我就进行20个点的止损。但今天我想持有到联邦公开市场委员发布公告后，因此就没有设定目标价。基于前一晚看到的图表构成，我预计利率上涨后会有下跌，这或许对或许错，就像拉动老虎机的把手，我承认自己不知道市场下一步走向，止损已经有了，除了等无计可施。

等待的游戏

现在是下午1：11（中央时区），离公告发布还有四分钟，两个仓位的运行都对我不利，迷你道指合同就要上涨到经济数字发布的时候，用了几分钟就上涨了20点到了11 275。新西兰元和美元则在下跌，刚刚10分钟内下跌了20个点。

插一句，我最近一直只喝水，每天喝100盎司，不含咖啡因，不喝咖啡、茶、苏打水等等，这样已经坚持3周了，刚开始很难，时常感到厌倦，但最后一周我觉得一直精神抖擞，睡眠好多了。我说这个的原因是数字快发布的时候我站起来想去卫生间。

好了，我回来了，利率没变。连续17周上涨后，美联储最后想收敛一下看看对经济到底有什么样的效果。现在美元急跌，新西兰元和美元大涨，已经高于我的买入价50多点了。但迷你道指合同也在涨，在利率公布前，比买入价高了大约20点，现在则是到了11 305，我反倒赔了10个点，我的止损还设在11 315，除了等别无他法。

几分钟后市场开始反转，刚还下跌的美元现在又站立起来重回当日高位，新西兰元和美元则下跌到0.6270，还是比我的入场价高很多。迷你道指合同则急速下跌超过80点，点数接近-1 000的水平，这是一个极限值，该平仓了，我在11 204退出，获利101个点。我在日交易中经常这样做，如果看多，而且获得+1 000点，这就是我的退出信号，反之亦然。美元继续走强，但新西兰元仍然坚挺，我的目标价和止损价都没有达到，因此除了等什么也干不了。如果纽约交易时间的当日收盘价能再高点，我就提高止损在收支平衡点了结交易。与股指不同，外汇市场没有任何内在数据可用，如点数，因此无法知道退出交易的好时点在哪。迷你道指合同在低点调整，这种情况下我无计可施。联邦公开市场委员公告发布后，恐慌程度各异的交易人之前凭直觉交易的数量减退，大约30分钟后，市场平静下来。我今天的交易就结束了。

午后稍晚的时候，新西兰元/美元出现抛盘，比价刚好跌到我的止损点，我止损退出，盈利16个点，随后比价大涨超过100点。但是我交易的时候对未来一无所知，就只能进行下一个交易了。

存得住钱

好吧，回到第一个问题，如果做交易不是为了钱，那应该为了什么？我做砸了交易后，有六个月没沾交易，我去找其他交易人，想弄明白脑子里到底是哪根弦松了让我落得如此境地。我知道自己能赚钱，但能否存得住钱是个问题，而存下钱对以此行为生的交易人来说才是关键问题。

最终，我认识到，我必须改变角度来看交易对交易人的意义。我已经发现为了钱而交易是引火烧身，只会启动我身上会带来亏损的坏习惯。即使我的OEX看跌期权交易效果不错，但搞砸只是早晚的事。最后我才明白，如果我关注的是交易确立而不是钱时，反倒会赚钱。但如果反之，钱就会从我的账户上呼啸而去。因此我改变了自己的看法：别为了钱而交易，而是为了获得交易技巧去交易。这种看法的转变自然会带动大多数获利交易人共有的习惯：任利润增长，将交易看成一系列，而不是太注重每一笔交易，及早忍痛割肉，清醒地认识到永远无法知道市场下一步会如何，因此相应控制仓位和进行止损。对这些我们都耳熟能详，心里有数，但如果从错误角度出发进行交易，我们自然会对其视若无睹，只有在交易完成之后才能意识到。

因此最后，我亲爱的日记，多亏有你能让我记下损失惨重时的心理状态。要是没有你，我无疑还会因其他的惨痛代价而深入绝境，也不会在交易心理的书中找到缓解之法，而只能借酒浇愁。没有你我也无法知道改变自己的看法，能够将交易作为职业。

约翰·卡特是摩根斯坦利一位股票经纪人的儿子，高中二年级时就接触了交易，近19年来交易活跃。他在英国剑桥大学学习国际金融，并从奥斯汀的德克萨斯大学毕业。他从1996年起就全职从事交易工作，并于1999年推出了 www.tradethemarkets.com 网站，发表他对期货、股票和期权市场的看法，并于2005年推出了关注外汇市场的 www.razorforex.com 网站，追随者超过一万人。他还担任 Razor Trading 的商品交易顾问，管理一只期货和一只外汇基金，最近还写了《驾驭交易》，于2005年12月出版。为了保持头脑清醒，他会在闭市后锻炼身体，以应对他和客户碰到的金融波动，跑步、冲浪和练跆拳道是他保持清醒的方法。本文首刊于2006年10月的 *SFO*。

第二篇　评估市场机会

交易建议可以说是取之不尽、用之不竭，但对老练的交易人来说，关键是要把小麦与麦糠分开。我们汇集了顶级交易人的一些交易精华要点，其中包括：《投资者商业日报》的创始人和主席威廉·欧尼尔，让你了解他选择盈利股票的个人策略，托尼·特纳介绍理解量价关系有助你预测未来价格运行，以及乔恩·纳杰里安提醒我们只有交易结束后才能论输赢。

价格运行仅仅是根据供应、需求和人类行为的互动决定。平衡被打破时机会就出现了。无论是交易标普还是买房子、车或是乔丹球星卡，我们怎么花钱买卖是永远都不会变的。阐释传统的基本面或技术图形态来发掘进出交易信号的方法不胜枚举，但最重要的是学会如何用这些工具找出描述供求情况的形态。

我们会在这部分学会通过蜡烛图诠释现场交易的情绪，从而区分出形态，学会如何利用联邦财政日程、地产日程，甚至是学校上课日程，将如四季轮回般反复出现的基本面形态应用到股票和债券中。

无论你是技术分析的拥趸还是刚刚才上手，了解几个概念能帮你加强目前的工作成果，赢得点数。交易量是个关键工具，是与价格运行无关的重要技术之一。我们还会谈讨基本面和技术分析的针锋相对的理论或者两者其实是相互包容的。

第5章 直面风险：
做出计划，防范决定性损失

约翰·亚克雷

一条条列出方案管理风险，听起来像是绝杀招一样，先来说明一点，管理风险不是可有可无的事，而是非常重要，不容忽视的事情。每个交易人肯定都有把把皆赢的时候，但同样，处于巅峰状态的篮球运动员终有投不中的球。交易人有时候就是事事不顺，这时候就需要管理风险的细致方案。

何谓风险？

风险就是损失或回报未达预期的可量化的可能性，简而言之，风险就是事情会出错的机会。几乎没几个交易人经验不足到没见识过风险，但很多交易人就此止步，或仅仅说句："我要拿一半的钱出来冒这个险"或"老兄，佣金部门告诉我余额不足时，我就不做交易了。"

不用说，这两种都不是控制风险的老道方法，交易人有责任做出一份更加详尽的方案。在讨论衡量和控制交易账户风险的不同方法前，我们先来看看如何减轻具体交易市场中出现的风险。

1. **交易市场的流动性水平**（特别是交易期权时，因为每个人的期权行权价流动性可能非常差）。
2. **交易市场现在和过去的波动性**。
3. **如果交易多个市场，其之间的相互关系**。
4. **交易对象的隐含价值**。实际上，交易人应该知道真正投机的是什么，但没几个交易人知道，甚至是纯技术交易人也应该回顾一下他买卖合约的大小。如果标普500位于1150，即使你只交易一手电子迷你标普合约，鼠标一点实际上也是看多或看空57 500美元的股票。如果交易原油的话，每一手交易也让你拥有或欠别人42 000加仑的石油。

5. 会导致市场发生大幅运行的潜在事件。如果你交易股票，最好知道什么时候发布失业率月报；如果交易咖啡，就应该知道巴西的天气情况。技术交易人或许不愿意把交易决定都押宝到这种基本面信息上，但完全无视这些则可能会让分析图表的辛苦工作成了竹篮打水。

何谓方案？

一旦交易人基本掌握了所交易的市场，以及该市场特定的与事件和流动性相关的风险，就该想办法避免失误并衡量自身交易方式带来的特定风险。每个交易人都会采取如下一个或多个措施，给予其不同的关注程度，或许辅之以自己其他的风险控制方法，然后最终形成管理风险的方法。有多少交易人就有多少风险管理方法，没哪两个交易人的方法能完全一样。但还要说的是，所有成功交易人的共性是都有包括衡量风险方法的方案，否则，交易人就忽视了风险概念中的可量度特性。风险不是只跟踪那些倒霉蛋的恶魔，他会潜伏在每个交易人的肩头，只有那些更好衡量或量化风险的人才能了解并对付他。记住著名商业管理哲人彼得·德鲁克的话："不能衡量就无法管理。"

交易人应该从最重要的问题开始——多少钱的损失才是决定性的损失。决定性的经济损失不是要等到交易人的净值达到零或房子被银行收走才算，而是要出现得早得多，是指在市场损失的钱会影响交易人希望的生活质量。如果你爱做交易，那避免决定性损失应该就是你风险管理策略中压倒一切的核心目标。下面几段讨论的所有其他风险管理工具应该有助于满足这个首要目标。

避免交易失误

这一条傻子都知道，我们就从这儿开始。看起来简单，但交易人必须采取所有必要的预防措施才能避免失误。在向交易所发送指令前，大声读出电脑屏幕上的内容；如果是电话交易，打电话前写下指令，别直接就写在一小片废纸上，这样对待这么重要的内容就太随便了。要采取一切措施避免损失，无论过程可能多么烦琐。一个失误，特别是你没立刻发觉的失误，会轻而易举让你一个月的利润化为泡影。

对仓位心里有数

交易人应该时刻知道自己未平仓位，看一眼前一期交易期报告里的一行文字就能了解。如果不知道自己现在在哪，又怎么能知道将来去哪？没有一个活跃交易人通过平信接收交易报告，必须通过电子邮件或传真，才能在第二天前调整前一时段的交易，慢了根本不行。

在一天的交易中，要对交易制表记录，很多线上平台有这个功能，但如果你是电话交易，就准备好纸笔，记下所有与指令相关的事实：几手、什么商品、每一个指令的月份和相应票号。

最后，如果公司让你有机会在晚上通过电话核查，你一定要核查！大多数公司都让交易人在所有市场闭市后打电话查询公司为其设置的交易，这或许看起来会让你苦不堪言，特别是你早上还要仔细调整交易的话，但这会帮你比仅仅依靠公司晚上的电子邮件或传真发送报告提前16小时发现问题。

固定资金或固定比例损失原则

管理风险的一个简单原则就是设定你愿意在每笔或每个时期，如一天、一周或一月愿意损失的最大资金量或账户价值的最大百分比。比如，我就按期货顾问的建议，给自己设定了每月交易损失的最大百分比。此外，我还利用简单的每月5%最大损失原则。如果在某个时候，我的交易项目下跌了5%，一旦出现这种情况，我就尽快完全平仓，这个月里再不会做交易。

保证金条件和保证金权益比率

一些交易人认为保证金条件是经纪公司用于保护自己并把交易人踢

出场的工具。庆幸有这个要求吧，保证金实际上是衡量账户承担风险的最有用的方法之一，根据风险承受力，交易人应该有两个允许账户可以达到的最大保证金权益比率，一个用于交易人已经就位，也就是说准备好应对的时候；另一个值较小，用于持仓过夜的时候，交易人可能无法看市场，不能立即应对。

delta 和 gamma 值

这两个值与期权交易有关。delta 测量期权仓位在一定时刻承担的期货等价风险，gamma 衡量 delta 的变化率。各种期权交易软件包都会帮助交易人测量这两个系数，让他们能很好体会与期权仓位有关的有时难以量化的风险。

制定对你有效的原则

我们介绍了每笔交易或交易期的损失额度，交易人还能限制一天、一周或一月的总交易数量——盈利或亏损数量，还可以限制一定时间的持仓数量。

有个交易人的另类限制方法很有意思。如果交易的第一个小时他赚了 1 000 美元，这对任何一个市场来说都是一天中波动最大、最难应付的时间，他这一天就罢手了。他之所以确立这个原则的原因是，有几天他早早就赚了大笔利润，但最终这一天还是亏损。谈到限制，有效为王，简单往往不无道理。根据盈或亏的资金或比例为限之所以流行，就是因为很好用，而其他根据保证金权益比率或累计 delta 或 gamma 值的限制方法都是移动值，交易激烈时很难计算。

我们都知道了很多衡量风险的方法，每个个人交易人都该动起来执行一个或多个方法，别忘了方案的核心是避免决定性损失，这是重中之重的目标。最后，还有风险控制的最后一点——遵守，所有的风险管理工具如果置之不理就等于没有。

第5章 直面风险：做出计划，防范决定性损失

约翰·亚克雷，Be Free Investments 公司总裁和基金经理，注册商品交易咨询师，自1995年开始为投资人管理资金。他有两个独特的投资策略，主要用于交易股指及利率期货和期权。更多信息请访问 www.BeFreeInvestments.com。本文首刊于2004年9月的 *SFO*。

第6章 交易大厅的经验：将现场情绪反映到交易屏幕上

山姆·塞登

我从没有把一本交易书从头看到尾过，我从芝加哥商业交易所（CME）大厅开始自己的事业生涯，第一年就没在屏幕上看过图表，最重要的是，我从小就学会不能人云亦云。一遇到挑战，我总是运用简单的逻辑应对，而交易则无疑是一项挑战。

在芝加哥交易所的时候，我本该广泛涉猎，听听各种各样的课程，尽可能多看书，但我自己选择了另一种获得市场交易知识的方法。我在交易大厅有两个非常好的朋友，一个人给公司工作，另一个则是自己交易，而且还是大厅里做得比较好的交易人。我当时年轻气盛，雄心勃勃，就想知道他是怎么做的，幸运的是他也愿意给我一些建议。

我和他肩并肩站在场内，他指着一个走过去的交易人下达了命令："看见那边的家伙了吗？告诉我他什么时候做交易。"我站起来看着那个人，他举手竞价一些合约的时候，我告诉了我朋友。

交易大厅的经验

价格上涨了一段时间，场内喊声四起。我的朋友指给我看那个人想买的迫切心情，他踮起脚尖，向会卖给他的人高声喊着。几秒钟后，我朋友愉快地做了反向交易让那人的订单成交了，现在我们建立了看空仓位，而我自己还不知道自己的课程开始了。几分钟后，市场下跌，我们持仓获利。作为新人，我很受触动，实际上看起来非常容易，但又非常难。没几分钟我们的仓位就盈利了，看起来轻而易举，但这是在其他人

第6章 交易大厅的经验：将现场情绪反映到交易屏幕上

都非常想买的情况下买空入场，这么做当时毫无道理。

我朋友解释说："那个家伙从某方面来说来是交易场内的新手，一直在赔钱。新人入场时市场就会转向，因此我只要能发现那个新手，然后不断反向操作就行了。"

我不敢相信我朋友就是这么赚钱的，他的策略应该不止如此，但事实上，这的确是他交易方法的精髓，除此之外他也没别的要告诉我的了。但当天闭市时他给了我一个会心的微笑，个中深意远比我当时意识到的更深远。

那个交易新人根据情绪而不是客观信息来做决定，只要他看看客观信息，就能发现他买的时候买进已经持续了一段时间（为时已晚，风险增大），而且价格处于供应超过需求阶段（阻力，且胜算降低）。从本质上说，他买入的时候机会已完全不向着他了。会赚钱的交易人从来不这么做，供需法则告诉你，买进出现一段时候后且价格位于供过于求时买进，是不会持续盈利的，客观的机遇都与你作对。

一般情况下，人都是在情绪控制下行动，而不是根据理智行动。根据情绪而不是客观信息进行交易决策的交易人，几乎都会在客观风险高而回报低的情况下入场。

两个错误

描述这种场内交易人时，有两个错误会凸显出来。第一个就是在一段时间的买盘后买入以及在一段时间的抛盘后卖出，这样做风险高回报低；第二个就是买入到阻力区（供应）和卖出到支撑区（需求），这都是机会很少的交易。供求法则和通过买卖赚钱的方法都表明，机会完全与这个交易人作对。不断找到这种交易人，而从反向交易，会让自己得到机遇的垂青。

供求法则存在的时间当然比市场诞生的时间长得多，其用武之地远不止交易策略，我就学会了市场的核心概念以及价格运行的方式和原因。首先需要确切了解通过交易如何赚钱，此外就是学习恰当分析任何市场、任何时候供求关系对人类情绪的影响。

还有一个重点是赔钱的一方,大多数的输家一而再再而三犯了什么错。从如何做就错了来了解一件事情,这种方法的效果惊人,对柏拉图和亚里士多德很有用,为什么就不用到交易上呢?

通过买东西来赚钱的不二法门就是有人以更高价格买我们的东西。看空的话则反之。听起来简单?三思呀,我们看交易大厅、屏幕图表,或上千万投资人的账户报告时,很快就发现绝大多数交易人和投资人完全是反其道而行之。

在交易大厅,逆向操作的人完全是与其他场内交易人作对,觉察到情绪就可以利用,帮助那些在场并知道该看什么的交易人抓住机会。

一段时间后,我更喜欢自己家的舒适和计算机屏幕,就发现自己不适合场内交易。但唯一的问题是,如果亲眼看不到、听不到交易人,如何诠释市场?在屏幕上如何解读出情绪?毕竟,宝贵的信息来自于亲身体验。

我第一次看图表的时候,就知道我到底应该留意什么——不断犯那两个错误的交易人。我起先并不太清楚这在图表上会是什么表现,然后想明白了,要在市场的供求失衡中找出情绪机会不需要看图上的过去价格。

单单价格就能反映买卖方

我也该将交易大厅的人类情绪解读到电脑屏幕上了。我选择了日本蜡烛图,从中交易容易看出是买方还是卖方在控制市场,而且哪一方就要失去或重获控制权。蜡烛图(价格)反映了大家的观点和预测,包含交易人在交易时需要的真实、客观信息。

我们现在客观看一下图6-1,这张日内图表现了每天都会发生的场景。A区显示的是会被称为盘整交易的情况,以更加专业的水平客观而简单地说就是,交易的价格水平位于供求平衡阶段,B蜡烛条结束时,我们可以客观判断,在A价位供应过多而需求不足,只有这样价格才会下跌,一些人此时会想要看空,但我选择坐视价格下跌,因为在突破上扬和下跌时入场,很难有低风险高回报。在蜡烛条C形成和结束时,

第6章 交易大厅的经验：将现场情绪反映到交易屏幕上

可以客观推论，在该条买入的交易人并未获得持续利润，他们是在价格上涨一段后才买的，虽然上涨的不多，关键是，他们买入的价格水平是供应客观上大于需求的时候（供求失衡），而且，这样做的人还不少，只要看看交易量增幅就知道了。

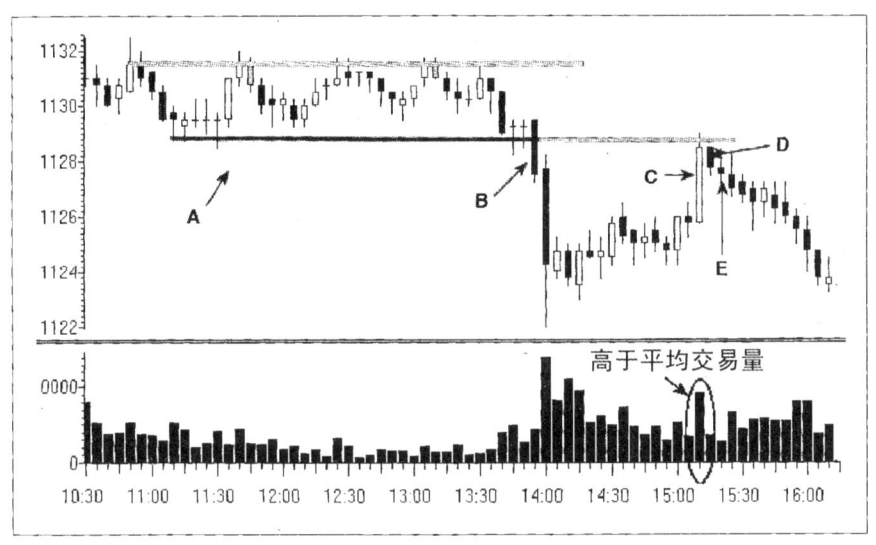

图 6-1 带有交易量的日内蜡烛图

我在交易大厅的朋友非常高兴卖给这些人，显然他们每次行动时都没有胜算。供需法则告诉我们，持续盈利的交易人不会在这种情况下买入，不会照这样子盈利。如果在买入一段时间后买入，进入阻力区（供应），交易人在看多仓位上获利的胜算很低。如果再把人们行为的因素加进来，很容易明白为什么大多数投机人再三站在市场的对立面。卖空的机会出现在价格条 E，比价格条 D 的实体最低价还低。

任务

1. 客观地预见性分析：我们必须在好时机时比其他人先入场，在交易上，其他人学我们，还比我们晚行动，我们才会赚钱。

2. 低风险入场：低风险（低压力）入场是盈利交易的关键，使我们能让资金管理策略和潜在的回报最大化。

工具：

1. 蜡烛图（价格）；
2. 恰当的趋势分析；
3. 恰当的支撑（需求）和阻力（供应）分析。

分析：

1. 平均价格目前是什么趋势？客观回答这个问题会告诉我们市场当前哪一方的胜算大。趋势上涨时（平均价格上行），胜算在买方手里；趋势下跌时（平均价格下行），胜算在卖方手里。顺着主流趋势交易总会有高胜算。但恰当的趋势分析是客观预测下一个趋势，不同于传统的趋势分析。

2. 支撑（需求）和阻力（供应）在哪里？客观回答这个问题会引导我们找到低风险和高回报的入场区，该区域对看多者来说总是位于支撑线或其附近，对看空者来说总是位于阻力线或其附近，聪明的买卖方会在这里入场，获胜的概率最大。

3. 有利润区吗（利润边际）？这是潜在入场点上供应和需求之间的差。对于多头来说，阻力区减去支撑区就行了；对空头来说，则反之。

要看什么？

找到价格的可能转向点就是一个简单的机械标准设置，我们通过看一只股票来演示一次客观的预见性分析。

趋势方向如何？图6-2中的数据显示平均价格的趋势向上，这就表示更长期的胜算在买方手里。支撑（需求）和阻力（供应）在哪？A区的价位表示买方客观上多于卖方，此时的阻力相当高，因为价格从A价位的第一次上涨就超过了6美元，此次上涨打开了第一个利润区，其上面的所有重大供应都被消化了。

第6章 交易大厅的经验：将现场情绪反映到交易屏幕上

图 6-2 格尔公司股票

在蜡烛条C形成当天，我们应该等卖方中的新手在客观需求水平卖出。在C区，可以说卖方在价格下跌后卖出，当时需求超过供应。这是交易新人的明显特征——完全根据情绪而不是客观的原则和逻辑卖出。简单说而且要记住，持续盈利的任何买方和卖方永远不会在一段时间卖出后、需求超过供应的价位再卖，这样做的话，供需法则保证会带来持续的损失，而不是盈利。

在交易大厅容易看到这种情绪，谁的仓位盈利了，谁的交易亏损了。但现在，越来越多的人都通过电脑来交易，从来没有、将来也不会去交易大厅，因此知道情绪如何反映到图表上则成了成功的法宝。

不少交易人对交易的第一印象来自书本或研讨会，而不是真实的人之间的情绪交易。第一次接触市场和交易会深深印刻在你作为交易人的认知中，书本教的是如何根据图表形态交易，一般不会告诉你如何根据人类情绪形态交易；交易研讨会教你如何利用图表里的指标和摆动指数，而这往往会导致交易错误，因为大多数的指标和摆动指数都非常主观；也有不少书探讨图表形态和如何精准地借其入场，但问题是这些图表形态都是建立在交易人知道要涨和要跌的前提下，然后才知道要买还是要卖。实际上，睿智的交易人在红色蜡烛条还远没有出现在图表上的时候就有兴趣要买了。

很多交易书籍总是想要在精神上操控，而不是引导，甚至是传统的技术分析从核心上说有可能是错误百出，出路是要将所有的决策完全建立在供需法则上。

头肩形的问题

我们举个例子，来看看常用的头肩形高位形态，入场的标准是在跌破颈线时看空。首先，如果我知道很多人都会在这里看空，而且我还知道我获利的唯一途径是其他人在我入场后入场，那我就根本不会在这里看空入场了。

而且，出现这种图表形态时最重要的问题是：为什么会形成肩部和头部？答案很简单：阻力（供应）。应该关注的就是这里，这是低风险和高回报的入场点，但不会低多少，因为绝大多数交易人都会在这里入场（卖出）。

但别忘了，如果人人都学会在跌破颈线时入场（卖空），这个交易人依样学来，那么他之后还有谁能卖？因此，交易人必须努力成为卖出的先导才行，这时才是低风险高胜算。我用大众用的验证方法，来验证我自己做出的决定。

前面提到，我从来没把一本交易书从头看到尾。如果我唯一获得持续盈利的方法是比其他人领先一步入场，那为什么要学习如何与其他人一样进退？

此外，利用交易赚钱的方法与人性是相反的，一般人只有在其他人已经买入时他再买入才会觉得放心，他们不愿意冒险，除非其他人愿意分担风险。交易人和投资人总是会因好消息买入，因为坏消息卖出。相信我，好消息和漂亮舒心的红色价格条不会将价格下拉到支撑区（需求），睿智的交易人恰恰会在这个区域买入。可惜的是，一般都是坏消息会带来低风险和高回报的买入机会。

第6章 交易大厅的经验：将现场情绪反映到交易屏幕上

屏幕交易人的工作

屏幕交易要求能在图表上看出人性形态，然后根据供需法则应用简单逻辑，大多数吃败仗的交易人往往太纠结每笔交易的细节，想要找出来到底哪里做错了，他们其实应该摆脱新手做法，考虑交易的本质。不是看一本交易书就能解决问题，更有效的方法可能是看一本人类行为的基础心理学，再看一本有关供求的基本经济学，然后就可以开始交易。

无论市场参与者是在交易大厅交易，还是通过电脑交易，不变的是如何能在交易中赚钱。

我们根据图6-3来看看这几个步骤：

（1）主流趋势方向如何？向上

（2）阻力在哪里？54（区）

（3）支撑在哪里？51（区）

（4）有利润空间吗啊？有，3个点

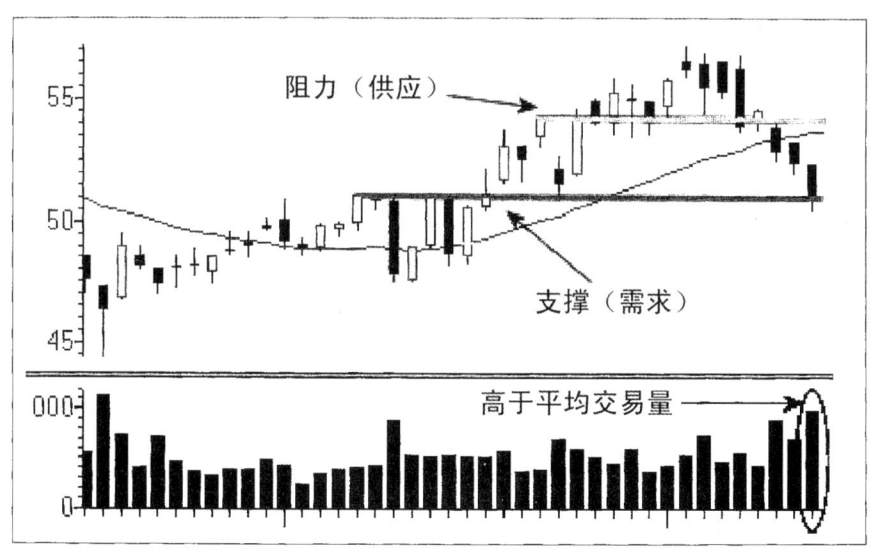

图6-3 高胜算的情况

因为交易量大，胜算也比一般情况下大，这表明许多交易人在几个蜡烛条的下跌后入场，进入支撑（需求），这都是在长期时帧趋势向上（平均价格上涨）的背景下。入场的时机就在这一区域，而不是在红色反转蜡烛条之后。我们的目的是要成为红色反转蜡烛条的一分子，要诱使其他人学着我们买。注意是这种标准的机械设置得出了这种结论，而还没有买入信号或好消息出现。

很容易从图6-4中看出这种分析成功了。为什么？我们成了买入的诱导人，其他人在第二天入场，促使价格达到目标价，我们获得低风险和高胜算收益。我们要成为那个红色的反转蜡烛条，明白这一点很重要。其他大多数人会看着图表说："已经在支撑线出现反转了，那就买吧。"这就是我们想要的，因为我们已经买入了。

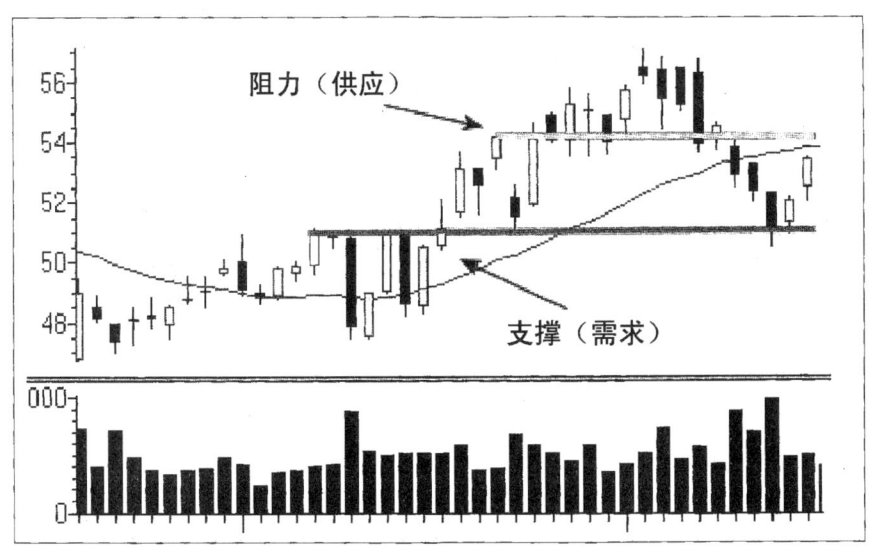

图6-4　实现利润目标

优势：线上交易人。如果这一条信息的好处言如其实，那还有什么好说的？从多年的交易和学习中，我了解到可以给人填鸭式地灌输核心交易概念，但大多数人是无法应用那些简单概念的。为什么？促使我们决策的情绪力量太强大。我在交易大厅和电脑交易多年，现在的优势大部分在屏幕交易人手里，条件是他们要知道自己在图表上找什么。

第6章 交易大厅的经验：将现场情绪反映到交易屏幕上

所需要的只是蜡烛图、交易量和电脑有电。

山姆·塞登是具有十多年经验的交易人、调查分析师和教师，不仅自己交易，还进行基金管理。塞登先生通过演讲、工作室、杂志撰文、在www.samseiden.com的咨询服务向客户提供研究和指导。他的联系方式是sam@samseiden.com。本文的一个版本首刊于2004年5月的 *SFO*。

第7章 如何在大幅运行前找到盈利交易

威廉·欧尼尔

高超的投资策略在恶劣市场环境下能够提供牢固的防护,又能在强劲市场中带来最大的利润,没哪个系统能够与之匹敌,因为策略往往是根据个人意见而不是事实做出的。只有在认识了市场总是自行其是,而不听从我们任何人的调遣时,我们的投资回报才会得到提高。股市才不理会我们是谁或是想些什么,而完全是为所欲为,不会听从怀揣最新内幕的分析师、评论员或某某某的指手画脚。

采纳其他人的意见很容易上当,特别是对某只股票大捧特捧的时候,可别上钩。无论是投资新人还是有一些经验的人,提高获利潜力的最好方法是透彻研究真实的市场,了解市场的真相会帮助投资人屏蔽掉只会损害其投资潜力的意见和小道消息。投资可以非常情绪化,我们的本性冲动会阻碍我们做出合理、客观的决策。学会仅仅听从现实而不是情绪或意见,会让投资更成功。

我们用了五年时间研究了历史上最好的盈利股票,了解到优秀股票在进行最大价格运行前,有7种普遍表现特征,现在称之为CAN SLIM,我会把这个作为买股票的检查表,我买入的股票必须与以前的优秀盈利股票有相似的潜在表现。

美国个人投资者协会对50多种顶级策略进行独立的实时研究,过去8年间(1998年到2006年),他们发现CAN SLIM是最持续和表现最好的投资系统,回报率949.9%,而同期的标普回报率则为30.9%。CAN SLIM年复一年表现超群的原因,就是其根基仅在于市场如何运行的事实,而不是个人意见。

C 是当前的季度收益

《投资者商业日报》研究了1952年到2001年的600个市场最大盈利股,四个中有三个在大涨前的最新季度收益增长超过70%,在找好股票的时候这是关键的基本面信息。公司最新的季度收益报告同比应该至少有18%到25%的增长,连续增长的季度越多越好。

《投资者商业日报》的股票表含有每股收益评级,级别从1到99。例如每股收益80表示该股票在收益增长上超过了其他80%的股票。

A 是每股年收益

任何公司都会一次次拿出漂亮的季度收益报告,特别是采取了严厉的削减开支措施的公司,这就是为什么每股年收益在衡量公司长期的持续性上重要的原因。公司的年收益在最近三年每年要增长20%以上,股票还要能显示出来年的良好收益预期,当前的年资产回报率至少为17%。

N 为新产品、新服务、最高价格

任何值得买的公司应该有让人激动的新产品或服务,或成为新创新行业集团的一员。微软、思科、家得宝、eBay在其全盛时期都是开路人,他们参与了重新定义各自领域产品和服务的革命,这种新的开路领袖地位是成就市场领头羊的重要决定性因素。同时要看的还有领导市场的新星,而不是落后的老牌,这一点也很重要。《投资者商业日报》对过去的调查显示,一次牛市中八个领头羊中只有一个能在下次牛市中再续声威。市场转向和新牛市确立后,冲出天量交易、让交易人钱袋满满的恰恰是新公司和新面孔。

《投资者商业日报》用多种方法凸显了这一点,其一就是"新美国"版面,投资人每天都会在这里找到不少明日之星,他们的名字随后就家喻户晓。在这个版面出现的股票包括新美国指数,其表现一直远远优于标普500。

S 是供求

供求决定石油、西红柿、咖啡、牛肉等的价格,同样推动着股价运行,正因如此,约有50亿股发行量的大盘股股价比发行量只有5000万的小型创业股股价更难撼动。股数越多,就要买卖越多的股票才能影响价格。

我们发现,大盘股(往往是指道指或蓝筹股)表现往往不如活跃的创业公司。观察这些趋势并向"聪明的钱"(即机构投资者的投资)进入的地方投资,会有所报。如果公司回购自己的股票,这也是个好信号,如果领头公司回购,这是自信和忠心的表示。

L 是领头或拖后腿

股市最大的陷阱是仅仅为了灿烂的名字而买股,名字响不保证股票就能盈利。股市里没有旱涝保收的股票,如果不上涨就不是好股票!投资者赚大钱的利器是在领头羊刚刚出现大涨时就买入,要找那些在收益、销售、资产回报和相对强弱上优于市场表现的股票。

最好还要问问是不是位于领导行业中。股票表现不会优于公司业绩,因此盯着蓬勃发展行业的最优股票,公司产品和服务的需求旺盛。有史为证,在经济的强劲和创新性板块里的股票会带来最大的利益。买入高质量的领头羊同样是盈利的好办法,但要时常查看图表,确定自己别太晚入场。

I 是机构投资

机构投资者(开放式基金、养老金、银行、保险公司等)占到市场交易量的80%,因此机构投资是在买入任何股票前都要验证的重要因素,这才是价格运行的主要推动力。需求大了价格才会上扬,因此聪明的投资者会找价格上涨且交易量高于平均值的股票。如果价格冲高,不是因为张大妈买了10股、100股甚至1000股,价格涨跌需要几十万的股票,所以买的股票背后有大资金和大庄家支持就非常关键。

找找最近几个季度买哪个股票的共同基金数量越来越多，以及最近几年基金所持有的哪些股票表现优于市场。投资人还可以查查《投资者商业日报》的"股票动态"版和全天不断更新的 investors.com 网站，跟踪仅 50 个交易日交易量变化异常的股票。

M 是市场方向

如果市场走势未明，那么通过前六个 CAN SLIM 条件买股是白费功夫。历史已经验证四个股票中有三个会跟随市场方向，因此可以从收益、销售、机构投资、新产品和服务方面正确判断股票选择，但如果市场主趋势是下跌，股票就有可能随趋势下跌。

时时了解市场每日动态非常重要，跟踪价格和交易量的相互作用，这是知道现状的最稳妥的方法。如果确认下跌，就要随时准备卖出、收回现金。明智的投资人在市场环境恶劣时会睁大眼睛，一有机会就搭上大型领头羊。

CAN SLIM 的效果丝毫不差，就是因为已经验证了市场在近半个世纪都是这样运行的。学会如何一个个分析和辨认这些共有特征，不仅是找到优秀股票还是在正确时机买入的好方法。

设定规则

一旦找到一个满足 CAN SLIM 的股票，下一步就是点击"买入"然后洋洋得意，想想就妙不可言，但找到优秀股票只是解决了难题的前半部分，另一部分是知道买了之后该做什么，知道从哪儿结束。买了股票却不知道为什么或何时该卖出，这就像是买了一辆雷克萨斯，却没带刹车。

数以百万计的投资人在 2000 年泡沫破碎的时候都尝到了苦头，800 万人总计损失了 7 万亿美元，大约占到其投资组合的 50% 到 80%。没几个人有恰当的防范措施能在股票开始下跌时候割肉离场。这么想吧，谁听说过一支冠军篮球队组织一次进攻就能赢的，你必须要有牢固的攻守，才能在股市获胜。买股票的时候，问问下面几个问题：

 个人投资者线上交易

1. 万一错了该怎么办？
2. 我怎么保护自己？
3. 判断对了该怎么办？
4. 如何把纸上的利润在消失前转化为真金白银？

交易人不会每次都正确，投资成功的秘诀并不是一直正确，而是尽可能损失得少。每个人都会犯错，因此投资人必须能够及早承认自己错了，切断损失，确保自己活下去能在某天再投资。下面是几个保值、最大化利润的途径。

原则一：切记在股票比买入点下跌7%或8%时卖出

我所知道的最好、最安全的防止重大损失的方法就是这个核心原则：股票下跌了买入价的7%到8%时一定卖出，绝不犹豫，没有例外，没有借口。为什么？这是很简单的数学问题，如果投资人在亏损7%到8%时脱手，并在上涨25%的时候卖出，三次机会里有一次是正确的，仍旧领先。

不相信？只要看看近50年的市场周期就明白了。一般的市场领头羊在创出最高价后会下跌72%，买入持有法根本没用。没哪个投资人能抵得住几次72%的亏损，因此也没人想在股价下跌的时候买入。千万别拉低平均价！没人能捡得上这个便宜，这更像是伸手想抓住下落的刀子，问问那些在安然、朗讯或环球电讯下跌时买入的人就知道了，他以为自己捡了个便宜。

原则二：找出合适的买卖点，最大化回报，最小化风险

学会看图，看图是找到买卖股票最好时机的关键，投资人不应该不看图就买卖。有谁想医生不看X光片就给自己动手术？而且看图也没想象得那么复杂。

图表显示了股票价格和交易量的运行，一眼就能看出股票的需求程度，表现了成千上万投资者，下至小鱼小虾，上至共同基金大鳄的真实买卖决定，如果质优股价格上涨，交易量巨大，就表示大型机构大笔买

入。如果股票急跌的同时交易量巨大，通常表示大型机构在逃跑。股票涨跌很小或交易量不到平均水平，基本上就表示买卖双方都没有意向。

最大化利润、最小化损失的好办法就是恰恰在股票冲出牢固的盘整形态或交易量巨大时买入。只有图表才能告诉你入场时机，同时还能帮助交易人找到获利离场的时机。

基本面会告诉投资人买什么，技术分析会告诉投资人何时买。为什么？大多数的市场最大盈利股在基本面还地位正隆时就开始下跌，可能是因为市场想休息一下，或者机构投资人嗅出了未来利润下降的味道，也可能没什么原因，机构就是想兑现利润。但这都没关系，投资人的工作不是要知道股票为何这般行事，而是要看出现在如何运行，并采取相应行动。

原则三：切勿把大利润变为大亏损

股票自有办法告诉投资者好日子可能到头了，有几个指标任何投资者都能学会来帮助他们辨认出那些信号，股价相对强度就是一个确定股票整体实力的绝好指标，相对强度线描绘出股价相对于标普500这个标杆的表现，能够很快区分出领头羊和拖后腿者。

我们在《投资者商业日报》中给每只股票进行专属相对强度评级，评级从1到99，1表示股票的相对强度只好于市场上1%的股票，而99表示股票的相对强度好于市场上99%的股票。如果投资者手里的股票相对强度值低于70，而且还在继续下降，就表示这只股票可能有麻烦了。

频繁拆股是判断股票是否已经日暮西山的另一个办法。如果公司已经广为人知，往往就会拆股，想要降低价格，吸引更多投资人买入。但这怎么会是一个糟糕信号呢？一般情况下，如果股票已经尽人皆知，分析师会敲着桌子大喊"买入、买入、买入"，公司的CEO也出现在杂志的封面上，恰恰是这些表明了股票要么是被超买，要么过度炒作或两者兼而有之，这可能就是盛年已过的信号。短期内过度拆股可以说是一个红灯信号了。

屏蔽噪音

切记,任何投资策略都应该有助于学习如何倾听和理解市场信息。再没有谁能比市场自己能更准确和如实告诉投资者市场状况的了,因此杜绝权威意见和"专家"的新鲜小道消息是绝对至关重要的,这些全都是噪音。只有市场知道下一步要干什么,投资人能尽力做的只有侧耳倾听并追随市场的领导。

威廉·欧尼尔是《投资者商业日报》的创建人和主席,开发了CAN SLIM投资方法,他还写了几本书,最新书籍包括《如何卖空赚钱》和《笑傲股市之股票买卖原则》,后者分析了2000年-2003年的熊市。更多CAN SLIM的信息请访问www.investor.com/canslim。本文首刊于2004年7月的 *SFO*。

第8章 交易量在说话

托尼·特纳

随便问哪个交易人让好交易更上一层楼的两个因素是什么，他或她一定会回答："交易量和波动。"的确，我们交易人会找准一个股票或其他金融工具，然后准确领会到供应或需求的爆炸性变化带来的价格反转，从而获得大笔利润。我们都通过评估交易量来衡量这些变化情况。

交易量就是在一定时间段内交易的股票或合约数量，其最简单的功能是，图表上的交易量条会让交易人马上知道股票受追捧或冷遇的程度，无论股票或期货合约在何时运行都能显示。复杂一点的情况就是，爆炸式或收缩式的交易量活动会提示我们趋势反转、入场决策验证、反映持续形态的健康状况，并成为管理和退出交易的有利决策支持工具。将交易量信号和其他价格行为和图表指标提供的信号结合使用，会给我们提供进入、退出和管理交易的可靠根据。

在下面的讨论中，我们会探讨交易量在决策辅助上的强大作用。随后，我们会看看交易量发出的八种声音，解读其在日交易、波段交易和头寸交易中提供的信号。

交易量工具

用于图表的大多数指标都衍生自价格，例如被称为随机指标的超买和超卖摆动指数、平滑异同移动平均线和相对强弱指标，都出自于价格行为的统计运用，但交易量是独立于价格运行的变量，这对我们交易人非常有利，为我们提供了价格之外的重要市场信息。

总体说来，交易量信号传递了两种信息之一：首先，如果交易量的动能和速度与价格运行对应，例如价格向上突破时交易量大，即表示价格运行可靠，我们就说交易量验证了价格运行；其次，如果交易量动能与价格运行不对应，就提示我们潜在的价格行为可能会失败，例如，价格突破上限而交易量萎靡，则价格可能很快回调或回补。

我们大多数人都用制图软件包，交易量会显示为一系列长条，或一条柱状图，位于特定时帧里每个条状图或蜡烛线图的底部。一些交易人希望交易量与动能联系显示，我们本次讨论中会将交易量以标准的柱状表示，同时应用动能指标（稍后解释）。

在每个图例中，你会看到反映在交易量上的简单而作用巨大的指标——能量潮，你还会看到20天、50天和200天（简单）移动平均线，以及相对强弱指标或随机指标（慢）。同时请注意作者主要交易股市，以下内容会主要指股市交易，其他的交易工具也使用同样的原则和信号，因为交易量衡量人的参与度，与价格无关。

能量潮指标

能量潮是最简单和最可靠的交易量动能指标的代表，大多数制图软件包都有，也可以与蜡烛图、摆动指数和其他制图工具结合使用。能量潮最初是由葛兰碧开发的，其将交易量与价格变化联系起来，一般就是位于交易量条上面的一条线。能量潮是不断变化的一个总量值，随着对应价格条或蜡烛线收盘高于前一收盘价而上行，随着股票收盘价低于前一收盘价而走低。

能量潮按照趋势方向运行，根据伴随价格运行的资金流进或流出而动。因此，如果你的股票在稳定的上行趋势中上涨，只要买盘持续，能量潮也会走高；反之，如果股票在下行趋势中下滑，只要卖盘持续，能量潮也会下跌。

能量潮也会先于价格改变或反转而动，显示出看多背离或看空背离（背离表示能量潮和价格反向运行），这就提醒你注意进出交易，如果刚好出现价格随机指标背离就特别有深意了。充分解释能量潮的工作原理不在本次讨论范围之内，深入了解能量潮请阅读葛兰碧的著作《获

第8章 交易量在说话

得最大利润的每日股市时机新策略》。

交易量在说话：说什么了？

以下的指导可以表明量价之间的关系会给未来价格走势提供预示信号，但也请明白这些技术信号不是灵验的水晶球，不过有很多时候，量价走势显示的验证和警示能够对入市、退出和资金管理策略提供宝贵信息。

1. **交易量提前伴随价格而动**。如果股价在上涨趋势（最高价和最低价都上涨）环境下走高，那么大多数的条状图或蜡烛图中，最大交易量和平均交易量会跟随价格走高。但别忘了，虽说不是每次蜡烛图上涨都有同样大的交易量带动，但交易量应该保持稳定的动能。随着需求消耗掉有限的供给，交易量稍稍下降，可能不会减缓价格的动能。

图8-1是微软公司在2006年7月底、8月初时攀升进入上涨趋势的情景。趋势反转实际发生在6月中旬，下行的交易量让位给了上行的交易量，注意能量潮是怎么反转的。8月中旬，强烈的需求推动微软沿趋势方向走高，9月、10月和11月都有新购买者加入，有力的交易量增势促使这个软件巨人迅速达到四年内的最高价。无论是日交易人、波段交易人还是头寸交易人都从巨量交易促发的稳定上涨趋势中获益。

2. **下拉时交易量从低到平均水平应看涨**。如果股票在上涨趋势中以水平持续形态有规则地下拉或盘整进行回调，交易量也应该收缩，这表明股票稍事休息，但状况良好。图8-1里在六月中旬到11月的上升趋势中微软交易量随下拉或回调而收缩。上涨时交易量放大，同时盘整或下拉时有规则的缩小都表明上涨状况良好。

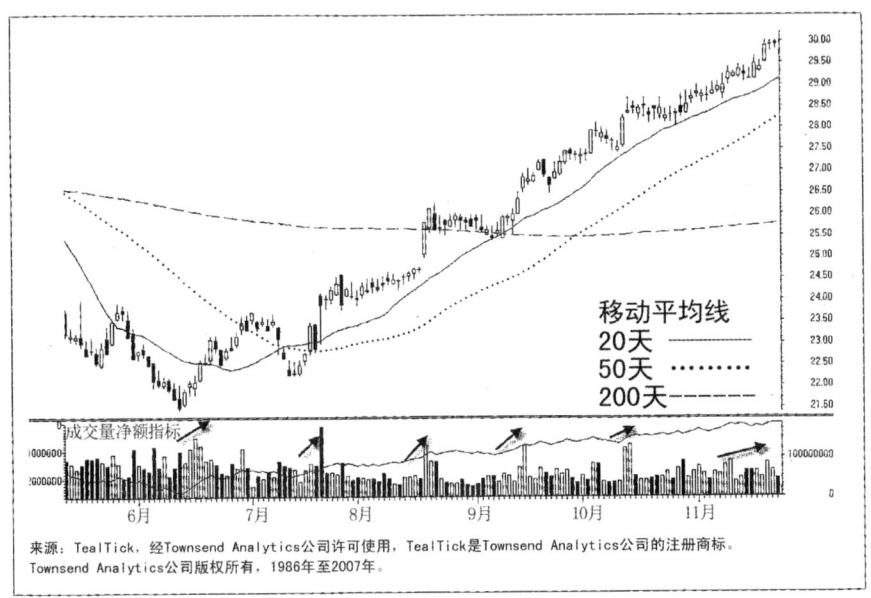

图 8-1 微软公司

3. 下拉时交易量高应看跌。如果是上涨趋势，而你看到下拉时交易量增长（比上次上涨时还多），就表明市场参与者之前是急于买入，现在则急于卖出，形成巨大压力，股票可能迅速急跌。

图 8-2 是辉瑞公司的日图，注意三月中旬交易量的变化如何导致了趋势反转。该公司在一月、二月和部分三月间走势漂亮，超过了 20 日均线，但三月中旬的下探中交易量巨大，提醒交易人和投资者这次下探可能会演变成反转。果然，辉瑞落入随后的下行趋势，注意能量潮在当时如何随卖盘增加而波动。日交易人、波段交易人甚至头寸交易人只要立场正确就会在下跌趋势中大量吃进股票。

第8章 交易量在说话

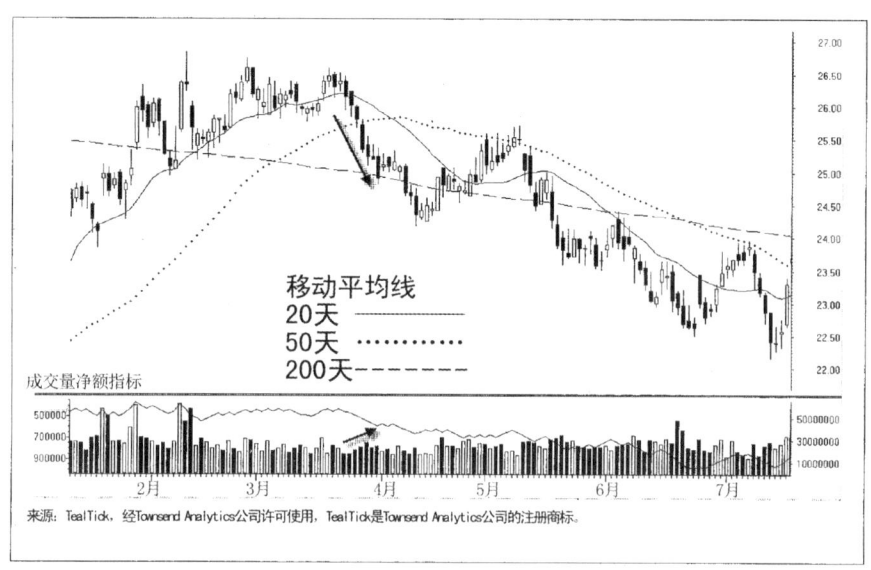

图 8-2 辉瑞公司

4. 交易量疲软而创出新高应看低。前面讨论过，如果市场继续在确立的上涨中创出新高，交易量应该保持健康增长速度。因此，如果市场出现新高而交易量疲软、较低，就表明趋势可能准备调整或反转。记住，交易量衡量的是市场玩家的热情程度。价格上涨而交易量低落表明缺乏新买主，没有热情就会导致恐慌，如果无法验证价格上涨的话，特别是超买市场出现新高的情况下。热度不足很明显时，上涨很快就不能保证了，恐惧心理就滋生，卖盘大量的供应就会让股票下跌。

图 8-3 是美国铝业公司的日图，这家科技公司在 2006 年 4 月 25 日创出新高，达到 35.95 美元，但交易量却不大，而且幅度拉伸过大，远远超过 20 日均线。注意我在图中画了 14 日相对强弱指标，用以表明能量潮和动能指标往往形影不离，其相互关系可以强化买入或卖出信号。（相对强弱指标低于 30 就表示超卖，高于 70 就是超买）

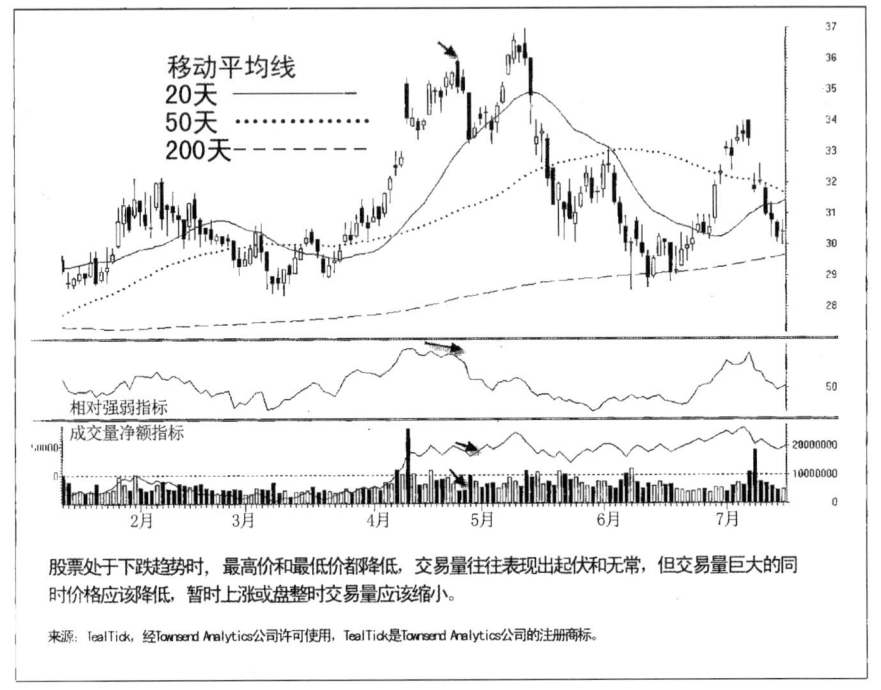

图 8-3 美国铝业公司

美国铝业不仅与 20 日均线相比来说超买了,而且相对强弱指标猛涨到 88,这也是超买的表示。与低交易量相反的高价就是在向多头波段交易人提醒赶紧将利润落袋为安,日交易人则搜索随后交易情况,站到空头一边。

5. 价格猛进+交易量爆发=下跌迫在眉睫(看空)。平常我们都会说:"涨的都会跌",这话在估价上也同样适用。疯狂而让人欣喜的交易量推动的股价火箭式或一发冲天的增长,往往很快就筋疲力尽。

图 8-4 显示投机卖盘促使 MGPI 公司的价格在 6 周内翻了一番。石油价格猛涨时,这家替代能源公司的股价也成为近水楼台,2006 年 5 月 11 日走出新高 36.08 美元,形成的蜡烛图称为"高波"(小实体,上下影线很长),再加上交易量爆炸、4 个点日内幅度(交易量和波动),结果就非常令人费解了。注意相对强弱指标并未随价格走势创出新高——看跌信号,能量潮也下拉。看多的波段交易人很可能在当日收

盘前就获利离场了。喜欢高风险（股票虽然有问题，但还是处于良好的上涨趋势中，此时的空头风险就很高）的活跃交易人当然会在最后几天的下跌中寻机买空入场。

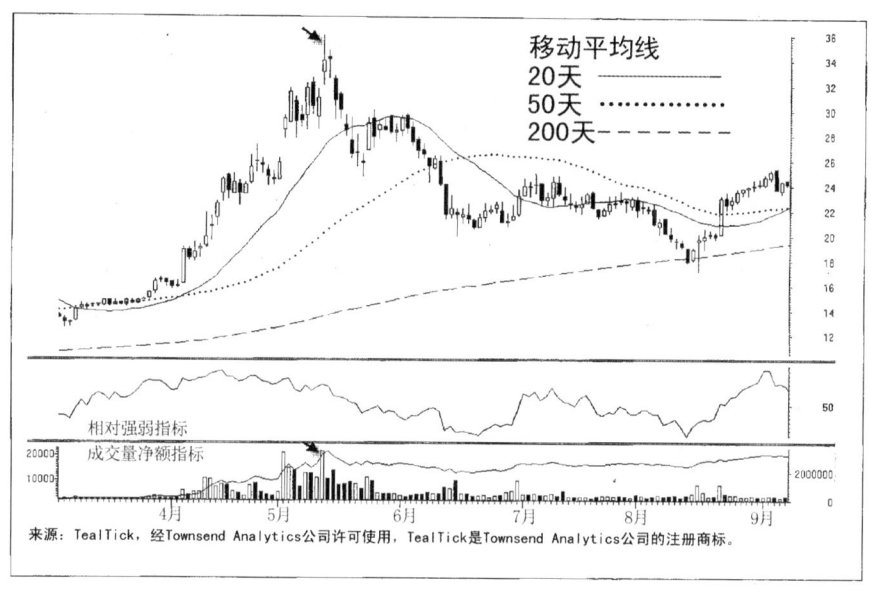

图 8-4　MGPI 公司

6. 市场混乱+交易量放大=看跌。 如果市场已进入上涨趋势，然后盘整了一段时间（相对于显示的时间段来说），交易量稳步增长而价格却没有突破，可能表示市场力量分散，股票可能很快转而下跌。

图 8-5 是桑达克斯公司的日图。这家房地产巨人冲出底线后在 2006 年 9、10 月上涨，但在 10 月中旬未形成新高，随后价格开始起起落落，下探至 20 日和 50 日均线之下时交易量巨大而稳定，这就表明卖家在放货，在最后一次稍稍努力再次走高，仅仅冲高过 54 美元后就开始下跌，最终向空头投降。看看这个最高价时的摆动指数（居中级别，超买是指低于 20，超卖是超过 80）和能量潮都达到最高值，然后下滑，而摆动指数刚开始走低时桑达克斯股价就下落。波段交易人应该利用该最高价获取多头利润，或者至少在该公司当日跳空下跌收低或的第二天

一早退出。一旦桑达克斯跌落 20 日和 50 日均线时，波段交易或日交易空头当然乐见股价走低。

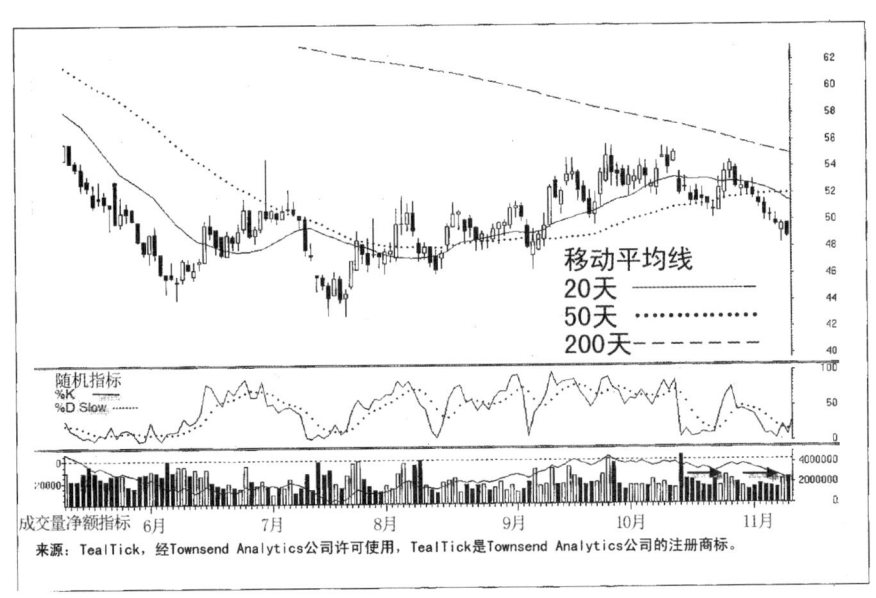

图 8-5　桑达克斯公司

7. 卖盘冲顶+高交易量=即将出现低价或可交易的底部。如果市场处于下跌趋势（最高价和最低价都下跌），而且卖盘出现最大值，交易量巨大，价格可能反转向上。交易量巨大表示不少看多的交易人和投资人大批抛盘，卖盘达到最大值，特别是如果股票遇到上一个价格支撑线，一般随后就会出现上涨——无论是一时还是真正的反转。这个信号非常有效，向空头表明该平仓了，而且最好行动迅速。如果股票从一个历史低点反弹，空头的平仓再加上新卖盘会让股票很快走高，最好就是趁早平空仓，别被围堵住。

图 8-6 是康菲石油的日图，这家石油天然气公司在 8 月从近期高点 70.75 美元，在 2006 年 10 月 4 日下跌到最低点 54.90 美元。10 月低点之前的几周，交易量巨大，因为石油价格低落让忧心忡忡的投资人释放了亏损的多盘。当然，空头也在平仓，而新买家很可能开始一点点

买入。

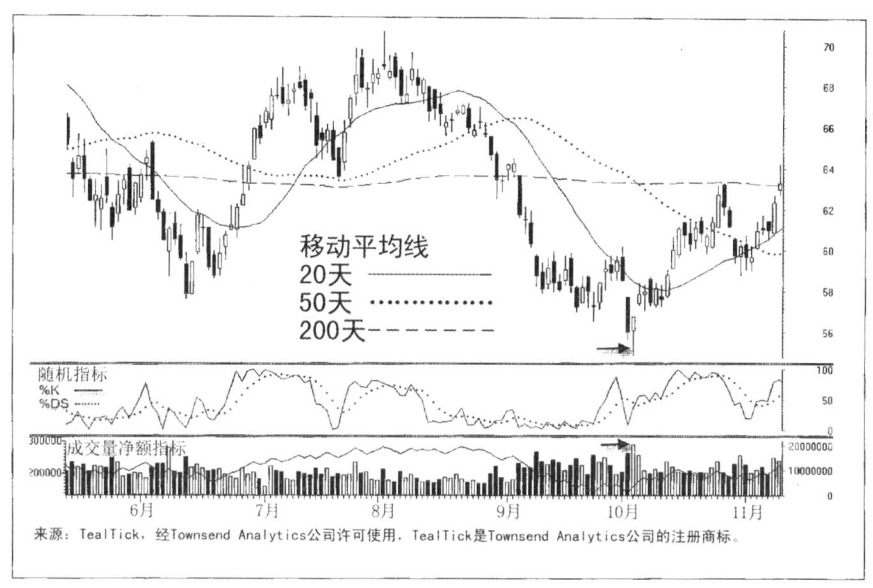

图 8-6　康菲石油

8. 反复试探重要低位+交易量低迷=看多。如果市场位于下跌趋势，并且反复测试一个重要低点，同时交易量很小（想想双底形态），就表明市场还不恐惧，卖盘压力不足。想到市场的老话"在交投清淡市场别看空"，就知道这种形态表示市场跃跃欲试，隐含着下跌趋势可能很快在大盘交易下反转上行。

图 8-7 中的这个信号很明显，越洋公司在这个日图中于 2006 年 8 月形成了双底形态，交易量在第一个最低价后逐渐降低，买盘乏力。市场在 8 月 31 日再次经受住了试探，交易量仍然很低，空头在 9 月 1 日被挤压，但石油的价格还位于最低价，帮助越洋公司股票跳空上涨。这个双底形态（W 型）很常见，而且很多时候如果卖空意识到股票会抬头（至少是短期）上行，价格会跳空上涨。注意越洋公司并未对再次试探时的价格下跌有所反应——积极信号，能量潮也在 8 月 31 日形成看多背离。

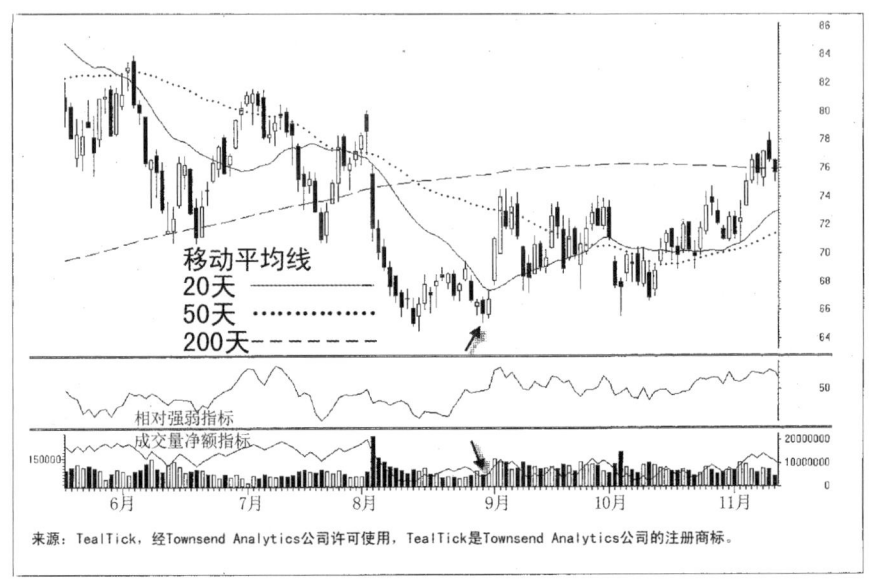

图 8-7 越洋公司

如果价格支撑线在再次试探时并未跌破上一个最低价,那么空头波段交易人就要尽快平仓,避免在反转发生时被挤压,同时要建立看多仓位,日交易人可以利用再次测试站到看多一边,头寸交易人应该等到上行趋势建立后再入场。如图所示,越洋公司在冲高后经受了三次波动下拉,这就会淘汰很多头寸交易人,他们在越洋公司 11 月上旬突破上行前就匆忙入场了。

首要原则

你知道,有力的价格趋势,无论长期趋势还是短期趋势,在量价齐涨和齐跌时就会产生并持续。如果交易量与价格背离,价格一般会跟随交易量的走向。无论什么时候只要你不非常确定主导波动情况的情绪(看涨或看跌,贪婪或恐惧),就在更短的时间段内看看股票图,这样一般就会理清交易人的实际动机。例如,日图里如果有一个蜡烛条走出天量,可能就是因为早间密集卖盘、午间价格反转,接着密集买盘,然

后空头午后平仓而导致的。

这些简单而让人信服的原则赋予了交易量指标的力量。增添交易量动能指标，如能量潮、蜡烛图信号、移动平均线和随机指标，你就有了强有力的一套组合信号，增加了确立和进入交易的胜算。

一旦进入交易，交易量信号就可以是一个资金管理工具，提示你未来可能的趋势变化或反转。无论你是日内交易人、波段交易人还是活跃交易人，就让交易量及其所说的话告诉你其预示的未来价格走势！

托尼·特纳是畅销书作者，著有《线上日交易新手指南》、《短期交易新手指南》和《新股市的短期交易》。她还是国内金融大会和论坛上非常受欢迎的发言人和教导人。更多信息请访问 www.toniturner.com。本文的一个版本首刊于 2004 年 3 月的 *SFO*。

第9章　金融市场受季节影响吗？

杰瑞·托普克

应对市场的季节性方法旨在预测未来市场运行的时机和方向。如果知道市场在一年的特定时间一般如何交易，交易人就能为其出现提前做好准备。了解历史的交易人或许能更好理解目前的市场行为，能把源源不断的新闻结合前后背景，有助于他或她主动采取行动而不是仅仅被动反应。

虽然影响市场的因素有无数个，但一些情况和事件在一年中反复出现。几百年来交易人和商人已经用这种季节性方法，在直接被财富周年循环影响的市场中获得了先机。例如，他们知道尽管消费者的爱好、经济状况甚或是战争都在不断变化，但自然总是一年年孕育出粮食，知道天气冷了就需要供暖原料、自然的年周期会对现货商品的供需形成年度形态。

但是金融市场呢？春天来了，怎么就有可能影响利率呢？股市管得着天气是冷是热吗？不少分析师总是忽视充其量也只是间接对金融市场产生作用的季节性的原因和影响。本文的讨论不在于要反驳这种观点，因为季节性方法与其说是诠释和争辩，不如说是观察和量化。本文旨在介绍季节性方法，讨论其概念、工作方式和原理、优势与弱势、交易人可能如何用其获益以及如果可以的话，如何应用于金融市场。

自然市场的节奏

季节性在取暖用油这样的市场容易理解，图9-1中，供需显然受到天气冷暖周期的影响。例如，天气从6月或7月变热后，需求（以及价格)最低。行业预计天气变凉后,由于存储的原因市场需求提高,对价格形成上涨压力,价格上涨又促使加工厂提高产量,分销商出售库存。(加工厂也受到年底库存税收的限制,出于财务考虑要在12月尽量出货)然后市场预计到寒冷天气的结束,需求下跌,对价格形成下压,促使尽快消化供货,天气渐暖,消费再次降到最低,一切看起来很简单。

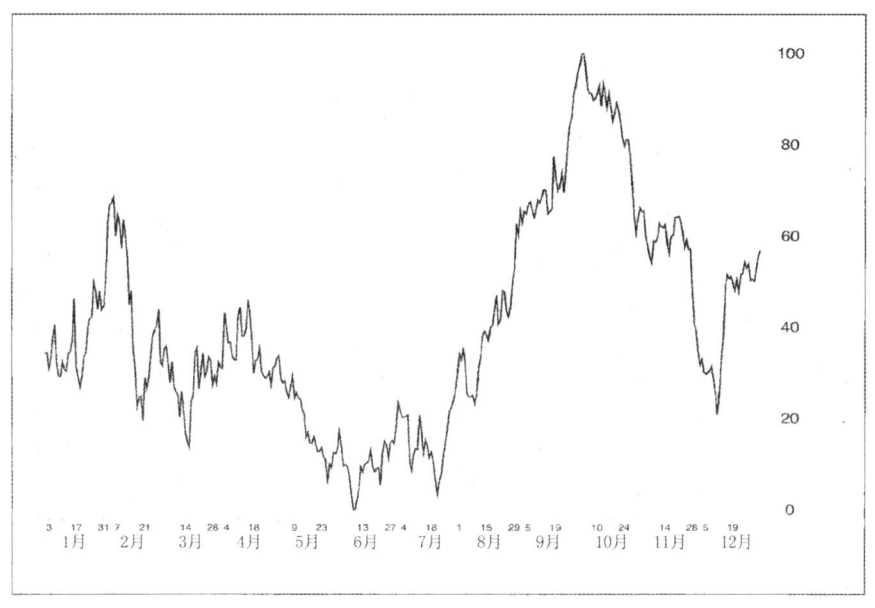

图9-1 15年来2号燃料油(NY)的季节性变化
(距离指数平均百分比,1991年—2005年)

所以说,每年天气的周期使取暖用油的供需上形成年度循环,这就产生了季节性价格现象——价格对每年的同一时间有一定程度的依赖性,总是向同一方向运行,强度或大或小,时间点上或提前或延后。换句话说,环境变化的年度形态(因)促成了价格反映的年度形态(果)。如果市场受到年度周期的严重影响,就像取暖用油市场的表现一样,价格的季节运行就不会是简单的因果循环,甚至会变为自我强迫,就像市场有了自己的记忆。为什么?消费者和生产商都会形成自己的行为形态，如果他们对季节性的依赖几乎到了依附的程度，根深蒂固的利害关系就会保持下去。

因此，季节性方法根源于如下前提：每个市场都有独特的基本力量，每年都能对其发挥效力。如果发现市场对这些力量的反应形态有经验为证，那就能大胆认定季节性就是一个稳定的市场趋势，每年会以相同的价格运行方式重复。有了这个定义，这一原则就能在任何市场进行观察、分析和量化。

季节性形态

形态隐含着一定程度上的依赖性。市场的一个重要功能就是预测未来，因此，价格往往在预测到变化时（天气变凉）运行，并在变化实现时调整。如变化每年发生，就形成了反复出现的预测，实现周期。这种现象就是交易的季节性方法的本质，意在预测反复出现的趋势，在其出现时进入和抓住，并在其形成时退出。

调查季节性的重点是在季节性价格形态中找到反复出现的趋势。过去分析师从每月甚或每周的最高价和最低价中构建粗略的季节形态，但现在计算机能够根据多年的综合每日价格实际运行得出每日的价格行为季节形态。这个形态如果正确搭建，就能反映一年中任意一天市场在每年价格周期中交易的趋势。

再看看图9-1中取暖用油的季节形态。右手的垂直数字指数反映的是所观察的价格历史趋势，价格大多数保持高位就是100（季节高点），价格大多数保持低位就是0（季节低点），因此画出的形态表明市场的趋势既到达了年度最高，也到了年度最低，并在两者之间运行，看到这个就能更好判断目前的价格运行，并预测未来的价格走势。

利率也有形态？

金融分析师说的没错，不像粮食或取暖用油，利率并不依赖四季的每年轮回，股市也不依赖温度的年度周期，但日历还是记录了每年都会发生的重要情况和事件。1月1日不仅仅是新年的开始，而且是新的财政年度开始。美国收入所得税结算截至 4 月 15 日，新的联邦财年从 10 月 1 日开始，美国财政部在每个季度第二个月的第二周进行季度返款拍卖，房地产市场在学校放假时最忙。有人可能怀疑这种年度事件周期会不会影响资金供应，如果是的话，利率可能就有年度周期了。

在 www.research.stlouisfed.org/gred 可以找到大量联邦储蓄经济数据，包括美国债券收益，从中抽取 1991 年—2005 年的数据形成 15 年的季节形态，就是图 9-2 的 10 年期国库券固定到期率，图像很是惊人。代表了财政部基准的利率显示出强劲趋势，从 2 月中旬一直上涨到 5 月初，形成瞩目的最高价，随后一直下跌到 10 月份。

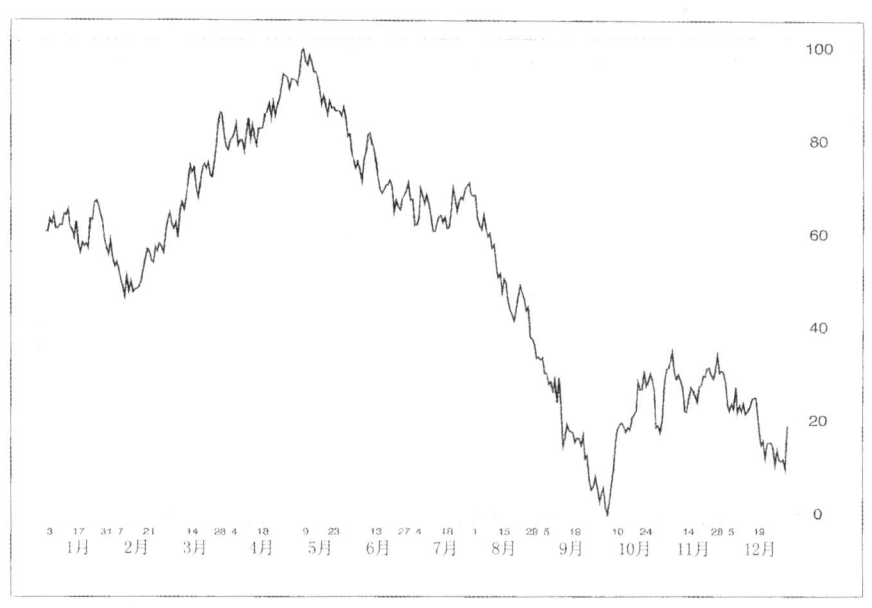

图 9-2　10 年期国债固定到期率，15 年季节形态
（距离指数平均百分比，1991 年—2005 年）

因此即使没有任何财经背景的人都能照猫画虎。如果市场利率反映了资金的流动性，那么利率提高应该表明流动性紧张。那利率增长到 5 月的同时发生了什么呢？是不是所得税款的交付使金融资产大量从个人领域转入公共领域，紧缩了资金的流动性？是循环资金回到经济中放松

了流动性？还是消费者的支出一直从夏天增长到节日？新的财政年度在10月份开始，市场预计到了新钱的大量激增？

知道利率为什么总是从5月份跌到10月份可能有些学术意味了，只要知道利率会降低就可能有优势，特别是利率频繁并稳定地如此行事，历史事实已经验证了这一点。

季节性策略

要想找出答案，就想想图9-3中10年期国债期货在15年间发展而成的季节性形态，其价格与潜在的收益成反比，也就是说，几乎成镜像关系。期货的季节性形态从道理上说不通。

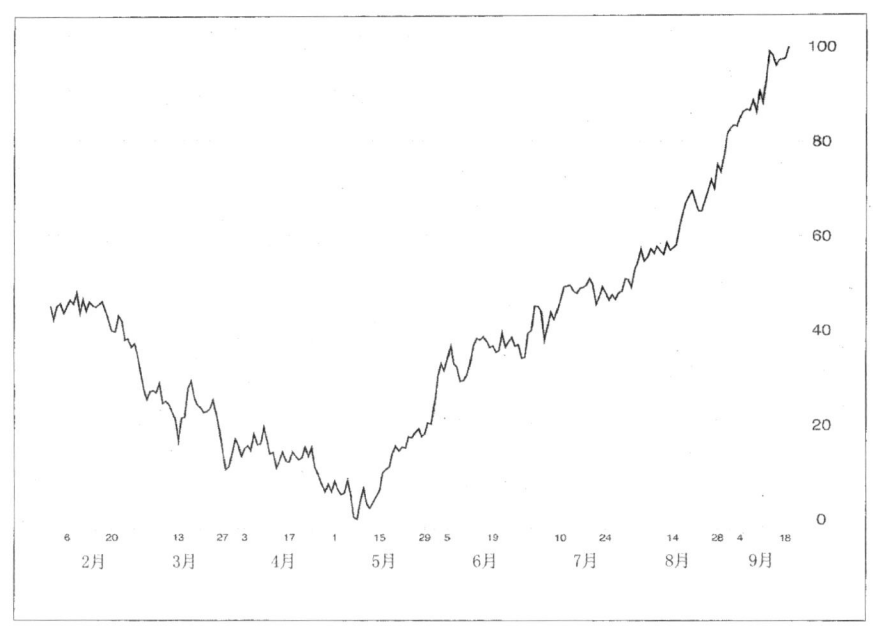

图9-3　9月份10年期国债（CBOT）的15年间季节特征
（距离指数平均百分比，1992年—2006年）

但期货也有一些自身的特点，例如交割和到期。举例来说，3月份合约在第一次交割通知日之前、2月底会出现大跌。是投机性结算以避

第9章 金融市场受季节影响吗？

免交割？另一方面，一般在4月份会出现最后一次下跌，然后在5月的第二周财政部季度拍卖后（提供新一批5年期和10年期国债），价格会冲高到6月份期货的交割。价格看来总是会稳定增长到8月初，然后温和下跌到下一次财务部拍卖，最后一直增长到合约交割和届满期。

这种季节性趋势看起来几乎无一例外，但我们就能闭眼睛操作吗？还是说某些时间比其他时间更优？

计算机通过比较该合约在15年间的实际每日收盘价，就能模拟所有可能的每日进出场时间组合。把数据可靠性、进出相隔时间和以往盈利性等问题设为参照，计算机就能发现总能带来最优价格走势的进出日期。

仔细看看表9-1的历史策略表，第一行是10年期国债，表示"9月份的10年期国债在最近15年间的13年中，在8月12日前后的收盘价高于5月7日的收盘价，平均每份合约产生2 207美元的价差"。（如果最优进出日期刚好在周末或节假日，Moore Research Center公司就缩减了交易窗，因此才有了这里的"前后"一词）

表9-1 金融市场的季节特性

季节策略	入场日	退出日	获益率	获利年限
买入10年期国债（CBOT）——9月	5月7日	8月12日	87%	13
买入10年期国债（CBOT）——9月	5月29日	7月14日	87%	13
买入10年期国债（CBOT）——12月	8月6日	10月4日	93%	14
买入10年期国债（CBOT）——12月	8月13日	9月15日	93%	14
卖出标普500（CME）——9月	6月24日	7月3日	80%	12
卖出标普500（CME）——9月	7月16日	7月23日	80%	12
卖出标普500（CME）——9月	7月31日	8月8日	87%	13
卖出标普500（CME）——9月	8月8日	8月25日	80%	12
卖出标普500（CME）——12月	9月16日	9月24日	87%	13
卖出标普500（CME）——12月	10月26日	11月16日	100%	15

来源：Moore Research Center公司

总而言之，表格中10年期债券的四季策略，都是历史事实，不仅鲜明地验证了所说的形态，而且突出了更长的季节性趋势片段，其间反复发生的价格走势特别活跃和可靠。

股票有季节性吗？

那股票呢？我们听说过六个月的好时候和六个月的坏时候，听说过1月效应，听说过月末和季度末做账，盈利季和三重魔力日，这都是到日子就重复发生的事件。

好吧，来看看图9-4中12月份标普500期货的15年季节性形态。图中月底的买入潮趋势非常明显，但9月和10月就偃旗息鼓了，这两个月发生过一些历史上最剧烈的下跌（1929年、1987年、2002年），让很多人心有余悸。为什么？可能是过去财力雄厚的投资人暑期度假回来会收取利润和卖掉表现平平的股票。现在10月份是大型共同基金的财政年度起点，因此成为众所周知的纳税亏损脱手时间，共同基金往往会卖出表现差的股票以抵消纳税资产，完成之后，糟糕的六个月一般就结束了。

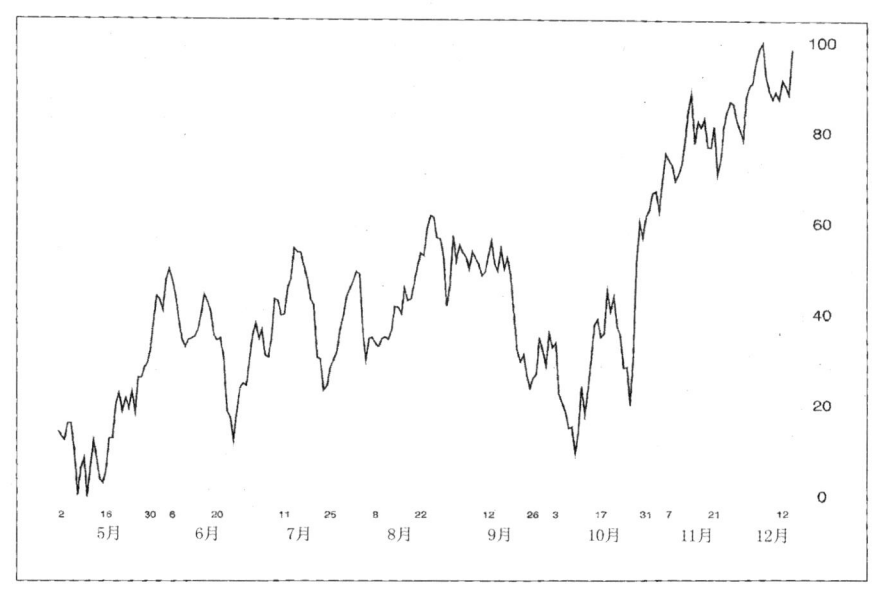

图9-4　12月标普500（CME）15年间的季节性形态
（距离指数平均百分比，1992年—2006年）

季节策略表中所示的标普500数据往往是验证了在大部分夏季交易

中趋势不明、起伏不定的形态。尽管7、8月份一般无法维持住趋势，但市场摆动的可靠性很高，有规律地多次短暂上行，然后是短暂的多次下跌，如此往复。

细节是魔鬼

当然这种交易形态只有失败了才会重复，季节性的调查是数据分析，根据的是事实，但占了"事后诸葛亮"的便宜，数据验证了过去但不能预测未来。

因此，季节性调查不会产生一个黑匣子交易系统，让我们只需闭着眼睛跟着走就行。与其他的方法一样，季节性调查也有自身的局限性。调查不可能到真空中用，只能回顾过去。把最优选的日子看成是在钟形曲线分布的顶点，这一天可能不是哪一年的最佳日期，但会比所有年度里其他日子产生更好的结果。往后交易人必须考虑即刻时机以及甚至反季节运行可能性等这些实际问题。长期和短期基本面无疑会有好有坏，例如有些时候夏天来得早，在关键时期更热更干燥。

另一个关注的问题就是数据取样的多少，一般来说越多越好，但有时根据最近的情况可能更有用。巴西在20世纪80年代上升为全球的大豆供应商，使大豆季节形态与20世纪70年代发生180度反转的重要因素。相反的是，或许在更大程度上与金融市场的近期未来相关，仅仅依赖最近20年流行的抗通胀形态判断，可能不利于波动环境下的交易。在这些具有历史意义的转换过程中，形态会演变。

还有一个相关问题就是根据统计数据预测未来。一段时间前，根据美国橄榄球超级杯大赛的获胜方预测股市方向的做法很流行。统计数据的巧合并没有因果联系，只是提出了一个有效问题：计算机筛选原始数据时，发现哪些是有用的呢？把这个问题说的便于理解一些就是，该在多大程度上依赖这些简单且独立的事实，如形态在过去15年中有14年发生的重复？如果这是抛硬币猜反正的问题，结果比一半对一半概率更大吗？

这样的话，即使是例外的季节性异常趋势也不能想当然了。处理交

个人投资者线上交易

易的季节性方法更好利用了常识、一种简单的技术指标和定时启动器和对目前市场基本面的大致了解。这样做不仅可以有利于决定预测的季节性价格走势是否可能在今年重现，还有利于确定进出时机，因为日期并不是定死的。

尽管如此，但是……

基本面情况推动市场运行，反复出现的基本面会促使市场做出重复反应。知道了促使市场反应形态的基本面能够提升使用的信心，但知道每个市场的所有相关基本面情况即使可能，也是不现实的。正确构建季节性形态有助于发现可靠性很高的在同一时期按照同一个方向反复出现的形态，这种可靠性隐藏在反复出现的基本面条件或事件中，假设这些条件或事件将来还存在，并以某种程度或早或晚影响市场，能够预测到市场反应的交易人就不会一惊一乍，而是大胆而有信心地采取行动。

杰瑞·托普克，与史蒂夫·摩尔和尼克·克莱合著了《商品和金融跨期交易全书》。托普克自 1977 年就投身期货市场，担任 Moore Research Center 公司的编辑。该公司在公司月报中提供过去价格趋势的计算机分析，这是对特定商品市场的系列历史报告，还提供每周跨期交易评论，发表在 ww.mrci.com 上。托普克的联系方式是 jerry@mrci.com。本文的一个版本首刊于 2003 年 6 月的 *SFO*。

第10章 迷你合约的作用

凯瑟琳·莎兰

迷你股市期货（迷你合约）是为数不多的几个能够进行广泛电子交易的工具之一，交易时间几乎延长到24小时。美国所有大型股指期货都有迷你版，其中最活跃都是依据被广泛追随的美国指数、迷你道指期货、电子迷你标普500和电子迷你纳斯达克100期货形成。我们来研究让这些不同的迷你合约不同寻常的因素。

迷你合约给交易人提供了一系列选择，满足各种资金限制和波动性偏好，最重要的是，提供了在道指、标普500和纳斯达克100这三个美国基准股市之间切换和布局的充足机会。

迷你合约的交易量已经爆炸式增长，吸引力就在于其规模和电子接入方式。合约小就能让交易人买入风险更小或更合适自己的仓位。通过电脑交易就意味着执行通畅、价格透明以及身份隐蔽，还意味着成交迅速、交易记录可见以及通过下载的交易和风险管理软件中的前端系统同时访问多个交易所。这些特性有助于实施套利、跨期交易和技术策略，因此迷你合约吸引了一类新型客户，集合了个人专业交易人、专属交易集团、相关期权和交易所交易基金的做市商以及商品交易顾问（CTA）和对冲基金，所有人对这些交易技巧了如指掌。

迷你交易选项

迷你合约并不是彼此可以替代的，而是代表不同的机会并相互补充，因此最有效的方法是成套交易。选择在特定事件交易哪个或哪些合约取决于合约的特性，但最重要的是标的指数的技术和基本面特性。

规模——迷你合约都有多个规模。电子迷你标普500期货和5美元的迷你道指期货目前的规模大致相同，都是50 000美元，两个电子迷你纳斯达克期货都接近20 000美元。不少期货佣金商已经降低了佣金，较小的合约规模非常有竞争性。

杠杆——迷你合约也提供各种融资杠杆。保证金杠杆，初始保证金和合约规模的比例，在迷你道指期货中是约4%，电子迷你标普500是7%，电子迷你纳斯达克期货时9%。从另一个角度的来看这个问题就是美元杠杆，为买空卖空创造爆炸效果，等同于日内美元波动幅度和保证金的比率。道指和标普500指数的波动性相当，但道指期货的交易所保证金比率更低，因此实际所需美元大约是迷你道指期货标的价值的35%，大约是电子迷你标普500期货标的价值的20%。纳斯达克100指数的波动性是道指或标普500的两三倍，但其高保证金率使实际美元占标的资产价值的比率降低到约30%。

基本指数——迷你合约的最重要区别在于标的指数。道指、标普500和纳斯达克100都各有特性，对单个股票的敏感性各有不同，对大盘市场波动的敏感性不同，板块风险不同，这些不同起源于构成。道指是30个大盘股（蓝筹股）的价格加权平均数，标普500和纳斯达克100是分别是500只和100只股票的资金权重指数。价格权重和成分少的作用在于缓和道指权重的比例。

这样的结果就是：

（1）道指不仅显而易见，而且极其容易跟踪和分析。

（2）平均指数股票对道指的影响远远大于平均股票对标普500或纳斯达克100的影响。

（3）迷你道指期货是道琼斯股票的有效代表，在广泛意义上来说，能够对道琼斯和纳斯达克股票的后续期货提供有效的套期保值。

（4）技术交易人跟踪的指数回报的特性，例如，适应市场震动的速度、持久性和平均值回复的速度在三指数中各有不同。特别是，两个指数对一般新闻的滞后反应带来了跨期交易机会。最后，指数构成影响

第10章 迷你合约的作用

到期货和等值篮之间的套利。纳斯达克篮特别是道琼斯篮①更容易套利。

因为道琼斯、纳斯达克100和标普500各有独特的板块特色，哪些迷你合约在一段时间里会出现最有意思的变化依赖于板块波动变量。纳斯达克100是技术指数，其健康因素要看生物科技股；道琼斯和标普500都是大盘股股数，风险分散到了所有经济板块，但混合起来就不同了。最明显的权重失衡发生在四个板块：工业板块和基础原料板块在道琼斯权重较大，金融板块和保健板块权重较小，道琼斯包括的消费者股票和传统经济股票较多；但另一方面，道琼斯的科技股权重接近标普500权重。道琼斯原来科技股较少，但随着1999年微软、英特尔和惠普的加入，这一状况已经改变。

指数分类还有一种办法就是借助风格。对资产定价著作的研究已经发现，风格因素能够预测股票表现，原因很可能与其基本面或交易风险相关。主要的因素是规模和以下比率：交易状况和市场、价格和收益以及分红和价格，实际上市场操作者经常使用这些比率来确定股票的风格是成长还是有价值。虽然道琼斯的股票比标普500和纳斯达克100的股票绝对大得多，但所有股票的盘面都很大，不可能衡量规模效应。纳斯达克稳定增长，高市盈率就能验证这一点，但显示哪只道琼斯或标普500股票更可能增长的信号彼此掺杂，道琼斯的分红比例比标普500稍高，但市盈率比标普500低，这与价值有关，但账面市值比较低，这与增长性有关。另一个同等作用的因素是道琼斯对下跌表现出较强的恢复能力，表明市场仍然认为指数质量好。

总的来说，电子交易和迷你合约的结合向新型交易人、零售投资人和专属交易集团开启了股指期货交易之门。与利用股指期货进行对冲、均衡②和类似综合指数策略的传统基金不同，这些新型交易人精通技术

---

① 道琼斯篮等价于一个迷你道指期货，包括30只道琼斯股票，每只股票N股，N＝5美元÷5美元迷你道指期货的道琼斯除数。

② "均衡"是通过将期货仓位与现金市场投资结合形成指数投资组合里的综合投资，这是基金，特别是标普500指数对股指期货的一种最初用法。

策略、跨期交易和套利。最有用的迷你合约指那些与主要基准指数联系的合约。

> 凯瑟琳·莎兰，博士，芝加哥期权交易所研究和产品开发部负责人。本文刊登于 2002 年 7 月的 *SFO*，她当时是芝加哥交易所的资深经济学家，专门研究证券合约。

第11章 重要的是何时变现退出

乔恩·纳杰里安

在20世纪80年代的时候，日本声称拥有世界前十大银行中的8家。给银行资产负债表充门面的并不是存款量，而是其会计核算的特殊性，日本公司资产价值是按照卖出的价格计算，而不是按照公允价值计算，简单地说，如果他们两年前花了4亿美元购买综合办公楼，而今天只要花2亿美元就能买到，但银行不需要以可怜的2亿美元入账，因为他们可以而且的确可以将购买价作为财产的价值——这种做法的确很奇怪，但数以百万计的投资人每年、每天都在这样做，稀里糊涂地让利润从指缝漏走了。

以我作了25年专业交易人和指导很多年轻交易人和个人投资人的经验，我要说我将要描述的问题并非个人投资人才会头疼，而是每个人，从新手到行家都要面对的：迫使自己忘掉交易的成本。

无论我与现场交易人开早会还是在投资大会向观众发言，毫无意外总有人问："SYZ股票昨天下跌5美元到了50美元，但也还好，我是几天前在40美元买入的，仍然有10美元的赚头。"

他们说话的时候通常有点洋洋得意，而没什么不好意思，或许认为我会恭喜他们明智的买入。可惜，我不会为这种行为鼓掌，而是对此深恶痛绝。这显示了他们在交易里的几个弱点，至少他们不理解每笔交易都有进入和退出。如果你在合适的时间买或卖了证券或期货合约，恭喜了。但实际上，你还只走了一半的路，你还要在清盘时收获利润，无论你看多买进入场还是看空卖出入场，现金没到手之前你还不能开香槟庆祝。

这种行为的另一个问题是投资人或交易人忘不了买入价，这就错了，因为你付了多少钱或卖出价格几何都毫不重要，重要的是股票或商品现在的价格。在恰当时机卖出是不错，但何时平仓比何时建仓要重要一万倍。我在审查投资组合时，根本不关心客户的建成价格，我关心的是此时此地，我眼下以什么价格买入或卖出那笔资产。

例如，花旗集团在27美元时非常值得买入，但在50美元时还会比其他投资机会更有价值吗？如果答案是我不会在这个价格买入花旗银行，那我显然就不会持有了，我会兑现利润，等到另一个看多或看空机会出现，但你会吃惊地发现有多少人相信他们玩的是别人的钱。有些人获得的利润要么比本该获得的少，要么更糟糕，把盈利交易变为亏损交易，因为他们忘不了自己的成本，而忘记了没人会因为收取利润而破产！

我在思考为什么个人投资者这么难理解这个概念时，不得不归罪于税收法和国税局，其只在交易完结后才确定个人的利润或损失。这项政策滋生了每年12月出现的不假思索的税损卖盘，投资人抢着确认损失，以与收入相配。专业交易人的特性就是每天都在做交易，就是说盈利亏损明明白白就在那里，清不清盘并不重要。

我们一些人这么不愿意忘掉入场价的另一个原因或许是非常自我。我们想向别人显示自己多聪明，更有趣的是在鸡尾酒会上告诉邻居你在黄金每盎司720美元时卖空，而现在黄金回调到了580美元。但他们都完全漏掉了一点，那140美元的利润还不是你的，除非你清盘退出。行家们频繁进出，几乎不可能记住每个入场价或退出价。例如，我弟弟皮特是OneChicago交易所的做市商，交易个股期货。他以前经常每天进行100到500笔交易，对冲10万到100万标的指数。他在哪一天买低卖高了，或许会记住价格，但不会记住是哪一笔股票或期货交易。过去了就是过去了，重要的是这时他以什么价格进入或退出，假设回报还可以，风险也合理。

第11章 重要的是何时变现退出

　　破除记住买入价习惯的一个方法是和一个朋友交换投资组合，让他或她看看你的仓位，你也同样看看他或她的。毫无例外，你会发现有些仓位该清盘了。我想你会听到如下的对话：

　　"嗨，马克，我看到你还持有 IMB90—95 的买权看多价差，现在交易价是 4.55，所以我不太觉得再持有两周你就能获取上一次的 0.45 美元。无论如何，我宁愿在目前的价格卖掉价差。"

　　"哦，当然，朱迪，但我在去年 11 月仅以 2 美元就买到价差了，因此我……好吧，我知道你的意思了。但是既然已经买入后增长了，你的希尔斯公司蝶状价差是怎么回事？你还等什么呢？"

　　专业交易人和资金经理每天都会检查仓位，次数对大多数个人投资者来说可能过多了。对投资组合进行每日评估不仅仅不切实际，还可能导致过多佣金，削弱利润。

　　你要在忘记建仓价格和完全任由市场交易之间找到平衡，记住在股市或期货市场投资与把钱存进银行用时提取不一样。谨慎的投资、漂亮的风险和回报率可以变成糟糕透顶的仓位，在极短时间内风险回报关系会严重扭曲。谨慎交易人和投资人应该在交易生涯中始终把握机会，眼睛盯着利润，同时衡量着概率，在概率到达最高边界时退出。

　　克服了记住入场价的问题，集中精力在以目前的价格是否还应持有上，你就确实能够管理风险，并像专家一样交易了。如果你还以为在玩别人的钱，那有件事是可以肯定的——钱还会回到别人手里！别忘了日本银行的问题，你的成本不是问题，市场现状才是重点。

乔恩·纳杰里安，"乔博士"，ChangeWave's Options Investor 杂志和 OptionMONSTER.com 网站的编辑。在 1981 年为芝加哥熊队后卫效力一小段时间后，他来到芝加哥交易场所，并且一待就是 25 年。纳杰里安 1989 年成立了水星交易公司，并在 2004 年卖给全球最大的对冲基金之一 Citadel。近五年内，他开发了无数交易应用方法（并对其注册了商标和发明），发现了股票、期权和期货市场不一般的活动规律，他的工作成果被金融媒体广泛报道，其中包括路透社、彭博社、道琼斯、福克斯新闻频道、哥伦比亚广播公司和美国全国广播公司财经频道。此外，他还每天出现在第一商业电视上，这家商业新闻杂志覆盖全国 200 多个城市，每天有 180 万读者。纳杰里安还是哥伦比亚广播公司"与乔博士一起做生意"节目的主持人，他的市场评论每天还在芝加哥期货交易所电视上播放，这个商业电视节目在 www.cboe.com 上连载。他的市场观察、股票推介、当日交易、期权交易推介和交易博客刊登在 www.OptionMONSTER.com 上，他这个网站的注册量惊人。

第12章 基本面又有话说

菲利普·戈特赫尔夫

那些年过五旬的人非常有幸经历了投资市场分析领域针锋相对的思想学派，即技术分析和基本面分析。在20世纪70年代中期前，技术分析还被认为是垃圾科学，妄图用市场过去的行为确定未来的事件，人人都知道预测的关键是截取反映供需的多面模型。推动市场运行的力量是基本面，市场每天的波动都是随机的，并无可预测性可言。

随着计算机技术放下身价，支持不相关价格事件的漫步理论逐渐偃旗息鼓，让位给预测市场的技术分析，其地位超越了传统的基本面分析。在整个80年代双方战况激烈，声势浩大，但曾经辉煌的基本面最终在运用复杂统计分析的廉价而强大的个人计算机的攻击下屈服了。

今天，无论是交易股票、债券还是货币和商品，大多数交易人都运用技术分析决定策略。当然，经济学家仍然在描绘长期规划的宏观方案时有点用武之地，但大量交易取决于从技术等式中寻求答案的图表和公式。

基本面派对简单技术派

虽然标杆从基本面转移到技术分析，但有一个真理保持不变：市场的所有趋势根据供需的根本变化。这个原理产生了一个问题：那为什么这么多交易人看来都抛弃了投资分析的基本面方法？简单来说，就是因为简单。利用计算机，技术分析就很简单，所需要的仅仅是过去的价格数据。如果分析期权或商品期货，可能需要加上交易量和未平仓量作为价格数据的补充统计，但整体来说，推广技术预测，简单得就像在键盘上按几个按钮一样。

与此相反，我们通过表12-1中几个问题来看看在股票问题上最基础的基本面观点。我们列出了17个，当然还有很多。

表12-1　分析股票基本面的几个问题

产品或服务	竞争
产品或服务定位	技术和替代技术
产品或服务的成熟度	资产负债表
公司定位	收支
公司声誉	市盈率
管理	债务结构
地址	信誉评级
市场分布	所有权分配比例
内部交易	

并且所有这些问题必须凝练成决定价格的两个变量：供应与需求。无论我们是分析股票、债券还是房地产，都是这样。在房地产业看来更简单的问题，到了现实中可能更复杂（见表12-2）。别忘了，虽然总是说地点、地点、地点，但这不是唯一的考虑，房地产业的任何人都能想出其他几十个影响房地产价值的因素。不常被关注的方面甚至包括上网接口、供水系统、地区、通往大街的便利性以及周边高速公路情况，实际上这份清单相当惊人。

表12-2　考察房地产基本面的一些注意事项

地点	可比较的地产
面积	可以比较的其他销售项目
设计	人口
状况	学校系统
税	地区经济状况
按揭率	何时可入住

债券基本面可能问题更集中，因为很大程度上取决于美联储的政策

第12章 基本面又有话说

和经济活动及健康状况。但预测利率需要大量数据（见表12-3）。现在利率的运行比表里列出的更多，当然我们想要表达的意图很明显。

表12-3 考察利率基本面的一些注意事项	
通胀还是通缩	货币价值
货币供应	贸易盈余还是赤字
税率和政策	选举政策
经济扩张还是紧缩	全球争端
全球相关利率	贸易协定和关税

我们甚至可以看看一些人可能会考虑的更明显依赖供求关系的市场，但看起来简单的真的就如此吗？事实上，只能看起来更复杂。例如，有人可能会以为测量玉米等商品的供需很简单，种了多少？消耗了多少？但看看表12-4，基本面问题数量达到了两位数。

表12-4 分析商品基本面时考虑的一些问题	
土地可用量	储存粮食供应商
土壤条件	全球竞争
气候	国际上对转基因作物的政策
耕种	杂交技术
种子价格	病虫害
政府支持项目	种植时间
贸易协定	收获季节
肥料价格	经济情况
杀虫剂等化工产品	农作物保险优惠
与其他粮食作物的价格比较	运输费用
供给的牛、猪和家禽	燃料成本
其他粮食供应商	灌溉
全球气候状况	

这四张表表明，对任何投资形式进行详细的基本面分析都很可能非常复杂和烦琐，但廉价的计算机技术将技术分析推到市场预测学（或

艺术）的前沿，低廉的计算机技术也开始激活了对基本面方法的兴趣。定量分析已经可以容纳基本面分析的复杂性，新一代的市场预测家给在老学科中发现新动向注入了动能。

基本面分析和技术分析都认可的前提是供求关系决定价格。预测的秘诀就在于衡量供需之间的平衡。技术派认为买盘反映需求而卖盘反映供给。买卖盘共同形成了表现在图表里或这个数据分析里的价格形态。

与此相反，基本面派认为市场投入会形成需求，而价值会产生供给。因此，如果基本面因素，如产品线、管理和其他特性引起了大家的兴趣，对股票的需求就会提高。只要价格被认为是低估了，需求就会高于供给，如果股票价值被高估，兴趣就会消减。

基本面能量化吗？

我所写的《基本面的技术交易》是根据基本面信息能够被量化，并能像技术分析那样显示从而得出供求行为方式的前提而完成的。这里有两个核心问题：如何从技术上衡量供给？如何从技术上衡量需求？

我们就从最简单的例子开始，假设你有5年玉米产量的数据，通过分析数据，你认为玉米产量有三个可能的形态（见图12-1），图上显示了产量增加、产量减少或生产水平。如果放在技术分析的环境下，可能会观察到熟悉的行动：趋势线、单顶、双顶、底部、盘整，甚至著名的头肩形态。

一般情况下，供应图看起来不像典型的最高价、最低价、收盘价条状图，但我们还是能观察出相同的形状和形态，对其的说明也类似。所谓的经济繁荣衰落生产周期是根据农民这样的生产商趋势来预测的，价格上涨就生产得多，价格下跌就减少产量。政府虽然借助支持、贷款计划和目标价来干涉农业，但行业原则稳定不变。

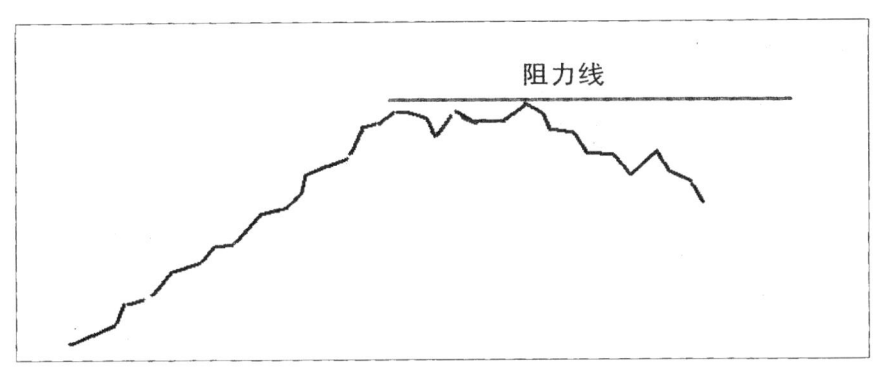

图 12-1　玉米产量数据

这样做的真正目的是推断形态、得出结论,如价格在 X 时,农民的玉米种植量不会超过 Y,或者说,Y 是农业产量的上限。

在分析证券时,基本面信息借由指数价值沦落为技术面信息。例如,产品的竞争者可能有 1 个、10 个甚至 1000 个,竞争指数就是 1 除以竞争者数量;补充指数是市场占有百分比,这样就产生等级。设计这些指数就是用来看看公司的地位是静止还是变化,情况是更好还是更糟。每一类的每一个数据过段时间被设计出来,可以了解积极因素是在增加、减少、不变还是遇到阻力。

值得注意的是,价格图依赖的原则好像对数据图也有效,这可能是因为图在本质上就是市场的内在秩序。能销售的产品实际上有个极限,如果达到极限,图上的产量线就遇到了阻力。在经济繁荣期,这个阻力线可能会被冲击好几次,如果基本面发生变化,转换了供应或需求形态,就会具体反映到图上。

让指数化更进一步

想想看,指数化无处不在,从产品定位到管理技巧和成熟度。对管理技巧的一些衡量标准看起来主观,而另一些则是客观标准,如年龄、经验年限、工资水平、过去的成功和其他标准。每个标准都有一个特定的权重,然后合计起来形成一个综合数字。

在图 12-2 中,我们看到管理年限逐步向上,表明管理层很稳定,一直向前增加年龄。如果出现逆转,线就会在某一年龄段变得平滑,表明有新人加入。年限降低意味着公司雇用了新人(一般情况下),我们就知道可能公司文化会有改变。

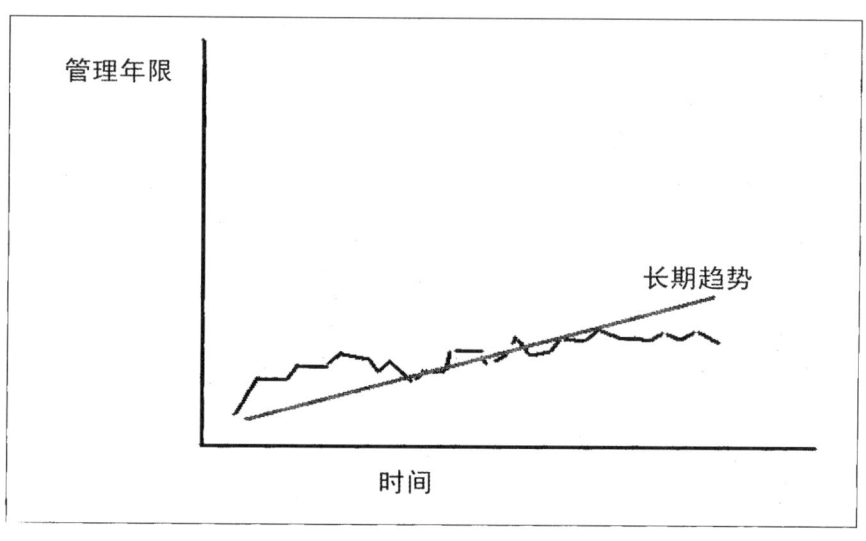

图 12-2　指数化管理年限衡量稳定性

当然,公布首席执行官离职或高层改组这样的基本面消息对公司价值和认知价值都会立即产生影响。没人需要一张管理层年轻人或年龄的技术图表才能决定掌权者的变化是否利多,我们无疑都知道管理层波动总会对价格波动产生联动效应。

对基本面数据列进行技术解释并不像发现图表方向那么简单,我们都知道动能、比率和反转,目的是要通过预测与投资相关的投资意向变化来估计价值,对证券来说,因为我们最终投资的是一个固定的股票池,无论哪种变化总是有喜有忧。除非公司拆股或增发,供应总是有限的,这就让形势有点一边倒。

供给这方面的简单化却被组成需求潜能的复杂因素抵消了。前面列出来公司有多面性,每一个方面都反映了未来投资者的不同反应。

相比之下,有人会推断工业产品合约组简单。农民种多少?我们会

第12章 基本面又有话说

吃多少？但与股票数量固定的证券不同，农业的产量年年不同，这进一步反映在另一个技术因素上：未平仓量——买卖方之间现有的合约数量。未平仓量从零开始，一有新合约就增加，由未平仓量反应的供给有涨有跌。

同样道理，债务也是可变的。公司在需要的时候就发债，有利可图的时候就提前还款，美国财政部的货币、票据和债券会根据联邦的融资需要而波动。在这一层面，基本面信息如贸易赤字、货币供应、个人债务、预计国民生产总值和价格指数如生产者物价指数和消费者物价指数一起形成了积累、分配和盘整的技术形态。看看10年期国债的持续图（图12-3）。

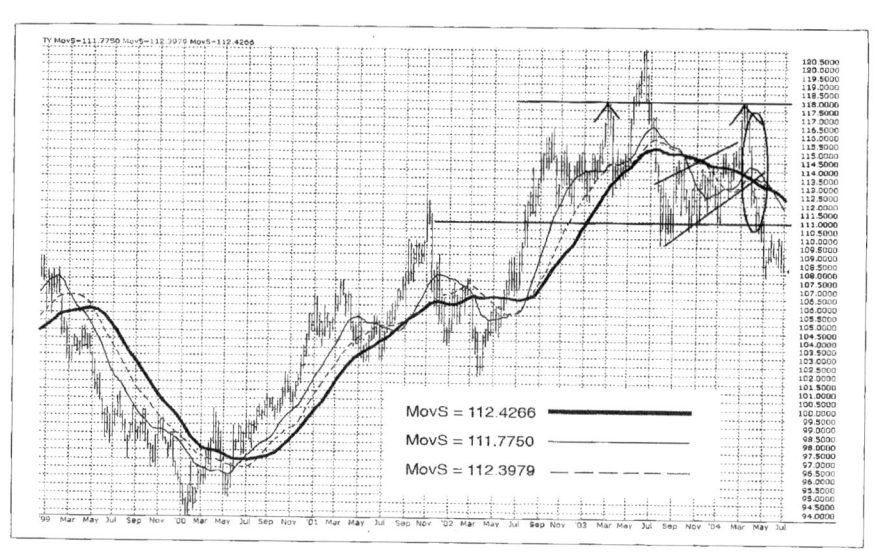

图12-3　10年期的美国国债连续图

国债在2003年一季度和2004年3月才出现最高价，两次都在118-00遭遇阻力，表示交易幅度太大。注意从2003年8月持续到2004年4月的上行通道，基本面告诉市场经济改善程度不足，无法促使美联储提高利率。什么情况使主要价值在循环反转中急剧跌破111-00的支撑？我们知道就业情况最终表现了明显的改善，市场的反应突然剧烈。

2003年失业率达到6%的阻力线，这还不是10年的最高值（见图12-4），但由于利率达到了40多年的最低点，美联储采取了严厉的措施。当然就业情况是反应积极变化（如改善还是恶化）最迟缓的指标，公司在裁人方面更主动，而在雇用新人方面稍显抗拒，就业趋势看来会平缓而稳定。2000年反弹4%就是失业率的实际界限，当下的理论认为3.8%左右就表示暂时就业，不能消除。

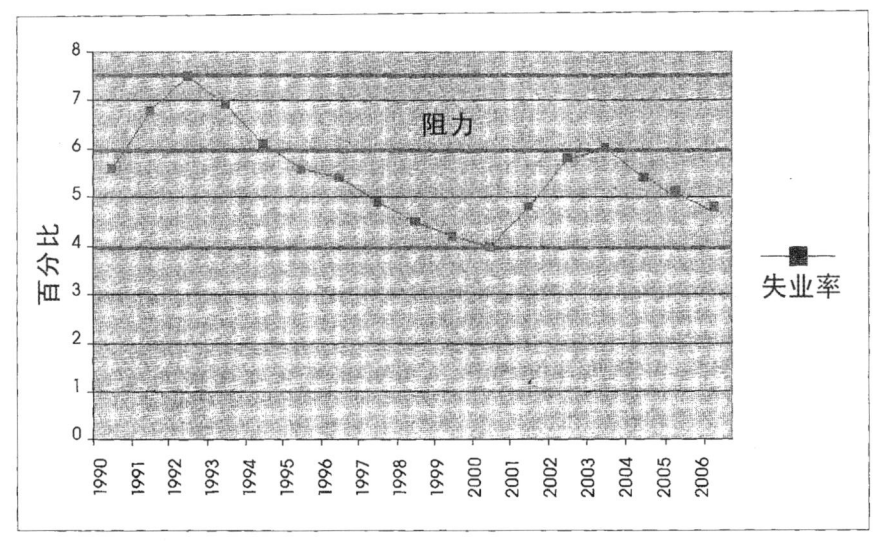

图12-4　1990年以来的失业率

从基本面来看，我们可以认为底部在4%附近，但不一定就意味着拐点。事后我们才知道股市在2000年3月反转，成为之后衰退的催化剂。研究图表形态就能找到一个预测工具吗？从给出的样本规模中我们无法看出明确的形态，但能看到在7.5%形成最高点，在4%形成最低点，而我们知道在区分利率趋势时拐点至关重要。

如果有人愿意放弃暂时运行而选择长期趋势，相互之间的关系就足以得出交易策略。简单来说，失业率上涨时买10年期国债，下跌时则卖出，这样做就可以消减其他的因素的影响。当然聪明的读者会再去查看导致失业率涨跌的基本面成分。

第12章 基本面又有话说

要想完整解释基本面的新用法得写上一本书，之所以这么说是因为我第一次仅触及皮毛就用了200多页。有了新的定量化工具，基本面方法就有可能挖掘出更复杂的知识。有关基本面和技术分析的争论会热闹起来，可能会进入白热化。我看来争吵真不必要，有效就用呗！

菲利普·戈特赫尔夫，在全球发布历史悠久的每日期货交易系统COMMODEX，并担任Equidex公司和Equidex经纪集团的总裁。戈特赫尔夫以他在期货行业的广泛经验著称，其著作见于主要行业和商业出版物上。他的话经常被《巴伦周刊》、《华尔街日报》、《纽约时代》、《财富杂志》和《福布斯杂志》等引用。他的几本著作包括《贵金属新市场》和《基本面的技术交易》。本文首刊于2004年9月的 *SFO*。

第13章 该调整交易了？
或许该纳入图表

迈克尔·卡恩

守着你的基本面。别误会，真的，如果对你合适，就拿着继续用。本文不是要说服你弃明投暗，也不想劝你相信用行话描述的天花乱坠的技术分析就是你需要的。

本文的目的是想告诉你，利用几个技术分析工具就能加强——而不是替代你的投资决策过程，让你风险更小收获更大。不，这不是江湖郎中行骗，虽说也不是免费的午餐，但的确是提高收益、降低风险的方法。无论用什么方法，总会有损失，但如果能够避免更多亏损或过度使用杠杆，并能决定哪些盈利交易应该激发最大潜能，那么就会立即让你的胜算更大。对比想一下，用锤子和锯子盖房子，难道再加上一个简单的切割量器和射钉机不会让工作更有效、更精确、风险更小吗？当然会，这个类推我们都可以拿到银行去贷款了。技术分析提供的是工具，不是魔术。

我有一句咒语，在多次给想现在买股日后高价卖出的图表新观众演示时用过，就是"上涨就好，下跌就糟"。

这是以简洁为美的一个陈腐而傲慢的声明，还是一个强大的工具？这句话会区分开处于上涨趋势的股票（或任何金融工具）和处于下跌趋势的股票，会告诉我们由于有人需要或供给，某物是否处位于某一价位，无论便宜得变得划算，还是便宜得越来越不值钱。

第13章 该调整交易了？或许该纳入图表

技术分析的好处

用特许市场技术分析师布鲁诺·迪乔奇的话来说，技术分析有一个其他投资决策原则难以匹敌的好处："你不可能重写图表。"也就是说，交易价格是多少就是多少，不能修改，不能重来，没有个人因素，价格就是价格，没有比数据更让人信服的了。这就意味着由市场而不是分析师来告诉我们供求状态。英特尔1992年6月的图表形态在今天、明天或十年后看来也是一模一样的，毫无个人色彩。

技术分析的另一个好处是能够立即反映市场想法的变化，这对长期投资者和活跃交易人同样重要，因为基本面很少每天都变化。但是市场上的观念就是现实，人们怎么想的比任何分析师的模型重要，能监测到人们的想法正是价格图无比重要的地方，无论你衡量的时间段是多少。公司收益暴涨而股票却下跌了？基本面虽然越来越好，但市场却不吃这一套。

有多少分析师就有多少分析市场的方法，但有几个基本概念是每个人都要知道的。随着看图技术的发展，可用的技术也增多了，但在本文讨论中，我们只想说明仅需几个概念就能提高我们的选股工作。

市场的信息不是能立即传播到所有的参与者耳中，每人吸收的方式也不一样，当然这些信息也不会促使每个人做出相同的行为。如果是的话，除了稳定的买卖差价就不会有什么市场行为了，而且除非基本面有变化，市场不会有真正的运行。价格会整个从一个水平跳到另一个水平，形成新的买卖差价。

显然，市场是有多个趋势的，而且老话说了："趋势是你的朋友。"我们涉及的不止如此，价格在60美元的股票如果会上涨到90美元，那60美元就算是便宜了；如果会下跌到30美元，那就算是贵了。最后的目标价可能未知，但套用物理学原理，移动中的股票会保持移动，除非被施以外力（如新闻或基本面的重大变化）。判断趋势是分析最重要的部分，即使是入场价格不好，但如果上涨趋势强劲，这笔交易最终会斩获颇丰。佣金、下滑、未完成订单，你还可以加上很多，都只是强劲涨势中的小打小闹。

图 13-1 是个人电脑生产商捷威的股票图,2004 年后半年大涨,随后在 2005 年年初下跌。假设,投资者因为基本面的原因在 2004 年 11 月买入了该股,价格下跌到 5.50 美元,在这个稍低的价位,股票被认为是低廉的。趋势转而上涨,而且股价涨了 25%,到达 6.92 美元。不算太难看。快进几周到 11 月,投资者追悔莫及,错失了年底的大涨,然后眼见股价跌回到 5.50 美元,这个价格在 11 月算是便宜了,他们买了一些,而且几乎立刻赚了一小笔,但上涨还没真正开始就结束了,价格大跌,穿破了 5.50 美元,而且看似再涨回来遥遥无期。

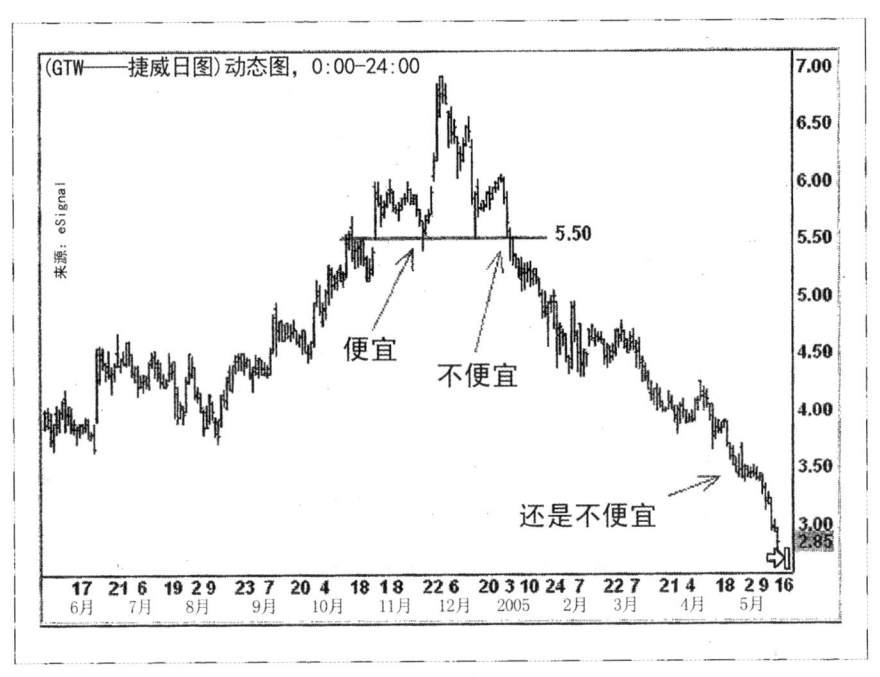

图 13-1　捷威日图,相同的价格不同的趋势

发生了什么事?仅仅两个月公司就发生巨变了吗?整个市场崩盘了吗?真相是股价达到最高后不久就出现了盈利预警,但对看图的人来说,新闻是什么没关系,唯一重要的是趋势从上涨变为下跌,原来 5.50 元还算便宜的价格,甚至到了 4.00 元都不能算便宜了。下跌趋势已成

第13章 该调整交易了？或许该纳入图表

定局，而且这是发生在分析师11月底对该公司提高评级之后。

交易量是燃料

如果价格告诉我们市场的价值在哪里，那么交易量就告诉我们价格的确定性多大。交易量是市场任何运行背后的燃料。为什么？市场运行时交易量越大，市场就越肯定现在的运行。例如，如果50万股的股票上涨了半个点，平均的交易量是60万，那么这个运行可能就是烟雾弹。有了这个简单信息，我们就越容易质疑当天出现的无论任何新闻或声明的重要性。

弗莱森电讯2004年12月处于上涨趋势，虽然力度不大，但价格运行突然停滞（见图13-2）。在圣诞节和新年的传统缓慢阶段，波动不见了，交易量消失了，毫无波澜。

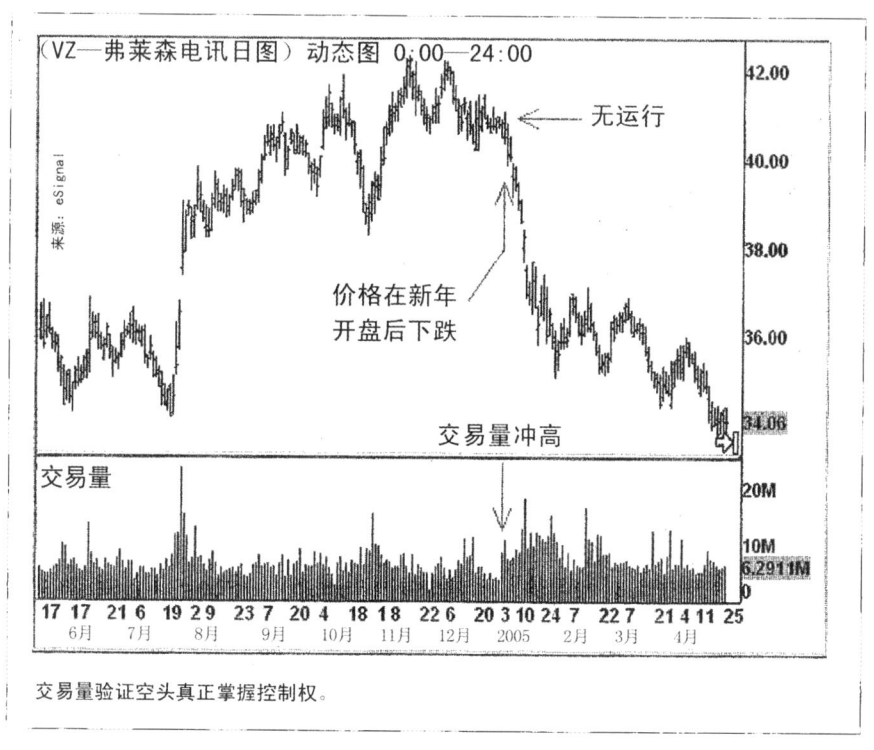

图 13-2　弗莱森电讯日图

但新年后股票开盘下跌,交易量轻易就高于近期平均值,第二天出现重要下挫,交易量甚至更大,随后一年的趋势已经确立。理解了这种市场行为难道不会让我们确立作为股票卖方的信心?

还有更多利用交易量的方法,最重要的方法就是用交易量验证价格行为。价格走势是一个方向,而交易量或其他指标确实却是另一个方向,就可以说彼此发生背离,这种背离在技术分析中是个关键概念,价格通常按照这个指标来修正方向。

对交易量来说,这就意味着如果股票上涨,交易量下跌,那么供给运行的燃料告急了,如果多头使尽全力,就会推动股票上涨,股票是这样,整个股市也是这样,还有期货市场、书店、食品店和修剪草地业务。如果买方的需求没了,产品和服务销售者就会争夺越来越少的客户,价格必然降低。

人人都想玩

动能是 20 世纪 90 年代后期股市上的时髦词。股价背离基本面,因为人人竞相入市,股价持续上涨,除了在市场上,没有人想以高价买得更多。这是技术分析的另一方面,全都是指标、概念和技巧,但还需要深入理解行为才能恰当利用。结果,我们只好抱着基本概念,即价格升高的话,必须保持最低价和最高价上涨的速度。如果每次上涨在上涨的幅度内开始变得乏力——这一点我们不用实际指标就能看得出来,我们就知道多头疲惫了。知道了这一点不会帮我们在基本面的坏消息出现前就避免一些有问题的买入吗?相反,在下跌市场发现疲惫的空头也是一样,知道了这一点不会让我们在基本面转好时更有信心地买入吗?

我们已经讨论了市场的现实就是观念,人们怎么想的要比任何价值模型重要得多。我们再深思这一点时,意识到只有这种办法才能使股票、房子或肉毒杆菌疗法的价格从隐含的基本面中脱离出来,不会有不带情绪的低估或高估。

技术分析的一个重要问题就是时间，但对于刚开始看图的人来说，这是一个主观的看法，这个问题我们留到其他讨论中回答，最好是针对已经使用技术工具的人来探讨。

技术工具箱

衡量技术分析每一个方面都有工具可用，但现在最好的策略就是找简单的，然后选上一两个试试。别管什么术语，想想这些概念：

1. 价格运行的主要方向（趋势）
2. 公众参与运行的程度（交易量）

然后再加上一些更高级的概念：

1. 价格看起来正常还是以异常快速的速度运行？（显示到极端就是动能）
2. 动能消退，是增大还是降低？（动能）
3. 公众的普遍心态如何？（情绪）

只要一张图、一双眼睛和一对耳朵就能解决这些问题（动能显示极端时可能例外）。判断市场对投资买入还是卖出有利还是不利的基本知识不需要什么玄乎其神的东西。

因为任何市场分析最终只有一个结果——决定买、卖或持有，不需要爆炸性的研究或是法国星相学家、法国著名的预言家诺斯特拉达穆斯（Nostradamus）那样对未来的预言，这些我们都控制不了，无法知道未来会是什么样，我们能控制的只有自己今天的行为，也即是说，找到买卖的备选对象，对其进行基本面、定量或经济分析，然后再转向图表看看市场怎么说。市场永远是正确的，问问它是怎么想的没道理吗？

迈克尔·卡恩，是非常受尊重的技术分析师，为巴伦周刊在线网站撰写"了解技术面"栏目以及每日"快者为王"技术通讯网站，并且时常为 SFO 供稿。卡恩著有两本技术分析书，最新的书是《技术分析市场以及市场图形语言》。他曾任 BridgeNews 的首席技术分析师，现在则担任市场技术分析师协会的董事。本文首刊于 2006 年 1 月的 SFO。

第三篇　线上交易和新前沿

　　线上交易早已脱去了襁褓，正在不断发展以更好满足线上交易人的需要，甚至给他们提供了具有竞争性的先机。先进的科技拓宽了门槛，提供了策略优势并降低了经纪费用。

　　这对线上交易人意味着什么呢？电子订单执行得更快，真正做到无延误且更透明，而且无论是电子界面还是订单发送和止损都得到了极大的提高。下单系统就是你进行互联网交易的门户，我们会建议你如何找到对自己最有效的工具，这一部分还会介绍订单传达的新基本知识，帮你确定适宜自己交易操作的订单类型。

　　止损是风险管理最常用的方法，是交易最关键的点，我们会告诉你为什么现在电子止损更好，而且比以前更重要；我们还会讨论不同的止损订单，以及正确理解和使用电子订单执行工具的好处。

　　本部分还会探讨电子交易特有的挑战——找经纪人，在你需要的时候随叫随到；别因为在线交易容易就去交易；别陷入太多虚浮的世界。

　　最后，人人都想知道何时该买，但同样重要的是知道何时卖，我们收集了一些快速而方便的原则来帮你决定何时退出。

第 14 章　下电子订单：快起来

托妮·汉森

线上交易正在不断演进，在你看这篇文章的时间，新的指令执行方法就被开发出来，建立透明并具有竞争性的市场。

在 20 世纪 70 年代初期，设置指令可以称得上是猜谜游戏了。股票在全国很多的交易所交易，而交易所之间的股价可能差好几个层次，大到现在的市场参与者根本无法接受。这一切在 20 世纪 70 年代中期发生了改变，1975 年设计了全国市场体系，消除了市场竞争的藩篱和市场分割。全国市场体系在地方交易所同时公布证券价格，保证交易活动满足具体的标准，其目的是建立有力的中心市场，向大众提供公平和正确的销售报告。

因为 20 世纪 80 年代后期出现了强烈反对买卖价之间差距过大的呼声，证券交易委员会制定了订单处理原则来处理纳斯达克股票的交易，并于 1977 年 1 月生效。这些新原则最亮眼的地方是允许用其他方式进入市场，这就为电子通信网络的发展打开了大门，也随之为个人交易者开放了一个全新世界，为执行方式的无限性提供了机会。本文会介绍一些个人交易人今天使用的主要电子执行方式。

证券交易：Level I 和 Level II

谈到交易和投资，我的座右铭就是尽量简单，所以我们从基础开始谈。大多数独立线上交易人不是通过 Level I 就是通过越来越流行的 Level II 账户参与股票市场，两者的不同之处在于 Level II 能让交易人更清楚地看到交易记录上的交易活动水平。因为特殊指令类型可能含有隐藏流动性，所以 Level II 无法显示全局，但与 Level I 中仅显示买卖价格相比，Level II 能让个人交易人更了解整个市场。虽说 Level I 对许多小型交易人来说足矣，但几分钱的差别对短期交易人或交易量大的人可是意义重大。

指令的基本类型

今天的线上或快速交易界，指令发送有太多的可能性，市场订购单和限价订单是两种最广为人知的订单，商品和期货交易人都会用得到。市场订购单就是以市价建仓，而无论市价几何；这几乎就肯定是按照卖盘价买入或按照买盘价卖出，但不利之处是交易人易遭受重大损失，不过这也是保证能成交的最好办法。

更加谨慎的交易人会发出现价订单，让交易按照自己设定的价格执行，现价订单只有在特定或更好价格时才会成交。用现价订单表示交易人有可能只想按照自己的偏好成交，要么根本不成交。除非交易人排在预期价格的第一个附近，否则如果流动性不足无法满足确定价格的所有订单，那么几笔交易后，订单可能就无法执行。

零星股票，即不足 100 股或在快速运行的市场设置的订单，如果利用限价指令则最难成交。如果交易量小，订单执行也有更多问题。为了让订单更容易成交，我尽量紧紧跟随流动性更高的证券或商品，而且在想建仓的时候，通常会将价差分割得更小，或按卖价买入。在退出日交易仓位时，我一般会设置一个远低于目标价的订单，就是为了能排在第一个。例如，如果我的目标价格是 50 美元，我会在 49.96 美元设定卖出现价订单。电子迷你纳斯达克 100 喜欢以 5 个点的增幅运行，如果我想在价格阻力线 1680 退出，就会把订单设定在 1679.5，这样成交的机会就更大。躲开整数阻力线价位，我就避免了与刚好排在我前面的其他交易人竞争，同时还能不脱离目标价格区间，而成交概率更大。

第14章 下电子订单：快起来

需知术语：

报卖价：卖家愿意接受的证券价格，亦称为报价。

报买价：买家愿意支付的证券价格。

包围单：含三个部分的订单，包括入场订单、止损退出订单和目标价退出订单。如果退出订单成交，则其他订单就被取消。

有条件订单：在满足特定条件时才会自动提交或取消的订单。

电子通讯网络：在执行订单时允许交易人彼此直接交易的电子系统。

撤销前有效的买卖订单：按照设定价格买入或卖出某种证券的有效订单，除非被客户取消或成交。

混合市场：纽约证券交易所建议的整合电子和竞价市场。

Level I：实时买卖报价交易服务。

Level II：个人市场参与者报价交易服务。

限价订单：在确定或更好价格买卖的订单。

市场订购单：以市场现行价格立即买卖的订单。

一个订单取消所有订单：如果执行了一个订单，该组订单全部被取消。

小额订单执行系统：允许小投资者（交易量不足1000股）在快速运行的纳斯达克市场执行交易的计算机系统。

止损订单：一旦达到特定的止损价格，就变为市场订购单的订单。

止损限制：一旦达到特定价格，立即变为限价订单的订单。

超级蒙太奇交易显示系统：取代超级小额订单执行系统和小额订单执行系统，完全融合了订单入场和执行的系统，在纳斯达克市场向所有证券交易开放。

点：商品或证券的最小价格上涨或下跌单位。

充分利用止损订单

第三种非常流行的是止损订单,只有在股票或商品达到客户设定的价位时才被激活。先介绍普通止损订单,这种市场订单只有在交易达到或超过交易人确定的价格时才会生效。如果我要离开办公室几小时而手里持有苹果公司的看多仓位,最好就采用卖出止损订单,以防有不利的重大运行。订单设定在市场现价之下,只有达到卖出止损价格后订单才会生效。经纪人通常会让交易人建立自己的交易平台,明确在订单激活前要在卖出止损价位交易多少点。因为是市场价格,所以我更可能最终损失的比确定的止损要多,计算仓位的潜在风险回报时可能要考虑这一点。

而限价止损订单则只有在价格达到或好于客户指定价时才执行。虽然止损订单的主要目的是保护收益或限制损失,但在入场时也可以使用。如果我想在股票涨过 20 美元但又不高于 20.20 美元时买入,用限价停止订单就能做到,我把 20 美元作为止损价,再把 20.20 美元作为限价订单,这样就保证我入场不会超过 20.20 美元,此类订单不一定能执行,而这用普通止损订单就办不到。如果用限价止损订单来清仓,风险就在于无法在限制范围内退出。

一些经纪人还建议用跟踪止损,交易人可以设定一个逐步清仓的价格或百分比。我个人对这种止损不太感兴趣,就是因为其忽视了技术分析的基本原则。这种方法不考虑建仓而是依赖一个定量,比较武断。例如,如果我要在商品上设立 0.10 美元或一个点的跟踪止损,就根本不考虑现有的支撑或阻力线,也不考虑订单类型的时间段。

根据经验,大多数交易人在手动执行止损订单或跟踪止损订单时收益更大,新手很难克服交易的这个问题,需要大量的尝试,犯很多错误以及付出极大的耐心。我无法密切监测仓位时,自动止损就很重要,但我一般更愿意在仓位的关键价位设定声音闹铃,提醒我现况如何。我会在交易上保留止损订单,就是为了在无法分身时保护自己。

由此展开的话,交易人想要更精确执行的可选方案实际上可能是无

第14章 下电子订单：快起来

穷无尽的，这常常会让新交易人一头雾水。交易人用何种订单，不仅取决于交易所，还取决于执行交易的经纪人。有了这些限制，交易人不仅要决定在哪里发出订单，还要决定订单附加的条件。

订单发送

随着科技跳跃式的发展，交易人在电子订单执行方面的选择也扩大了，90年代后期先进的下单方法现在已经过时了，电子通讯网络和其他同类交易系统从纳斯达克扩大到了其他交易所，其相互之间的界限也消失了，例如，纽约股票交易所正在推出新的混合市场，将当今的科技应用于竞价市场，带来了更大的流通性和更快的订单执行。

为了简单起见，在谈到证券问题时，我主要介绍智能订单发送功能，这种功能证券和期权都用得到。无论交易人是建仓还是限价，智能订单都可以用敏感的价格算法立即找到不同的市场参与者和交易所，快速确定订单流向，然后根据参数配对。很多大型经纪人都有自己设计的版本，实现订单发送。

虽然智能订单发送非常适合我的需要，但转手倒卖者和交易股票平均日交易量不足50万的人需要更好的执行技巧和手腕，才能快速进出场而不受下跌影响。为此，我建议更深入学习当前的订单功能，并咨询经纪人再决定可用的发送方式是否合适。

在纳斯达克市场，超级蒙太奇交易显示系统已经取代了超级小额订单执行系统和SelectNet，其结合了电子通讯网络和场外交易做市商的流动性，可选的订单类型也有多个。在纽约股票交易所，SuperDot系统处理大多数订单，直接将其发送到专家手中。纽约股票交易所最近合并了Archipelago，后者是最早出现的一批电子通讯网络之一，其订单发送恒旭处理上市公司和纳斯达克股票，而且获得多个电子通讯网络的流动性。

市场订购单和限价订单或止损订单的区别可能非常大，还有几十种其他订单条件，每种都有自己的用处，但我在交易商品和证券时用得最多的就几种，讨论市场实际和管理仓位时我会稍稍谈一下。

下订单的时候,交易人必须做的一个决定就是他们想让自己的订单在交易记录上保留多长时间。一般的订单在当日交易结束时会被取消,但如果我非常想建仓,而且是进行段交易或长期交易,我通常会用撤销前有效的买卖订单。这种订单除非成交或我亲自取消,否则就一直有效。用这种订单的时候,有一点很重要,就是要选择尽量在正常交易时间执行,避免收盘后市场在极端情况下成交。

不少交易人都知道,建仓总是很容易的,但一旦身在交易里,就不由自主不遵守计划、过早或频繁匆匆止损或获利退出。克服这些问题的方法(虽然不是总有效),就是利用包围单、一个订单取消所有订单或其他有条件订单管理仓位、限制情绪化的瞬间决策。

包围单意在限制损失并锁定利润,做法就是最初的入场订单上附加止损订单和目标价退出订单,将订单包围起来。只要达到止损价和目标价其中之一,另一个订单就会被取消。一个订单取消所有订单与此相似,如果一组订单里只要一个被执行,其他订单就被取消。假设我的订单是在49.95美元获利,在低于49.50美元时退出,那么我就设置一个订单取消所有订单,限价卖出订单设在49.95美元,止损订单设在49.44美元。如果49.95美元的订单成交了,那49.44美元的止损订单就会被取消。有条件的订单在达到设置的标准时才会被提交,因此有相当大的余地。这三种订单可用于帮助培训交易人遵守计划,照章执行。

订单的条件在某些情况下非常有用,但其不利之处在于排除了经验积累的直觉和自我判断。交易人还要留意跳空越过自己订单的股票,因为即使在现价离当初设定的理想价格相差很远时,止损订单依然在开盘启动。我在开盘时未密切注意的时候就发生过这种情况,这种体验可一点都不好玩。

成功的垫脚石

我们已经走向了一个全球性的市场,70年代开始的飞速发展最终开始稳定,同时也会被搞得头晕目眩,特别对初来乍到者。虽然我没讲到的交易选择还有很多,在确立上述所讲的选择时,慢慢找到一个关注点没看起来那么难。每个交易人根据自己的活动水平、喜欢的交易时间期限以及交易股票、期货或期权的场所，经过一段时间后都会发展出自己最喜欢的交易执行策略。只要慢慢来，从基本的开始，了解不同订单类型及其各自的用途只是第一步，是实现成功交易的无数垫脚石中的一块。

托妮·汉森，Bastiat Group 公司总裁，该公司成立于1999年，为交易同行提供市场培训。她专门研究股票和电子迷你期货的交易和投资，其发言在行业展会上很受欢迎。她发表的每日市场评论可见 www.tonihansen.com，通过 toni@tradingfrommainstreet.com 可以联系到她。本文首刊于2006年4月 *SFO*。

第15章　交易工具：制胜之法

吉姆·卡劳夫

若问交易人在今天快速发展的电子交易世界需要什么样的工具，答案一般都是"看情况"。

考察电子交易系统（其包括下单软件、制图和数据服务，台式电脑，监视器和互联网接口）时，交易人的需要很大程度上取决于所做的交易类型。转手倒卖者和巨量日交易人可能与波段或仓位交易人用的软硬件不用，而且就像买车一样，要看你的驾驶技术。

但我采访过差不多十几个交易人和培训师后发现，研究电子交易的基本要点上的一些观点相似，特别是在下单方面，最常见的建议就是找到快速、可靠和适合交易需要的交易建立点，这可能是自动功能，能有许多不同的交易类型和微小的差价；或许意味着下单系统仅仅是整个软件包或交易平台的一部分。

电子交易越来越简单也越来越复杂这一点毋庸置疑。股票、期货和期权交易所也变得更加电子化，在百万分之一秒就能成交的合约数量也在不断增长。从群岛的交易所到芝加哥商业交易所到国际证券交易所，在其交易平台引入新功能，下单系统也根据新的差价和多种订单策略如法炮制，也就是说，如果交易所的电子平台提供了新功能，交易人就可能在其前端交易软件上看到。最终，利用电子下单系统、制图和数据成了这一行的必须工具。

伊利诺伊州埃文斯顿的格拉姆资金管理公司总裁及长期交易培训师丹·格拉姆表示，整个电子交易系统是个神奇的工具，但核心问题还是要了解怎么能盈利、怎么会亏损。

第15章 交易工具：制胜之法

"电子交易最神奇也最可怕的就是执行订单太容易，"格拉姆说，"所以日交易很容易变成为交易而交易，但这就不是做交易了，做交易就是要找出纯粹的商业决策，交易的过程应该是按部就班的，执行交易之前就要全都想清楚。"

在选择系统的时候就要进行全面的考虑。交易人会被建议选取几个不同的前端交易系统或数据和制图销售商，再决定适合自己交易环境和风格的正确组合。下面几个原则可以帮你做决定。

定制订单

找不少交易人讨论下单系统，最终你却发现一个常见而令人吃惊的共性：他们都不太重视，这就是问题的关键。下单系统应该用起来舒服、自然而然，就像你面前的鼠标和键盘一样。一些交易人喜欢交易屏幕上买卖按键相离远，这样交易人不会按错键遭受重大损失。其他人需要相当灵活的下单系统，还有交易人自己设定屏幕，把合约、价格等想放哪儿放哪儿。

不少交易人认为，选择下单系统的首要因素是止损功能，这看起来是先决条件，但交易人和大师都认为拥有各种各样的止损订单是日交易人工作的重要部分。止损订单一般都是日交易人的主要风险控制工具，用来管理亏损交易中的损失。止损订单还能预防一些技术失误，如果互联网连接中断、计算机故障或当地电力公司断电，你还会受到保护。

纽约的短期交易人丹妮斯·沙尔表示，她的下单系统自动在她设定的价位为交易确立止损，她在交易迷你道指期货、电子迷你标普期货和电子迷你 Russell 2000 期货时会用强制止损和跟踪止损，策略是把交易分成四部分，然后根据进展调整止损和交易。

"你可以随心所欲设定最初的止损，"沙尔称，"你还可以提出确定止损点策略，而不是一次性的强制止损，可以加上跟踪止损或自动收支平衡点。"

伊利诺伊州圣查尔斯的日交易人凯特·迈尔进行指数期货、30年期国债和欧元交易，她的前端系统可以同时下多个带有利润目标、止损点及跟踪止损点的指令。

"例如,你买了3手,系统会在第一个目标价时自动卖出一手,第二个目标价再卖出一手,在第三个目标价卖出最后一手,"迈尔解释说,"就是说,如果你达到了利润目标,就自动根据你的标准变更了止损。"

今天大多数下单系统都提供一长串功能,交易人就用简单而直接的工具。复杂的布局或跨越股票、期货和期权的多种类交易日,交易人用的并不多。

有经验的交易人甚至表示,关键是使用操作简单、有需要功能的前端。

线上交易服务公司 LBRGroup.com 公司的克里斯·特瑞表示:"我用不上那些玄乎玩意儿,我只要能设置限定和止损就够了,我对那些神奇玩意敬谢不敏。"

交易人和交易培训师都想让下单界面更纯粹更简单,而不是要加入或使用更多花里胡哨的东西,大多只需要最简单的买入、卖出、止损、限价订单。

亚特兰大 daytradingcourse.com 的总裁保罗·奎林可以看作是个简约派艺术家,他自己开发的前端都不显示账户规模、利润和亏损,只有交易的市场。"我们想在交易的时候保持最直觉的感觉,需要的信息实际上比大多数人都少,"奎林说,"下单界面显示最少的信息,我们曾用过其他下单前端,但无法取消不需要的无关信息,所以才开发了自己的直觉性界面。"

下单系统的另一个核心因素就是经纪人自己。找个线上经纪人再简单不过,但建议交易人要保证再有问题的时候,打电话能找到经纪人。如果公司宣传24小时提供服务,这个问题就很简单了,但关键是必要时电话那头是一个活人。不止一个交易人说过,一些经纪公司只是以技术卓著闻名,但在基础问题出现时却没人接电话。建议交易人在开户前问问其他人该公司电话服务的质量。

交易人和培训师对模拟交易的好处观点相同。交易人表示下单系统

应该可以进行实时模拟交易，即使会因为传递有些延误。认真的交易人会早早并经常进行模拟交易，这样做其一是会让交易人熟悉下单系统和制图软件，更重要的是，让交易人明白自己错误和正确的原因。

"对没用过平台、对其还不太顺手的交易人来说这一点很重要，"格拉姆说，"你可不愿意为了不了解系统而买单吧。"

他还表示，一些交易人不愿意花钱尝试新东西，这会限制交易人的成长和机会，而沙尔就会用模拟交易体验自己下单系统上的自动跟踪止损功能。

"这种工具能够检验交易，"格拉姆说，"如果我们假设这种或那种情况发生了，而我们想做这笔交易，那么这个策略好不好呢？如果我们做了调查，决定了风险大小和利润多少——如果在建仓前不知道这些的话，那就太遗憾了。通过模拟你不仅能明白系统的运行效果，还可以清除策略的运行效果。"

有批评家表示模拟交易并非总是那么有效，因为交易人心里知道这不是真的。在模拟环境下的亏损交易有时看起来就像是赛车游戏中撞了车，只要重新开始就行，但格拉姆、特瑞和其他人完成反对这一观点。

"有些人说如果不是投下真金白银，就不会用心，"格拉姆说，"这里说的是人对钱的感情，以及必须投入资金的关心。应该没什么不同，交易人的目的之一就是必须保持冷静。模拟环境允许我们考察，这笔交易没问题吧？没的话我就做。"

泰瑞提倡做几个月的虚拟交易，只有这样交易人才能习惯看和感觉做交易的市场。"新手要老老实实做6个月的模拟交易，不能因为昨天做了一笔坏交易就重来一次。数数盈利的次数，也数数亏损的次数，就明白市场有多残酷。"

清除杂物

在下单、数据和制图服务上，"少即是多"也适用于对交易系统功能的要求，这就引起一连串的问题：从计算机的处理量，到互联网连接类型、经纪公司的服务器配置。计算机专家说，看似温良的程序，如电子邮件或互联网程序，会占用宝贵的内存，降低下单或价格数据输入的速度，这种延误会给交易人策略造成灭顶之灾。

芝加哥 YJT 提供方案公司（前身是 You Just Trade）的技术经理乔·惠特尼主张，交易要使用高端计算机，另备一台上网和收邮件。他建议处理交易、数据和软件用的内存至少要有 1G。

如果速度不好的话，他建议与经纪公司的技术人员或独立软件开发商的技术支持人员合作，建立最优处理模式的交易桌面。惠特尼称，不少交易人不知道标配计算机里的内存用了多少。

"不少人订购了戴尔电脑，这样的计算机事先设置了许多华而不实的程序，会在后台运行，占用你的处理能力，"惠特尼说，"而独立软件开发商有一些优化选项，能满足你对电脑的大部分需要。"

他还提倡与经纪公司核实一下他们的服务器配置，现在不少经纪公司用专用服务器处理订单发送，而用完全独立的服务器配置处理自己内部的邮件和与交易无关的流量。

时刻留意

最后还有一个视觉问题，就是交易人应该用几个监视器，也不奇怪，这个问题没有统一答案。一些交易人需要 8 个或更多监视器，以便跟踪多种交易机会。德克萨斯州奥斯丁的 Trade the Markets 公司总裁约翰·卡特认为，监视器的数量是个平衡问题。

他认为："够用和太多之间有微妙的区别，我觉得至少得有两个，我本人有八个交易监视器，以观察波段交易的确立点和日交易确立点。"

其他人觉得两到四个就行，奎林只用了 2 个，一个用来下单，另一个显示了一张图，没有多余的颜色、格线或趋势或支撑线。他还表示，交易人应该让工作空间越空越好，大脑只能处理见过但没有用过的 5 到 12 个变量。

"把那些监视器周围贴的即时贴拿掉。可以说要做好任何事，特别

第 15 章 交易工具：制胜之法

是交易，需要的是直觉。屏幕上让你分神的东西会妨碍你的直觉。"

吉姆·卡劳夫，财经记者，从业 16 年，现在驻芝加哥报道全球股市、期权和期货市场。本文首刊于 2005 年 10 月的 *SFO*。

第16章 进入21世纪：电子下单更有利于投资者

戴维·耐瑟

不少市场神话多年来依然不倒，而一些则处于非常缓慢的死亡中，非常经典的几个神话因为科技的发展则在吟唱着最后的挽歌。

其中一个就是经纪公司都是通晓预测市场未来技术的专业交易人，现在根本不是这么回事，提供调查、分析评级、零售经纪和市场操作的公司都是通过佣金和订单流来赚钱，因此，最小下跌价格的优秀操作不会比赌场的免费饮料更吸引人。经纪公司用调查和分析——这就是免费饮料，吸引交易活动，活动越多收入越多。免费饮料会麻痹愚蠢的赌徒，如同免费的市场分析会带来情绪化的订单流，对赌场和经纪公司方都能带来利润，因此执行的质量和调查随即会引起质疑。

自主的交易人和投资人不仅必须判断市场时机和方向，还必须避免把订单送给食人鲨，吃了你还要给他们付钱。近几年技术的飞速发展打破并瓦解了延续两百多年的什哈，而且一些操纵订单流的公司实际上早就在大众身上发现了衣食之源。

没人看见订单

我们先讨论在每人看见订单情况下正确使用电子止损。匿名订单流或许是技术分析诞生以来对交易的最大贡献。但为什么其重要性如此之大？原因在于交易人通过电子下单和止损的确能获得先机，新电子交易平台的发展形成了一类全新的电子订单执行工具，让电脑交易人获益匪浅（对打电话通知零售经纪人下单的交易人来说）。掌握电子下单的技术可能需要点时间,但得到的是对流动性和供需关系的深入了解,能够获得那些利用传统零售经纪人的交易人无法获得的先机。

可信任的止损

近几年,不少交易人有了经纪公司就不再使用止损了,而仅仅依靠心理止损,因为(很有理由)担心做市商会逆止损订单操作,我们都知道这是锯齿风险,造成的原因可能是市场波动和草率执行交易。由于这些现实状况,可以说执行状况不好就会放弃原则,许多交易恰恰在价格转向的时刻止损退出。

科技为利用虚拟的订单配对环境提供了另一个可行办法,交易人可以再次使用止损来保护资金。其中有三个最重要的电子止损:

1. 保护性止损
2. 技术止损
3. 跟踪止损

久经考验的市场参与者都知道,止损订单仅仅是在交易出现了不利于仓位的行权价时退出交易的订单。考虑何时退出本身就是优秀方案的第一步,但没有后续的保护性止损,这还只能是美好的愿望。如上所述,现在的电子止损之所以能够信任是因为每人能看见订单,因此一旦要预防巨额损失时就应该设置保护性止损。由于预测止损是风险回报分析的基石,保护性止损一旦设定不就得更改,如果更改,防线自然就提高而利润目标就遥不可及了——这完全是放弃原则的表现。

第二种止损订单是技术止损,利用技术分析如心理分析帮助确定止损,在大多数情况下,技术止损会设定在交易转而盈利之时。从长期看,交易人会紧贴潜在支撑线下方设定止损,如果股票的最高价和最低价继续走高,就不断提高止损,使其位于紧贴每对最高价和最低价的最低价下方。如果股票最低价降低,股市中断上涨趋势,就会触及止损,退出交易。在卖空情况下,一旦达到利润价位,紧贴每对最低最高价的上方设置止损,趋势不断出现更低的最高价和最低价,股票最高价上涨从而中断趋势时,投资人就会止损退出。

有很多投资人买了股票,交易显示了巨大的利润,而又眼睁睁看着利润变为亏损。只要通过电子系统限制人类主观性的发挥，设定交易原则，技术止损可以阻止这一情况发生。

最后是跟踪止损。市场经常在短时间内出现剧烈波动。跟踪止损也像技术止损一样，是在交易有利时使用的。因为很难知道何时兑现出场，跟踪止损可以在市场继续对交易有利时，一点点按照确定的量自动跟踪股票。这种策略可以任利润在自己掌握的范围内增长，限定在交易有利时的每一个新增长点。我们来看一个例子。

在看多仓位，随着（对你有利的）股票走高，跟踪止损自动跟随股票一点点突破升高。我们来用0.15美元为例，如果股票上涨，跟踪止损也自动上涨，警戒线也不断升高，而一旦被触及，交易就会退出。因此股票不断刷新记录，跟踪止损也自动设定在新记录之下（自己确定的）0.15美元处。只要自己设定的量低于目前的交易利润，跟踪止损就能保证盈利交易不会变成亏损交易——老话说得没错："任利润增长同时尽快止损。"看看图16-1中借助RealTick交易平台在纽约证券交易所集团电子交易所实施的电子跟踪止损。

图16-1 电子跟踪止损

第16章 进入21世纪：电子下单更有利于投资者

在交易中调整止损

另一个神话就是止损仅仅是为了订单执行，但情况不止如此，止损还对分析和交易维护非常重要。实际上，优秀的交易人总是先考虑自己能亏得起多少，然后再考虑自己能赚多少。从这个意义上说，盈利交易无需费心，更需关注的是亏损交易。控制这种平衡的方法就是综合利用技术分析心理、技术和跟踪止损（见图16-2）。

仔细研究图16-2就能注意到，在指示的点入场，股票随之上涨到之前的阻力线，在阻力线附近盘整，然后下探。这时我们进行跟踪止损，希望之前的阻力再次产生一次卖盘行为。为了避免在阻力线过早止损退出，可以设定宽松的跟踪止损，允许可预见的下探，但也有机会介入幅度更大的运行。这种在交易中加大和收缩把握幅度的方法，可以让交易人通过支撑和阻力线确定仓位。

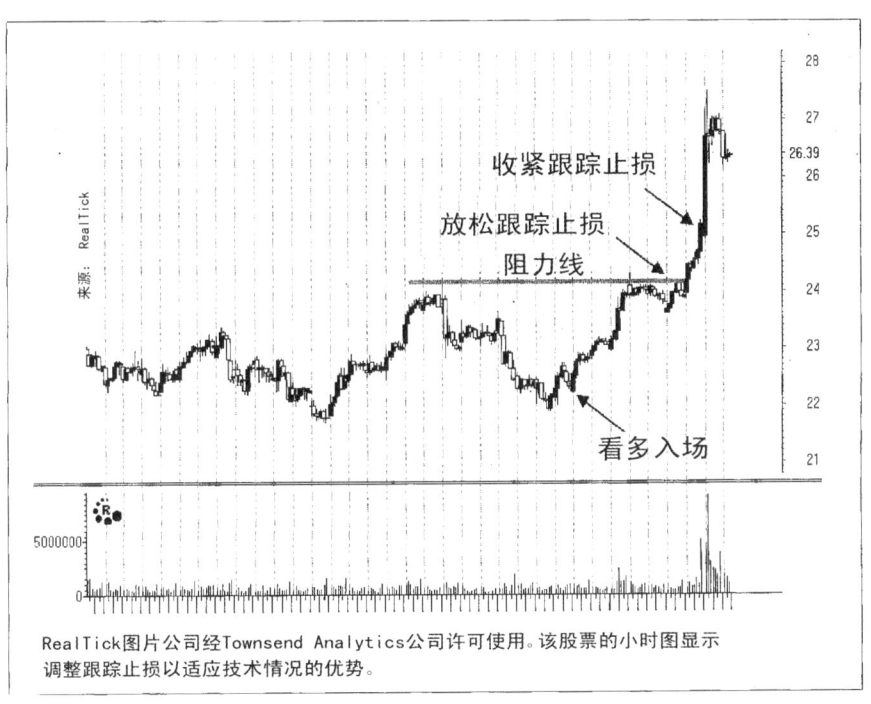

RealTick图片公司经Townsend Analytics公司许可使用。该股票的小时图显示调整跟踪止损以适应技术情况的优势。

图16-2 调整跟踪止损

避免市场冲击造成的成本

电子限价订单让交易人相信,没人会介入和利用在交易中设定的交易限制,例如,如果交易人告诉经纪人以 14 美元或更好价格买入股票,而自己的支付不会超过 14 美元,那就该想到这就是他要付的钱,价格没有什么降低。利用电子方式,就不一定是这样了。电子限价订单在买卖时可能会比较激进,会一直寻找较好的价格,而且拥有限价订单提供的价格保护。

例如,如果交易人想积极买进股票,就会在限价或之上设置订单。如果交易人的限价比内部市场的价格高,ARCA、Instinet、Island 和其他电子系统会提供低价格的机会。反之,如果交易人通过传统方式让经纪人下单的执行效果不好,他们就会因为市场冲击成本支付除佣金外其他的钱。市场冲击成本就是实际成交价和本应成交价的价差,例如,1000 手交易中 0.10 美元的价差就相当于 100 美元的市场冲击成本。

排队领先

要避免不必要的损失,在订单处理原则方面会带来许多重要的机会,特别是价格优先时间的长期有效原则。如果交易人想报价,而其他人也(按照相同的价格)报价,报价时间就会优先,即先询价的先买;反之,询价最高的交易人会优先其他所有询价,而不论时间早晚。如果市场如图 16-3 所示报价 13.94 美元,而我们的询价是 14 美元,14 美元的询价就会优先于 13.94 美元、13.95 美元、13.96 美元、13.97 美元、13.98 美元和 13.99 美元,而无论其是否第一个询价。这在波动频繁的市场具有重要的影响,报价会很快被接受。熟悉 Level II 的人都知道,屏幕通常会反映某个价格的一个报价,排在前面的交易人才会被成交,这样就导致追逐股票,付出高价。

第 16 章 进入 21 世纪：电子下单更有利于投资者

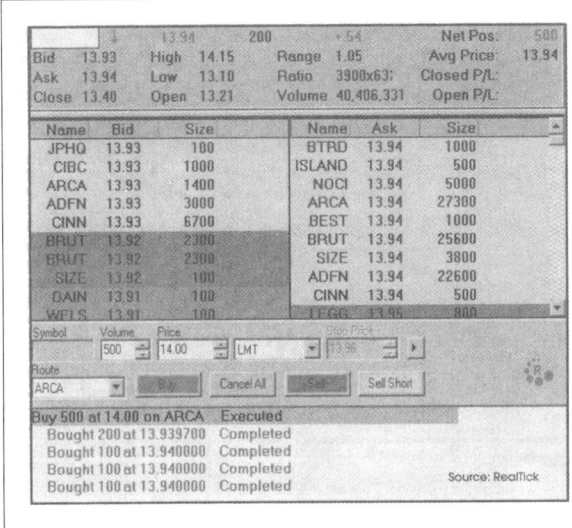

交易人对ARCA设置在14美元时买入500股股票的限价订单，就等于告诉经纪人，在14美元或更好价位上买入500股，ARCA则检索出最佳价位，并在13.94美元均价上填入交易人信息。当然可以在此价位上买入的股票有很多，但市场居烈震荡时，该技术是最有用的，不管怎么说，领先电子限价订单是可以信任的一种订单形式，因为经纪人看不到订单。

图 16-3　领先电子限价订单

利用 14 美元的领先电子限价订单就是我们所称的"领先排队"，接受任何定价在 14 美元或更好价格（这里就是更低的价格）的股份。那些在 13.94 美元询价的人就没有股票可买，即使 Level II 显示有这个价格的股票。领先限价订单能够使交易人领先他人，即使其他人下单较早。有人也许会奇怪为什么有现价的股票，他们的订单怎么无法成交。回答就是"排队在先的股票"，即同一价格的其他订单优先，因为其发送时间较早，而且没有多余的股票了。

波动频繁的市场状况让不知情的交易人急躁不安，以为自己无法成交是因为被挤了出来，实际上只要用领先限价订单出高价，就能排在前面，并且获得限价或低于限价的最好价格——假设他们用电子交叉网络，没有参与互动。

有人会问，为什么不用现价订单，这样就能保证以市场价格成交。原因在于波动频繁的运行会让交易人根据风险回报承受力在其交易参数之上成交，失去了限价订单的保护作用。领先限价订单能让他排在前面，同时还能按照愿意支付的最高价（限价订单保护功能）成交。这种策略在波动剧烈的市场进行清盘时更有戏剧性效果。

买多的交易人总想保证退出的流动性最大,这种策略的价值就最大,因为交易人能够发现真实的支撑线在哪,而不必通过市价订单这种死硬方式。例如,交易人可能决定以低于询价的领先限价卖出一半的仓位,如果在限价之上成交,我们就知道在该价位有买家,这或许会影响交易人如何处理另一半仓位。

完全可以说电子交易给参与者提供了许多仅有电子交易独有的特殊订单类型,这些订单类型给你提供了甚至是大多数现场交易人都无法享有的优势。

全权委托指令

这是一种特殊订单,使交易人能够在 Level II 上被迫显示价格,但实际上,是设置交易可能成交的范围。在交投清淡时利用这种订单,会让其他参与人看到你的订单,你就能影响市场(见图 16-4)。

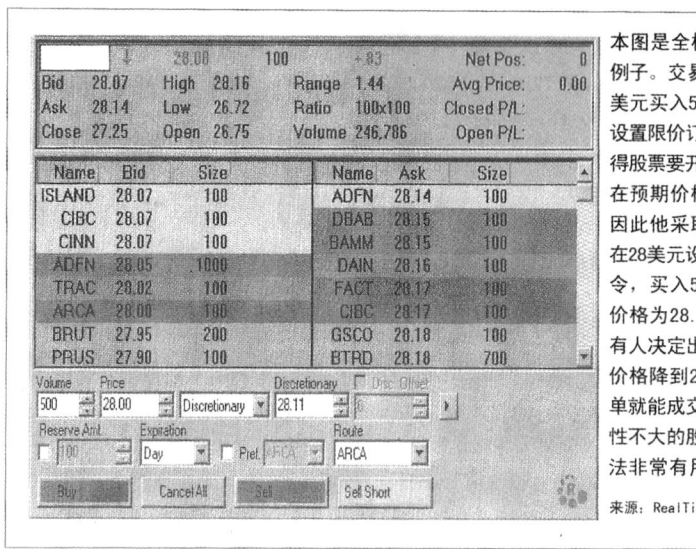

图 16-4 电子处理全权委托指令

第16章 进入21世纪：电子下单更有利于投资者

有条件电子订单

另一种特殊订单就是有条件订单，在满足某种条件时这种订单才会执行，而能够激活订单的条件是随意设置的，例如，可以限定英特尔在交易第一个小时突破某一价格水平时买入500股应用材料公司的股票（见图16-5）。

有条件订单有大量可选项，只要在交易前或在交易日确定就能让交易人进出市场，而不用一直监测市场。再强调一下，注意有条件订单是在交易人的计算机上，经纪人看不到，因此，一旦交易人的电脑死机，订单就自动被取消。很多有正常工作的市场参与者非常喜欢这种订单工具提供的灵活性。

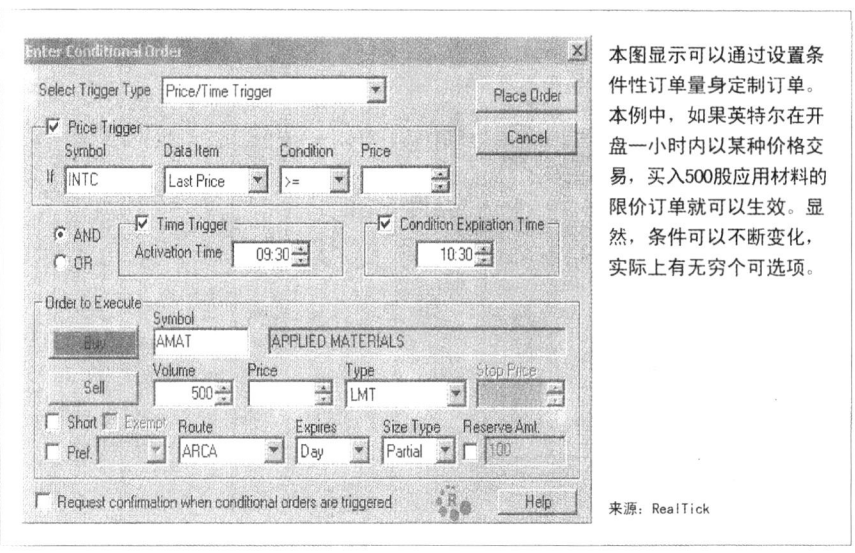

图16-5　定制条件性订单

保留账目

在交易活跃时经常使用的直接参与市场的工具是保留账目,交易人能够在 Level II 上隐藏自己的订单规模。如图 16-6·所示,我买了 50 000 股捷迪讯想迅速获取 2000 美元利润,但没在市场上暴露自己的仓位,我一次显示 1000 股,而实际上买得更多。有交易执行的时候,还是显示 1000 股,直至 5000 股完全交易完毕。交易规模很大或交易流动性较差的股票时,保留就很重要,这与在打扑克牌中不会大喊"谁有王?"是一个道理——你不想让大家知道你的仓位。这种工具对零售交易人和机构参与者同样有用。

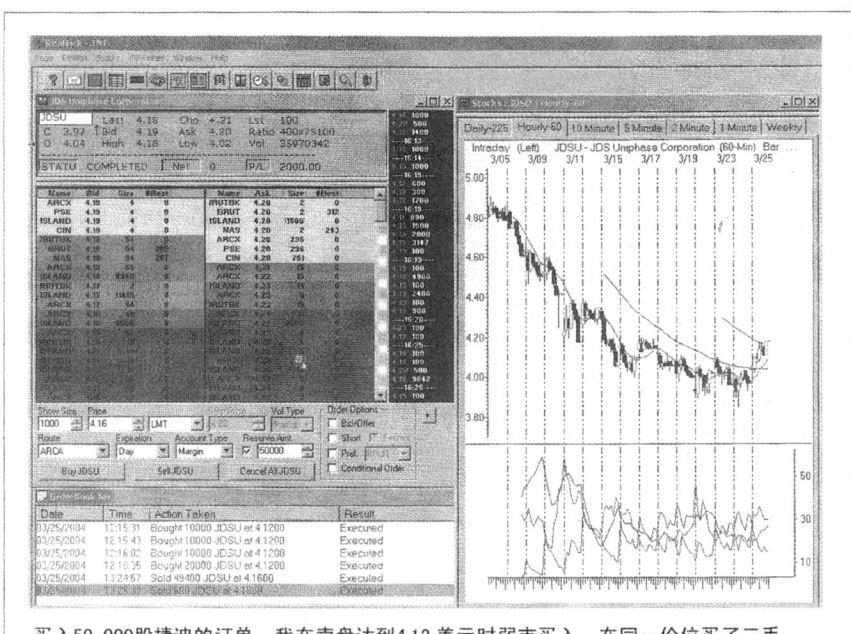

买入 50 000 股捷迪的订单。我在卖盘达到 4.12 美元时弱市买入,在同一价位买了三手 10 000 股和一手 20 000 股,8 分钟后,我高出 0.04 美元卖出,获利 2 000 美元。以这种仓位,保留账目是我的操作不被市场所知,确保我在强市买入或在弱市卖出时无人能知。交易仓位巨大时,这种工具作用显著,交易人还可以结合全权委托指令和保留账目的特征,进一步隐藏自己的企图,我将其称之为狡猾订单,是我的最爱之一。

来源:RealTick

图 16-6 保留订单

第 16 章 进入 21 世纪：电子下单更有利于投资者

多种多样的电子订单会让你比所谓的华尔街大拿技高一筹，因此，这个行业不仅在近几年扫平了障碍，而且今天的电子交易行家的确拥有了自己的利器。虽说掌握这一技术乍看起来有些难度，活跃交易人和投资人同样愿意控制自己的订单，订单成交的方式可以洞察很多信息。钓鱼的时候，鱼快速咬饵，就表明条件成熟，提供了宝贵的验证信息。交易也是八九不离十，交易成交很快，交易人就知道这表明了强市或弱市的其他信息，这比图表更有说服力。稳健的分析和电子执行的成熟早晚会给大多数参与人提供其目前不具备的所向披靡的先机——即优势。

> 戴维·耐瑟，电子交易的创始先驱之一，全国首批电子交易公司之一的发起人和 CEO，《纽约时报》最畅销的作家，为行业发展做出了杰出贡献。他还著有多本交易书，包括最近的《凡人创造不凡的利润：独立股票、期权和期货交易人如何谋生》和《交易规则》。他卖掉自己的公司后，进行房地产交易和开发，还成立了 CrossWinds Capital 公司，直接与高净值投资人和机构合作。本文首刊于 2004 年 6 月的 SFO。

第17章　收获季来临：放眼未来

菲尔·泰格

在期货市场，因为季节性价差交易，一年中会出现各种有利可图的机会。季节性价差的基本条件涉及播种和收获的时机，大约会在每年的同一时间出现，例如，在小麦市场几乎80%的庄稼会在春天收割；另外，几乎所有的玉米和大豆会在秋天收割。这种方式形成了可靠的季节因素，知识丰富的交易人借此获利。基本上，自然和天气的年周期形成了有形商品的供需方式。

季节性价差的另一个关键性的基本原则是在收割季节总会出现低价，因为这时有大量的新粮食上市，而收割季节前（陈粮马上过季）一般价格会上涨，基于这些模式，交易人就能估计到在5、6月份小麦会创出最低价，而玉米在11、12月份总会报出最低价。

何谓价差？

价差有不同种，我们先来看看期货市场一些价差交易的基本知识。差价就是同时买卖两种不同的期货合约，价差交易人要分析两种合约的价格关系，而不是单个的价格水平，因此价差交易人在关系变化中获利，而不在乎商品的绝对价值，就是为了卖出获利而买入。当然，价差机会有很多，但我们在本文中会主要讨论农业期货市场的价差机会。

期货交易人历来认为价差是重要的策略，原因主要有两个，第一个是潜在的降价风险，第二个涉及差价一般会受到更有吸引力的边际税率的影响。

一般来说，期货市场的差价风险低于持有全部仓位的风险，原因很简单，同一商品的两种不同月份的期货合约价格总是一起上涨或下跌，

第17章 收获季来临：放眼未来

不一定完全同步，但至少是方向相同。进行价差交易时，一方的损失有可能因另一方的获利而抵消，因此会降低风险。因为差价交易的这种普遍低风险特征，要求降低佣金就有情可原。因此，期货交易人的资金分布较小，但参与市场的范围更广。

差价交易的报价也不同于单个商品，因为是按照两个相关合约的价差来报价。例如，2004年5月芝加哥期货交易所12月份的玉米合约交易价为2.95美元，7月合约的价格是3.02美元。计算差价报价，只需要用12月合约的价格减去5月合约的价格就可以，本例中就是7美分。

基本价差类型

现在来看看四种基本的价差类型。第一种也是最常见的一种是跨期价差，就是在同一交易所交易同一商品，但交割月份不同，例如，买入7月份玉米合约的同时卖出12月份合约，或者买入7月份瘦肉猪合约的同时卖出10月份合约。

第二种常见类型是跨市差价，是不同交易所同一商品的交易，如小麦、硬质、软质或者白色小麦，但交割月不同。比如在芝加哥交易所12月小麦合约和堪萨斯城交易所12月份合约。

第三种类型就是跨商品价差，通常是交割月（或封闭交割月）相同，商品相关，交易所一般相同。例如芝加哥交易所12月份小麦和玉米合约，或芝加哥商品交易所10月份牛合约和猪合约。交易人应该知道这种关系通常很微妙，因人而异。例如不少交易人认为20世纪70年代中期白银和大豆之间有重大关系，两种商品都有两个音节，首字母都是"s"，除此之外，任何相似点充其量都是创造出来的。

第四种是原料/产品差价，涉及一种商品及其产品，包括大豆压榨和反变形套利和石油裂解差价。

这些交易差价每种都与完全期货头寸有相似的整体交易策略，包括提前确定止损和目标，以及适应交易规模的资金管理方法。一些基本法则包括：对任何一个仓位都不要投入超过20%的交易资金、一直保存20%的资金备用、必要时使用多种仓位、亏损交易不要加仓、对想要交易的仓位要备有图表、对季节性交易备有季节性数据等。

做几笔差价交易

看涨12月份小麦/看跌12月份玉米的跨市价差（见图17-1）是常见的季节性交易，利用了玉米和小麦收割年的差异。季节性交易，简单来说，就是倾向于展示根据每年循环的基本因素而出现的具体行为，而不考虑某一年的异常情况。这种特殊交易理念背后的基本概念是什么呢？说的简单点，7月是玉米收获季的结束，而是小麦新粮食上市的第一个月（如前所述，美国大约80%的小麦是在春季末收割。）

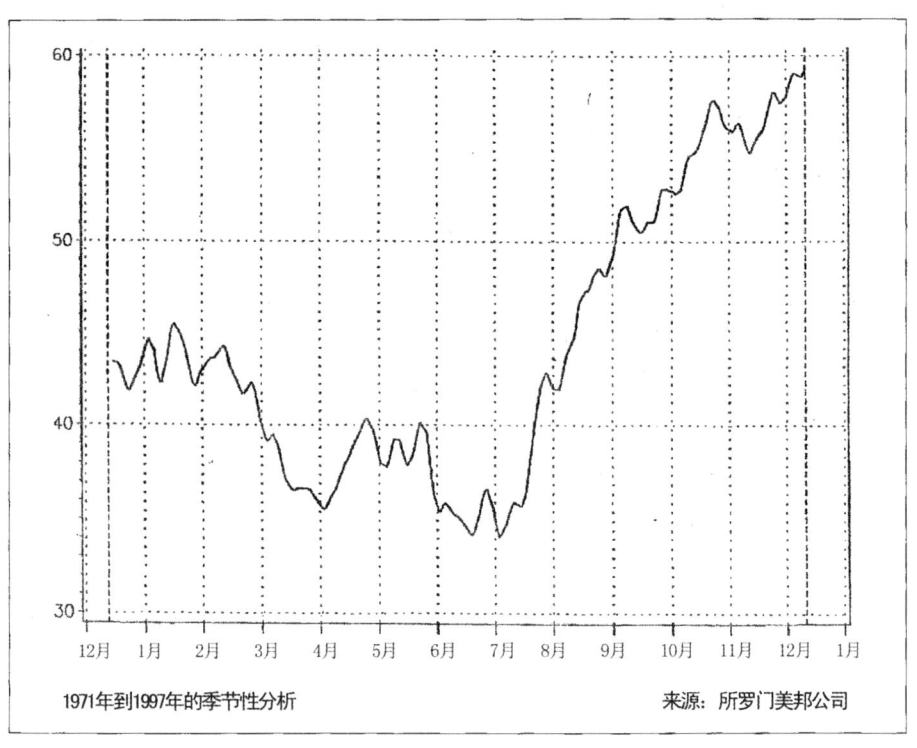

图17-1　12月份芝加哥交易所小麦减去12月份芝加哥交易所玉米

另一种要注意的季节性价差是看多1月/看空5月大豆粉跨期价差。如果差价交易在夏末或秋初时在5月权利金高价时确立，历史证明，这

第17章 收获季来临：放眼未来

种差价就有机可乘。这一对显示了非常好的季节性因素，因为天气变冷的话，黄豆粉的价格总是最坚挺。原因很简单，豆粉是喂牲畜的，天热就容易放坏，天气冷的话就容易储存，因此，气温低的月份会提高豆粉的需求。

还有一个有趣的价差就是看多7月/看空12月咖啡的有限风险价差（见图17-2）。有人会考虑在资产持有费为50%或更高时（大约180点的月份）发起这个差价交易。南美的霜冻季节从5月到6月，任何恶劣天气都会影响价差，而有利于近期交割。如果在交易发起时折价很大，在有限风险价差中不需要设定止损，利润大小全在于对恶劣天气的认知。

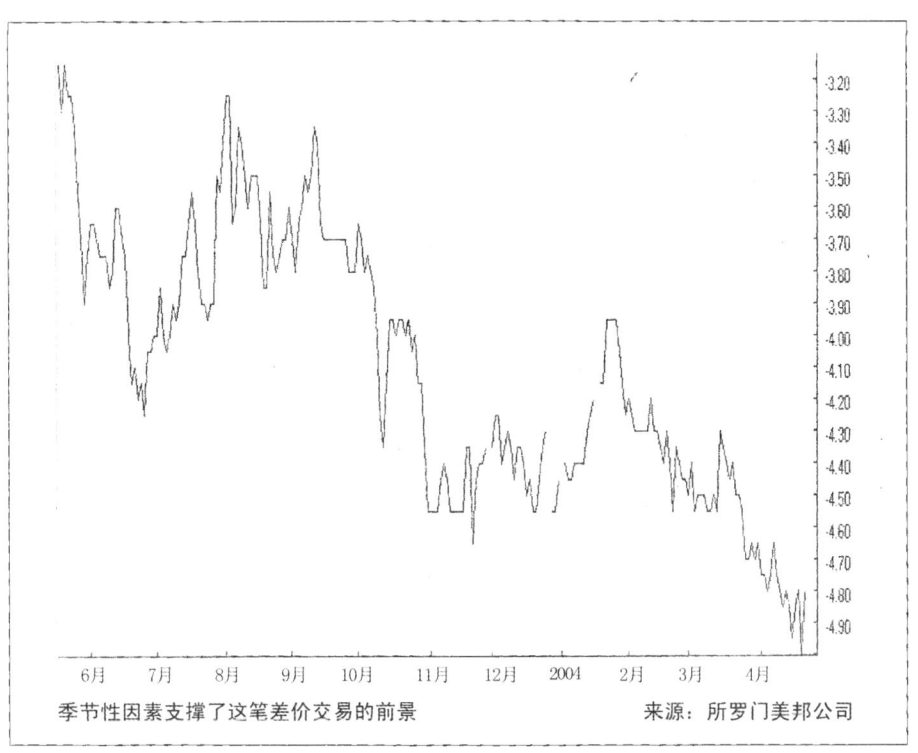

季节性因素支撑了这笔差价交易的前景   来源：所罗门美邦公司

图17-2　7月/12月咖啡差价交易

季节性原理的底线在哪里？巴西是主要的咖啡生产国，从6月起天气就变冷，而寒冷天气会破坏作物，并最终成为价格的支撑因素。

如果恶劣天气加重，10月/12月棉花跨期差价可能会在飓风季节来临时提供一些获利机会，而且差价交易在12月权利金为120点或更多时确立。鉴于这种交易的历来季节性趋势，如果恶劣天气加重，参与人可能决定设置70点的止损，目标为10月权利金。底线就是：飓风从9月开始，玉米在10月收割，如果飓风在收割前破坏了庄稼，最终供应就会降低。

想想熏肉、生菜加番茄三明治

多年来，牲畜市场往往都为差价交易提供了唾手可得的机会，肉类中有些关系能在夏季挖掘出潜在的价差交易。生猪市场的跨期差价交易有10月、7月生猪与12月生猪，跨市交易有看多7月猪腩/看空7月生猪和看多8月牛/看空生猪。毕竟，夏季的几个月很多美国人更爱吃熏肉、生菜加番茄三明治，芝加哥的商品交易所的牲畜交易场称之为熏肉、生菜加番茄三明治季节。因为季节性的菜肴趋势，7月份的猪腩在这个季节表现优于猪肉。

查查能源

能源市场同样提供了很多潜在机会，但成本和波动性无疑也高，应该要仔细研究不同的裂解式价差交易，特别是看多12月份民用燃料油/看空12月无铅汽油的季节性跨市价差。这种价差交易紧随季节变化而来：从开车季节（5月到10月）到家庭取暖季（11月到3月）。在开车季节汽油很受宠，而在家庭取暖季民用燃料油受宠。

我们已经研究了几个重要的期货价差交易，大多数都是季节性的，但所有交易都有可能产生良好的回报。以前从来没交易过期货价差交易的人应该知道了，这是一种完全不同的期货交易类型，给操作者提供了大量的机会。

第17章 收获季来临：放眼未来

> 菲尔·泰格，商品期货专家，从事期货行业35年，是价差交易首屈一指的权威人士。他在七八十年代在大陆谷物公司服务了10年，又为所罗门美邦公司及其前身服务了17年。泰格在其从业生涯中写了很多文章，并在各种研讨会和大型会议上发言。他在20世纪70年代初期开发了季节性价差指数，该指数及其变形今天广泛应用于期货行业。本文首刊于2004年8月的 *SFO*。

第18章 知道何时退场：卖股12原则

托马斯·波考斯基

"我怎么就知道该什么时候卖？"我弟弟打电话问我。这不是他第一次问了，而且我知道他最后很可能对我的回答还是置若罔闻，兄弟之间就是这样。下面就是我的回答。

原则1：使用止损

这不言自明，绝大多数交易人都知道止损订单，但是还是值得反复强调：要用止损。所有交易人都应该事前决定在哪止损。一旦交易就绪，就要确定止损订单。赚点小钱的捷径就是从大利润开始，用止损限制损失、保护利润。

例如，假设交易人乔想要在跳空上涨到支撑线之上后的第二天买入图18-1中的股票，那在哪里止损呢？鉴于强有力的支撑线，在点A稍低一点的位置设定止损是个好做法。如果价格跌破支撑线，那么股票很可能会继续盘整。坏消息是止损可能据此有点太远，比收盘价低21%。

第 18 章 知道何时退场：卖股 12 原则

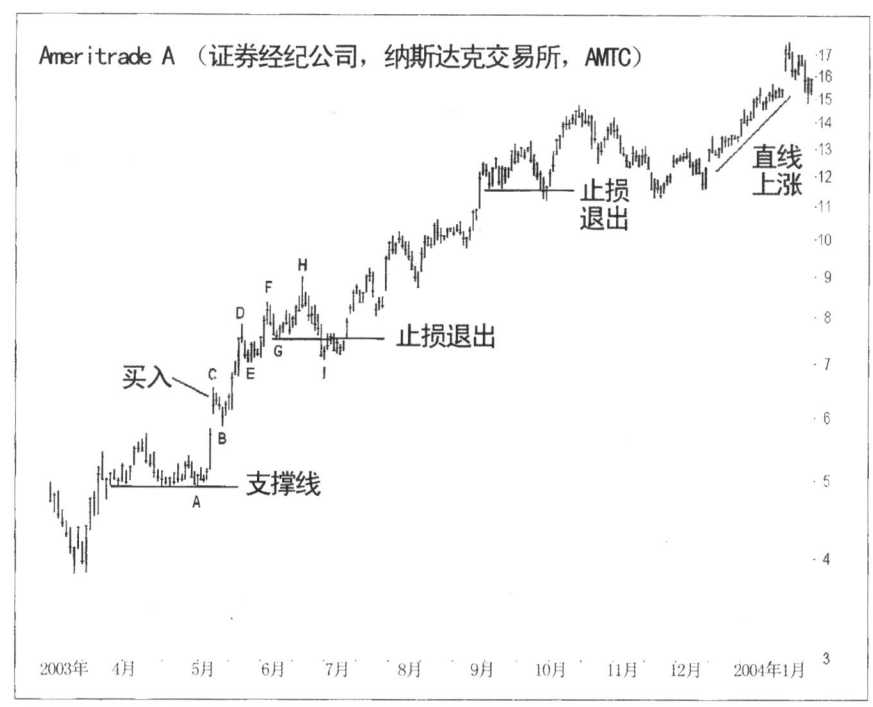

图 18-1　激进的止损

乔如果借用波动来设定止损，就会抬高止损价格。这是什么意思呢？计算前一个月的每日平均交易范围，再乘以 3，这个值就是止损点距离买入价的最小距离，换句话说，用前一个月的每天日中最高价减去最低价，找出平均值，再乘以 3。如图 18-1 中的 AmeriTrade，波动是 22 美分，乘以 3 就是 66，止损点不能小于买入点减去 66 美分的值，这样才能避免不会因每日波动而止损退出，这样止损点不能小于 5.52，也就是 B 点的较低最低价。

止损设定之后，每次股票创出新高就可以将止损提高到前一个较低的最低价。例如，如果价格上涨到较低的最高价点 C，就是点 D 出现的三天前，将止损提高到点 B 的稍下方（比点 B 低 10 或 15 美分）。如果价格上涨到 D，就是点 F 出现的前一天，将止损提高到 E。按照这种方法，会在 G 点执行止损退出，再次接近 11.52，假设一路上还可以买入一次。

这种方法的妙处就在于利润可能无穷无尽，利润目标（如每笔交易盈利1 000美元，或10%，或以固定价格卖出）会限制利润。止损的问题就是会降低利润，从最高点H止损点G下跌了16%，就是从最高价到最低价，这是一个巨大的变化。

另一个问题是有时没有较低的最低价以供设定止损。例如图18-1中从12月到1月的直线走势。那止损该在哪呢？或许这时应该使用之前讨论的波动止损。

止损原则的一个必然结论是：如果交易人预计会达到止损，就要立即卖出。既然要卖出股票了，干嘛非得等价格降得更低呢？现在就卖。

原则2：股票表现不如预期就卖出

交易人都对股票有预期，如果现实逊于预期就卖出。我在进行图表形态交易时就采用这种办法，如果我预计上涨会中断，股票会下跌，我就迅速逃走。

原则3：趋势变化时卖出

这是什么意思？用图18-2举例，斜上涨趋势线所向披靡，扶摇直上，但收盘价在点1低于趋势线时就卖出。交易人还可以在跌破趋势线时（点A）卖出，但收盘价效果更好（如本例所示）。

维克多·斯波郎迪（Victor Sperandeo）在其著作《专业投机原理》中讨论了趋势变化方法，他的策略是根据三个测试所发送的可靠趋势变化信号，测试1是跌破趋势线（见图18-2），测试2是对最高价的测试（意即价格意欲创出新高但失败了），最后一个测试是收盘价低于最高的最高价和点2之间最低的最低价。

另一个办法是用"三个下跌最高价"图表形态，这个形态会预示趋势变化。三个最高价（见图18-2中的顶部）内的日内最高价低于前一个较低的最高价，如果收盘价低于三个顶部间最低的最低价，这个形态就验证并发出了卖出信号，本例中就是低于点A的收盘价。最高价

B、C 和 D 看起来像是三个下跌最高价形态，但实际上不是，形态没有被验证。本例中还表明为什么交易人不应该过早卖出，要等到验证信号后再卖出。

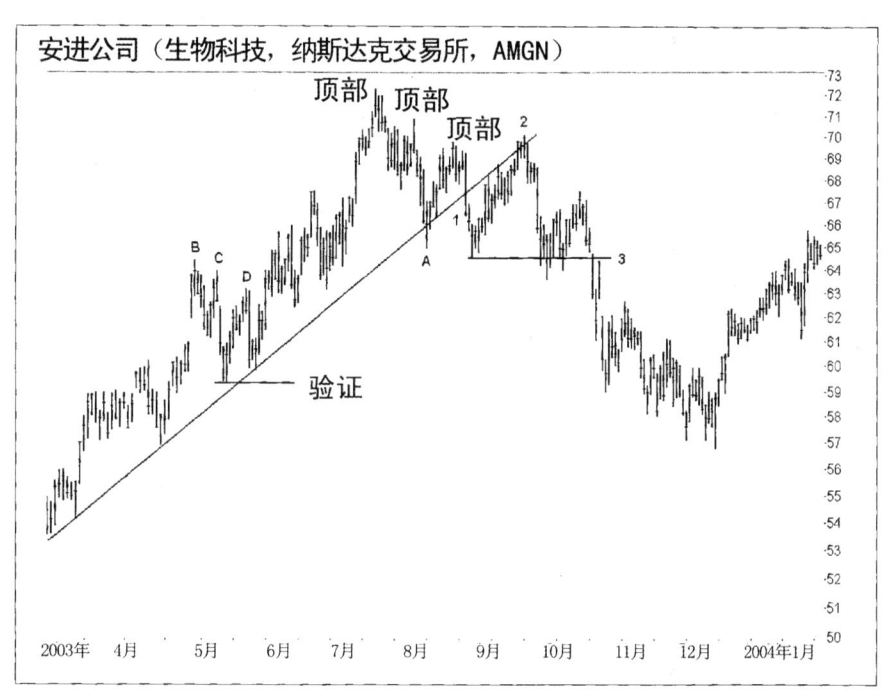

图 18-2　趋势线买卖

原则 4：根据信号卖出

如果机械性方法——如移动平均线交叉、相对强弱指标、超买信号或其他信号发出了卖出信号，那就卖出。可能会卖错，但不卖却可能带来灾难。

无法在机械性方法中动手操作的交易人就是对自己的系统心怀疑虑，对系统的深入调查可能会带来信任、理解以及更适时的交易，或者还意味着破解和重建系统。机械性系统经常需要调节以保持利润源源不断。

原则 5：图表形态反向爆发就卖出

例如，如果交易人持有股票时价格上涨，股票形成对称三角形，就要在下跌后卖出，随趋势交易。因为主要价格趋势是上涨，但出现下跌，这就是反转，交易人就应该看空，而不是看多。

原则 6：背离卖出

看看我在图 18-3 中举的例子，我持有股票，在顺势指标与股票价格发生背离时，我在后侧最后一个条状图处卖出。

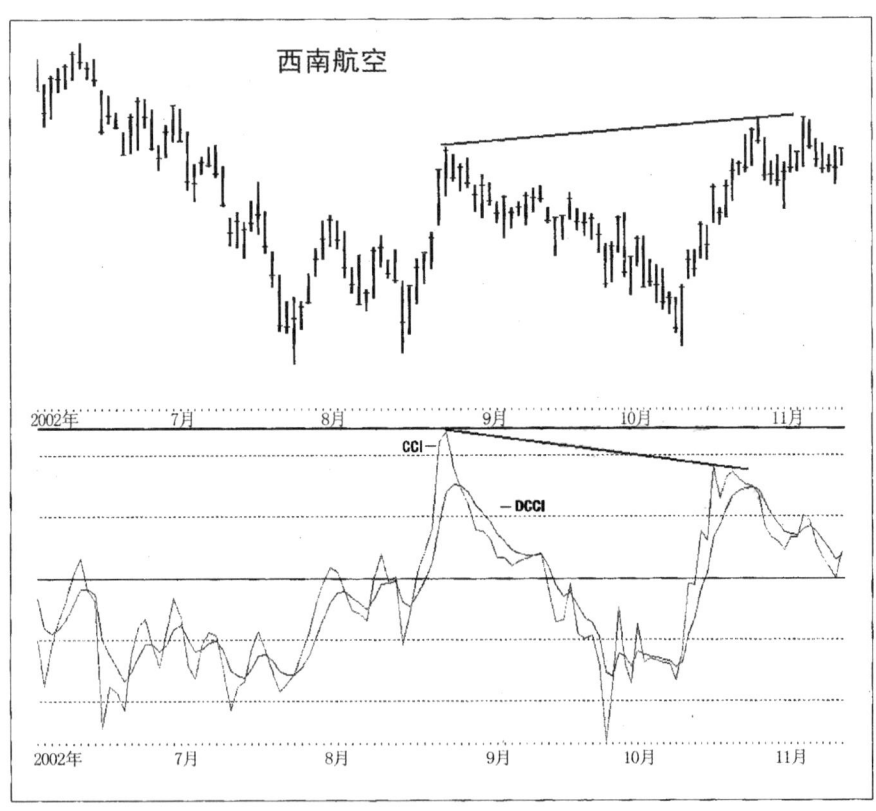

图 18-3　指标背离

背离就是指价格趋势与指标趋势发生背离,也就是说顺势指标最高价降低,但价格的最高价却上涨,看跌背离意味着价格还会降低。在我的交易中,股价继续上扬了两周,达到 16.70 的新高,之后就跌至 11.72 的最低价,我在 15 美元卖出,挽回了不少。

我还发现——但还未验证,相隔一个月的最高价提供了最可靠的背离信号。图 3 显示最高价之间相隔两个月。

原则 7:达到利润目标就卖出

我一般会用规则上涨图表形态确定价格会上涨多高。什么是规则上涨?回头再看图 18-1,从 A 到 C 的距离一般会等同于从 B 到 D 的上涨幅度,因此如果知道 A、B 和 C 的值,交易人就会计算出目标 D 的值。价格达到 D 时,经常(也不是总是)跌回 B 和 C 之间的支撑区。在计算出的最高价 D 点稍下卖出订单,抓取上涨趋势。这种方法在更大范围亦有效:从 A 到 H 的运行高于从 I 到 H 的运行,但要确定各阶段(从 A 到 H 和从 H 到 I)成比例,例如,别想着从 A 到 F 再到 G 的增长会有用,因为 F 到 G 的回调与从 A 到 F 的运行不成比例。

有时交易人想设定固定的量,如每笔交易 1000 美元,或在收益达到投资金额的 10% 时卖出,我发现这种利润目标在短期事件形态(如收益出现意外)中很有效,但要认识到设定利润目标会限制潜在的上涨利润。图 18-1 中在点 D 处卖出比例运行目标后,看看在增长到 17 时账目的资金是多少。

原则 8:价格跌破支撑时卖出

图 18-4 是这种情况下的一个例子。支撑区在两个水平线之间,收盘价低于底部界限就是卖出信号,在趋势线(大约 11.63 美元)卖出的交易人避免了跌到 7.5 美元造成的损失,这就低于盈利 36%。

图 18-4　价格跌破支撑

原则 9：图表形态的卖出信号

图 18-5 就是交易人所称的尾部形态，即日价格的长钉形态，收盘价接近日内最低价，有人称之为一日反转，如果交易量巨大时称之为卖盘高峰。

我最近卖出的一个工具就形成了尾部形态，价格在一天之内上涨两三个点就会导致尾部形态出现。我当时有 1000 股，因为急跌通常之后就是急涨，我决定第二天卖出，到手 7000 美元以及 1300 美元的分红，因为那时价格已经趋于下跌。

尾部形态代表了短期的拐点，因此别被图 18-5 显示的严重下跌欺骗。

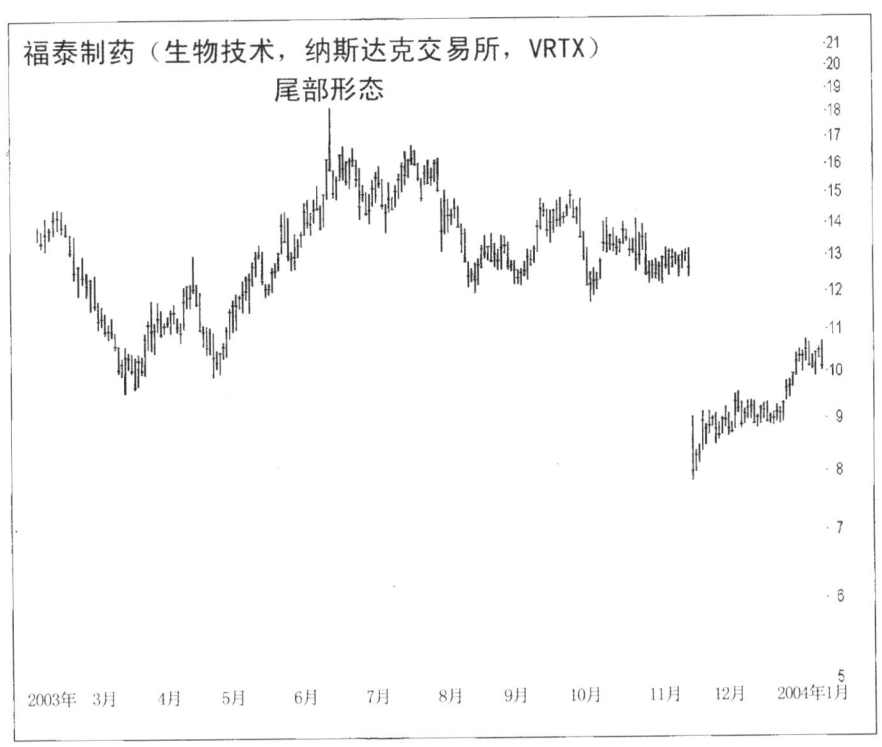

图 18-5 尾部形态

原则 10：看看同行业其他股票

没看看同行业其他股票前我是不会卖出的。如果其他股票有问题（价格趋于下跌或正显示到顶形态），这就是个卖出信号。例如，石油和天然气的价格会影响空运和航空股票、油和化工行业等等。看看其他股票，相互对比，比较石油和天然气的价格就会明白情况。

原则 11：别忘了基本面

如果可信的投资简报或经纪公司下调股票等级，一定是有原因的，有时盈利问题很难解决，一个季度情况不好会变成未来的两三个疲软季度。在超跌式反弹后我有六个月到一年时间不碰股票是有原因的，股票在一个时段内下跌30%到70%就会出现超跌式反弹，上涨一段时间后就会继续跌势。很多情况下，股票出现的看涨图表形态会在公司报告称继续有麻烦，变成哑弹。

原则12：注意技术型指标

价格上涨时交易量反而萎缩吗？股票是不是试图创新高但失败了？大盘转而下跌吗？是不是市场上涨而股票没什么变化？这些问题的答案可能会意味着要出手了。深入调查，必要时就卖掉。

已经回顾了十几个卖出信号，那怎么出手呢？假设妈妈给交易人乔打电话，说是她担心自己的退休金。有一部分投入在了XYZ股票，这只股票乔刚好不敢卖。那乔会提出什么建议呢？他有可能告诉她卖掉，那他自己也该听从自己的建议。交易股票也是做生意，做生意是卖出去才能有利润。

托马斯·波考斯基，私人投资家，著作包括《投资图形技术入门》、《价格形态全书》和《经典交易图形》等。他曾在雷神公司担任硬件设计工程师、在坦迪公司担任高级软件工程师，积累了充足的投资资本后在36岁退休。他的网站是 www.thepatternsite.com，邮箱是 tbut@hotmail.com。本文首刊于2004年5月的 *SFO*。

第四篇　交易系统

好系统能为成功交易提供坚实的基础，但设计拙劣的系统会把你带上灭亡之路。在用系统交易之前，首先要好好评估一下。如果还想做交易，就可能要用不少时间衡量不同系统的优劣。机械系统交易不是全都自动进行，我们会提供评判系统的程序开发工具。

我们总是难以抑制地抓住最近赚大钱的独特交易程序，但只用一个系统交易很难带来持续利润，慢慢多样化才是更聪明、更有利可图的道路。这一部分介绍了投资组合中综合使用多种系统最大化收益的兴盛和没落。

我们还会提供一些基本工具，让你开发自己的交易系统，设计恰当的个人系统会反映交易人的需要和期望。技术指标、图表形态和季节性形态是开发自己系统的宝贵工具。我们还会看看一个简单的价格系统示例，该系统在底部用了5分钟中轴水平线，本书的作者之一约翰·卡特每天就是用这个系统交易，他还介绍了5分钟多中轴方法背后的原则和计算，让你有机会自己一试身手。

第19章　充分利用机械交易系统

尼格尔·巴哈杜尔

2103年5月6日，瑞贝卡·亚当斯早上6：30醒来就为这一天做准备，她洗澡穿衣，拿上海滩装备然后下楼吃早饭。她7：45走进办公室，昨晚交易的结果显示在行业标准的OLED监视器上，有一面墙那么大。她从上海1000电子迷你期货合约获得的利润被孟买50期权的损失抵消了，但总体来说，一觉醒来纸上的利润不错。计算机告诉她发生过通讯差错，但后备线路介入，她的仓位一直很安全。如果有什么问题没解决，电脑就会用电话叫醒她或发出尖锐的警报，声音大到能把死人叫活。她满意地笑了，转身到海滩享受去了，她要在海滩排球中将朋友打得满地找牙。电脑在她外出的时候也会继续交易……

不少系统交易新手被这种美好景象吸引，由于之前的技术竞赛，这种美景的某些部分逐步迅速被实现。但是能实现交易人憧憬的可进行自我更正、自我调节、自动交易的生钱机器还是艾萨克·阿西莫夫①故事里遥不可及的未来。目前系统交易人还要开发（或购买）一个或更多

---

① 当代美国最著名的科普作家、科幻小说家、文学评论家，美国科幻小说黄金时代的代表人物之一。阿西莫夫一生著述近500本，是公认的科幻大师，与儒勒·凡尔纳、H.G.威尔斯并称为科幻历史上的三巨头，同时还与罗伯特·海因莱因、亚瑟·克拉克并列为科幻小说的三巨头。其作品以《基地系列》、《银河帝国三部曲》和《机器人系列》三大系列被誉为"科幻圣经"。曾获代表科幻界最高荣誉的雨果奖和星云终身成就大师奖。小行星5020、《阿西莫夫科幻小说》杂志和两项阿西莫夫奖都是以他的名字命名。译者注，资料来自互联网。

交易系统，形成按照交易信号执行的步骤和习惯。因此，鉴于系统交易人承担的耗时任务，本文会重点讲述开发和评估交易系统——这两方面要么是由终端用户编写，要么就是可以考虑购买或租赁。

审视现实

每天都有成千上万绝顶聪明的人（相当于博士级别的）想要找到从市场无效中榨取利润的新办法，但他们还是没有开发出一个能够长期持续赚钱的系统。经验丰富的系统交易人对此心知肚明，因此他们会在多个时间段内用一揽子系统交易一揽子商品，从长远看这是利用机械性系统持续赚钱的唯一方法——至少在我们编出程序让机器替我们干大部分工作之前只能这样。

要想长期用一个机械性系统赚钱，不说不可能，也是非常困难的。一个健全的系统一般只有一点优势，并且会随时间的推移而消失，在调整风险基础上只能赢取小额利润，所以必须将系统与投资组合相结合，才能最大化收益并降低风险。

好好仔细研究系统

任何交易系统都能生成几百种统计测量数据，无论评估用的是交易系统的哪些数据特征，所有因素都要根据历史数据进行，我们没那个本事去窥见未来，所能做的就是检测系统，与历史常态比较性能优劣。系统开始脱轨的时候——将来一定会，交易人就要考察脱轨的原因，决定系统赖以建立的基本假设是否合理。

我逐渐形成了自己衡量系统的最常用参数，在几百（或许几千）个衡量参数中，我集中在这里列出的 16 个衡量标准上，尽管这些标准不是对人人都合适，但对我有效，对交易新人或许是个不错的开始。

1. **基本假设**。在考察系统时要问的第一个问题是："系统的基本假设或出发点是什么？"然后还要问这些基本假设是否说得通。每个系统都有凭直觉就感觉正确的基本出发点。根据我的经验，大多数健全的系统一般都建立在非常简单的基本出发点上。

第19章 充分利用机械交易系统

2. **盈利性**。看到这里很多人都会说:"废话!我当然会注意盈利性。"但我的意思是看看系统在一份合约上是否能盈利。很多系统的资金管理会根据每笔交易改变合约数量,不变的话,一份合约上的盈利就不那么吸引人了,很多情况下还会带来亏损。改变合约数是为了控制风险、平衡系统,但不应该用于将亏损系统变成盈利系统。

3. **盈利因素**。这是检测盈利性的另一个方法,用盈利交易总数除以亏损交易总数,如果盈利因素大于1.0,就是盈利系统。短期交易系统因为交易次数多,盈利因素总是不足2.0。

4. **亏损率**。获取1%的利润需要最大多少亏损率。在五年时间里亏损10万美元是为了要获得同等数额的利润,这笔交易就不那么有吸引力。最大亏损率何时会发生?是在资产曲线的开头、结尾还是中间?如果是在结尾(如最近),这就是警告信号,表明系统开始失效——意外事件造成的除外,如9·11。

5. **盈利交易占比和每笔交易的平均利润**。获利交易占了百分之几?盈利交易占比高相应的就是每笔交易的利润低、每笔交易的平均损失大。如果不是这样,你考察的系统很有可能不会长期有效。基本前提与这些数字对应吗?例如,突破趋势跟踪系统的盈利交易百分比总是比较低,但平均盈利交易比平均亏损交易大。

6. **测试期**。测试期限该多长?应该测试哪些市场?对于日图交易系统,最好是有10年的数据。市场数据应该能显示多次上涨、多次下跌、多次盘整的价格运行,如此你才能看到市场如何处理每种运行情况。系统是否抓住了想要抓住的大部分运行?例如,如果系统是趋势跟踪系统,就应该抓住大部分趋势。

下面我们再看看如何开发和测试系统,理想的状况是开发者拿到了数据,并将其分成三组,中间的60%是开发组(在这一组进行首次测试),开始的20%和最后的20%是样本之外的组,样本之外的数据也测试系统,但不用于系统的首次测试。这一组的数据测试最好只做一次——系统要么有效要么无效。一些开发商只允许开发人员接触开发组数据,甚至不允许他们看到样本外数据,反而是把样本外数据交给其他

人进行测试，为防止曲线拟合还需要做很多努力。

7. **取样规模**。系统开发商需要防范的最大和最困难的因素是数据的意外曲线拟合。大型取样规模为模拟风险经历了很长时间，因此取样越多越好。我在短期波动和日交易系统中，需要50多笔交易，取样可以在一个市场或者在多个市场。

8. **连续亏损**。这里我只关注一件事：我是否能主动控制控制系统过去出现的连续亏损数量？如果系统有过10次连续亏损，我能处理吗？我能在亏损5次后停止交易吗？

9. **资产曲线**。你不想看到45°直线的资产曲线，如果出现了，就有可能是曲线拟合，而且不会坚持多长时间。当然应该出现稳定的向上趋势，但健全的系统会不时出现亏损。这里还要注意的一个问题是从最大亏损中恢复需要的时间。

10. **一年年的分析**。看看一些年度绩效衡量标准。例如，我想看看一年中连续的交易数量，以及每年的持续盈利交易率。这里重要的是注意在一些市场系统，现在带来的利润可能小于10年前的绝对利润，一个重要的原因是波动降低。看看系统的基本前提，确定波动性降低是否造成利润降低。如果是这样，那就没必要放弃系统，因为盈利性可以通过影响波动性的资金管理原则储备起来。

此外，按比例确定第二年的收益。如果系统在市场历练了很长时间，你就会希望收益高于无风险的国债收益。

11. **对异常事件的反应**。系统如何应对1987年市场崩盘、9·11或1997年亚洲货币危机这样的异常事件？如果系统有盈利，盈利与市场的整个盈利性相比如何？如果排除这些交易，系统的表现如何？如果在异常情况下没有盈利，系统控制风险的能力如何？

12. **摩擦成本**。交易就像物理一样，摩擦会降低速度，交易中的摩擦就是下跌、佣金和错过交易的成本，这些问题在考察交易成本时都要考虑，每笔交易都要考虑恰当的下跌成本，小至流动性高的市场中的一个基点到流动性差的市场中多个基点。不少系统就是仅仅因为下跌而从盈利良好到实现平衡甚至到直接亏损。此外，还要确定在分析系统时想着合理成本。最后还要考虑如果错过了10%到20%的交易，系统表现如何。如果手动操作形态或限价交易没有成交或只成交了部分，那错过20%的交易就不稀奇了。

13. **多个时段**。在交易时系统要用在哪个时段？使用长时间段决定主要趋势、使用短时间段决定入场点的系统，比仅用一个时间段的系统更稳健。

14. **多种数据类型**。系统用了哪些数据类型？用一些基本数据和技术数据的系统更全面。

15. **多个市场**。系统在多个市场的表现如何？例如根据标普数据开发的系统应该至少在 Russell 和道指等其他广泛市场产生利润。系统在非相关市场的表现如何？在非相关市场至少做到盈利的系统会更可靠。

16. **蒙特卡洛模拟**。蒙特卡洛模拟是相对简单的概念，是将系统产生的交易任意混合形成新的交易顺序，这是为了确保即使交易发生的顺序不同，系统还能进行交易。大多数的模拟都应该是盈利的，而且大多数的损失率和连续盈利或亏损应该在能承受的范围内。

综合

大多数系统交易初学者最后考虑的问题是多样化，评估系统已经够复杂的了，但这也只是最大范围内确保系统交易人不出差错。多样化能缓解交易系统的两个最主要的障碍：充分的风险控制和充分的资产回报。

通过多样化，系统间的亏损期分布一般能相互抵消，多样化可以是交易多种系统、交易系统的多种类型（短期、长期、趋势跟踪、反趋势等）、在多种时间段交易的系统和在多个不相关市场交易的系统。

系统交易人的投资组合最好包含所有三种多样化，但即使只有一种，也能为投资组合增加急需的多样化衡量标准。如何确定你的投资组合多样化选择消减了风险而不是增加了风险可以写上一本书，但这里要说明的是有多样化一般比没有要好。

充分利用机械性交易系统

对系统进行严格、系统的评估和相当的多样化组合,是机械性系统交易成功的两个基石,你对交易系统有了认识,面对销售或公开的其他几百种系统,你也将会花大量时间评估系统,为了高效利用时间,重点就是用固定的程序检验每个系统。

系统多种组合要想成功也需要长时间,市场会变化,某个系统会失效,这是系统交易的事实。与任何其他类型的交易人一样,系统交易人不得不适应不断变化的条件,多样化较好的系统组合确保了出现突然的变化时,你有机会适应,而不会一下子被踢出局。

包含了多样和系统评估的交易系统会增加机械系统交易人的成功机会,而且可能会让你几乎可以媲美未来强大的计算机。

尼格尔·巴哈杜尔,负责 LBRGroup 公司的程序调研和开发。在此之前他担任 EXETechnologies 公司的研发高级副总裁,作为公司的主要负责人之一,他用 10 年时间帮助公司从 5 个员工增长到 600 人,遍及 13 个国家,并在 2000 年实现上市。巴哈杜尔在开发先进程序和科技中发挥了重要作用,帮助解决财富 1000 公司复杂的全球企业问题。他是美国专业技术分析师协会成员。不做交易时,他会玩摇摆乐、摇摆舞和萨尔萨舞及武术。通过 nigel@lbrgroup.com 或其网站 www.lbrgroup.com 可以联系到他。本文首刊于 2006 年 9 月的 *SFO*。

第20章 系统多样化提高交易回报

约翰·希尔　乔治·普鲁特

现在不少零售的更流行和成功的交易系统都是长期趋势跟随者。这些趋势跟随系统因为非常多样的期货而呈现出多样性，一些期货所处的趋势可能会消除波动有限的期货造成的损失。但有时期货之间的多样性还不够，可能会造成较小的损失，再小也不是利润呀。

还有一种多样化方法可以提高交易人的盈利能力：交易多个反相关系统。也就是说，一个系统赚钱的时候，另一个要么赚得更多，要么至少损失额小于盈利额。这种方法的综合利润曲线最好比较平缓，较少出现揪心的下跌。(资产曲线是描绘账户价值起伏的图。)

我们要把满足相关要求的三个系统结合，然后确定这种多交易曲线方法是否有盈利，所以就分析了跟踪系统的数据值。确定反相关系统的最简单方法是研究每个系统交易的频率和时长，换句话说就是要找到结合起来的长期、中期和短期系统。除了相关程度，我们还要找到已经跟踪多年并显示积极结果的系统，有不少系统符合这个标准，我们从中选取了三个。

趋势跟踪系统

在考虑全能的趋势跟踪方法时，首先想到的就是基思·费成的 Aberration 系统。费成是知名的技术分析师，在交易系统发展方面做出了杰出的贡献。该系统于 1993 年 12 月面世，平均有效率为 60 天，最能形象描述这个系统的词就是简单。系统实际上只用了一个参数，但这个参数在每个市场都恰恰相同，玉米和日元基本上是两个不同的市场，但同一个数字产生了买卖盘和流动性。Aberration 系统的性能自 1993 年

就让鼓吹优化参数的人哑口无言（见表20-1和图20-1）。

表20-1 Aberration系统的性能

	盈亏总额	平均盈亏/年	最大亏损率	最后盈亏	12个月亏损率	交易笔数/年	盈利交易占比/%	TIM占比/%	盈亏交易比/%	盈利比/最大回撤比率
美国债券	30 160	1453	26 370	4890	3870	5	48.5	58	1.3	5.0
中期国库券	22 560	1087	26 830	1180	2960	5	46.8	59	1.3	3.8
欧洲货币—德国马克	100 125	4845	27 225	-3788	11 538	5	45.5	61	1.6	16.3
日元	115 213	5552	19 113	275	10 538	5	48.4	63	2.1	26.1
瑞士法郎	49 313	2377	16 688	-7288	9113	5	49.5	63	1.4	12.8
原油	48 200	2323	34 420	-20 380	28 450	7	52.8	71	1.4	6.1
民用燃料油	58 040	2797	27 737	-8513	22 151	7	46.4	68	1.4	9.4

续表

	盈亏总额	平均盈亏/年	最大亏损率	最后盈亏	12个月亏损率	交易笔数/年	盈利交易占比/%	TIM占比/%	盈亏交易比/%	盈利比/最大回撤比率
天然气	118 950	7246	46 910	8870	46 910	7	47.1	70	1.6	13.7
大豆	-3755	-181	45 930	-1640	5840	7	34.3	59	1.0	-.4
棉花	61 045	2942	15 990	-3080	3890	6	45.6	63	1.6	17.3
最近6个月	-15 778	69 942	当日	2006年8月14日	35	100	13 720		-33.9	
最近12个月	-55 970	98 260	当日	2006年8月14日	64	100	13 709		-46.1	
年平均	28 898	33 769	平均最高		20	56	100	15 134		49.6
全部总量	599 631	107 140	当日	2006年8月14日	1159	100	15 134	2.7	22.0	5.4

图 20-1　Aberration 系统的资产曲线

波段系统

约翰·希尔开发并在 1998 年 5 月发布的 Samurai 7 是为数不多的短期交易系统,而且自发布之日起就一直盈利。希尔开发这个系统是为了填补盈利短期系统的空白,该系统的平均交易期是 4.2 天。Samurai 是趋势突破方法,是要在长期趋势里找到短期波动。Samurai 7 与 Aberration 一样对所有市场使用统一参数设置。表 20-2 显示了 Samurai 7 系统的性能。

第20章 系统多样化提高交易回报

表20-2 Samurai 7系统的性能

	盈亏总额	平均盈亏/年	最大亏损率	最后盈亏	12个月亏损率	交易笔数/年	盈利交易占比/%	TIM占比/%	盈亏交易比/%	盈利比/最大回撤比率
美国债券	87 800	4231	18 300	10 760	2370	36	47.0	43	1.4	20.1
中期国库券	40 590	1956	14 800	3810	1420	35	43.2	44	1.2	1.0
欧洲货币—德国马克	69 675	3371	23 450	-3238	8425	31	45.9	41	1.2	11.6
日元	36 700	1769	31 763	-250	7125	31	40.8	45	1.1	5.2
瑞士法郎	21 775	1049	59 350	-12 500	15 650	33	41.0	43	1.1	1.7
原油	48 690	2347	13 690	660	6280	35	43.9	43	1.3	6.1
民用燃料油	84 004	4048	19 908	11 407	9173	34	44.9	42	1.4	18.5

续表

	盈亏总额	平均盈亏/年	最大亏损率	最后盈亏	12个月亏损率	交易笔数/年	盈利交易占比/%	TIM占比/%	盈亏交易比/%	盈利比/最大回撤比率
天然气	187 360	11 413	46 510	-1180	46 510	32	48.7	46	1.7	21.7
大豆	45 530	2194	9500	-6180	7080	37	40.8	45	1.3	20.2
棉花	81 140	3910	9975	-3755	5715	38	43.8	47	1.5	35.6
最近6个月	-8937	56 541	当日		2006年8月25日	178	100	12 016		-22.1
最近12个月	-16 156	59 038	当日		2006年8月25日	332	100	11 373		-19.3
年平均	33 841	21 388	平均最高		20	335	100	12 321		73.8
全部总量	702 196	62 179	当日		2006年8月25日	6957	100	12 321	5.4	39.0	10.9

第20章 系统多样化提高交易回报

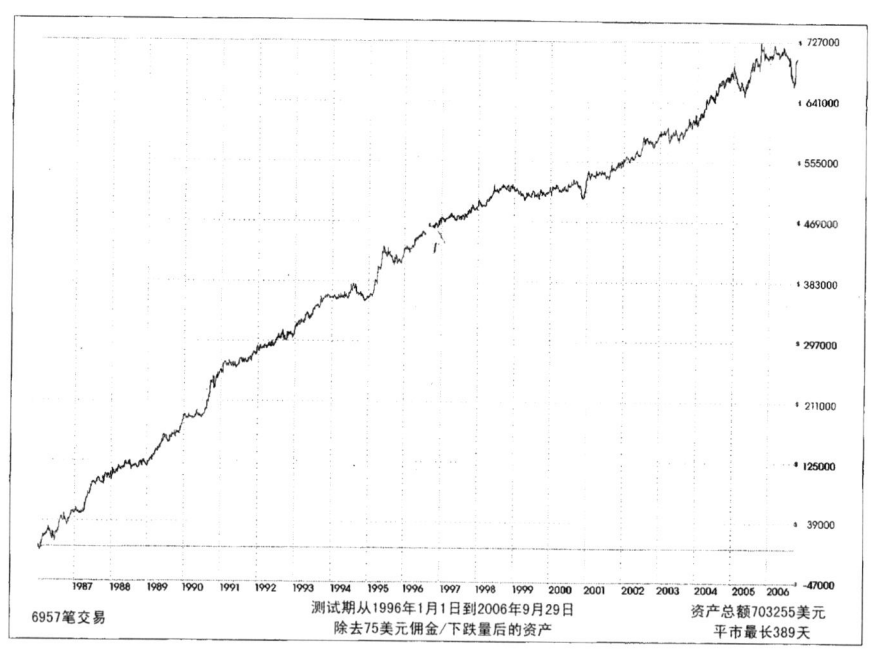

图 20-2 Samurai 7 系统的资产曲线

日交易系统

不看日交易系统就无法进一步找到反相关关系。与前面介绍的系统一样，R-Breaker 具有稳健的方法，获利期限已经延长。SoundView Capital 的理查德·赛登伯格在 1992 年开发了 R-Breaker，而 Futures Truth 自从 1993 年就开始跟踪该系统，该系统成为不少市面上流通的日交易系统的模板。R-Breaker 集合了两种不同方法：突破和反趋势。日内交易系统的大部分利益通常来自于交易当日一整天从开盘、作势和之后的运行都在同一方向；损失主要发生在市场的运行引诱交易人建仓后，接着就很快反转直至使交易人止损退出，R-Breaker 利用了这两种情况。根据实时模拟效果，系统看起来达到了目的。表 20-3 显示了 R-Breaker 标普日交易系统的性能。

表 20-3 R-Breaker 标普日交易系统的性能

	盈亏总额	平均盈亏/年	最大亏损率	最后盈亏	12个月亏损率	交易笔数/年	盈利交易占比/%	TIM占比/%	盈亏交易比/%	盈利比/最大回撤比率
	87 800	4231	18 300	10 760	2370	36	47.0	43	1.4	20.1
最近3个月	1450	9475	当日	2006年9月22日	83	51	2921		19.0	
最近12个月	-4075	15 625	当日	2006年2月7日	162	47	2726		-19.1	
年平均	14 293	11 721	平均最高	20	3147	45	2610		81.8	
全部总量	396 575	44 900	当日	2006年2月7日	3054	45	2610	3.2	28.2	6.4

第20章 系统多样化提高交易回报

多样化程序和假设的交易标准

对趋势跟踪和短期系统,我们选择了10种流动好且不同种类的期货,构成多样化组合,其中包括中长期国债、欧元、日元、瑞士法郎、原油、民用燃料油、大豆和玉米。别忘了我们是想通过系统和市场实现多样化。这些研究的基本条件是:

1. 测试期从1986年1月1日到2006年9月。
2. 每次完整交易的佣金和下跌量是75美元,每个信号交易一份合约。
3. 投资额为400 000美元(每个人看待资本的角度不同,因此选取量很难让人人满意。根据CTA业界的研究和一般信息,投资人都希望利润达到20%以上,亏损率不到10%。我们知道50%的回报的确难以企及,保证金只有资产的10%—50%,其余的资金可以用来生利息)。

性能效果

我们来看看系统的效果。我们已经看了单个资产曲线和报告,现在来看看把三个系统结合起来会怎么样。图20-4是综合资产曲线。

隐含信息

那么数据显示了什么情况呢?单独用Aberration系统的平均年回报率是7.2%,最大亏损率是26.8%。但Aberration和Samurai 7相结合的年资产回报率是15.7%,最大亏损率是40.1%。问题是一旦将三种系统——Aberration、Samurai7和R-Breaker结合,年资产收益率为19.3%,最大亏损率为40.1%,因此通过多样化,三种系统共同提供了较高的资产回报和最大亏损率比。

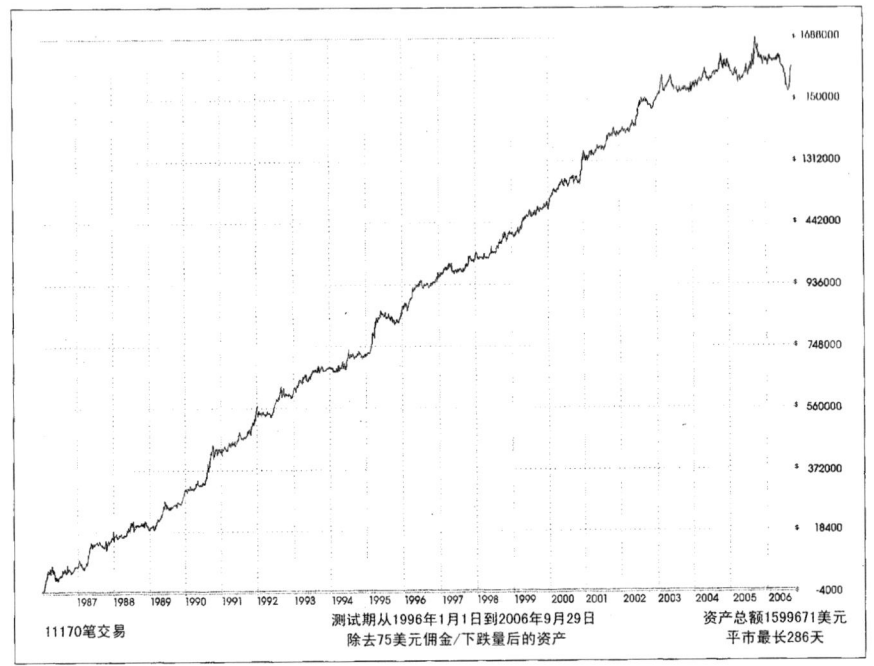

图20-3　R-Breaker标普日交易系统的资产曲线

结论

想借用系统实现多样化的交易人要注意，增加两个系统不会增加多少最大亏损率，却会将回报率从7.1%增加到19%以上，交易人还要记住，最大亏损率20多年才发生一次。根据我们的经验，测试期内平均20%的亏损是最大亏损的50%—60%。还应该时时警惕最坏的情况，但可能还是要以平均值来考虑。例如9·11事件使不少系统发生了重大损失，但这远非正常状态，也即是说，亏损率不是选择系统时应该考虑的唯一标准。

蒙特卡洛的后继者会强烈反对这些结论，他们也有道理这么做。[在应用数学里，"蒙特卡洛"（源于摩纳哥的赌场）是用来描述用任意数字进行实验解决问题的方法。] 现实中的亏损率当然可能会比假设研究中大得多，任何系统都可能是这样。如果用Aberration交易不足400 000美元的资本，很多交易人都会摈弃该系统，因为2006年的亏损

第20章 系统多样化提高交易回报

达到107 000美元。

即使这样,数据跌却表明用短期和长期系统混合交易的价值。基本上,增加两个系统在回报和亏损的关系上能够得到很大便利,但是也别忘了"过去的成绩不会预示未来的结果"。

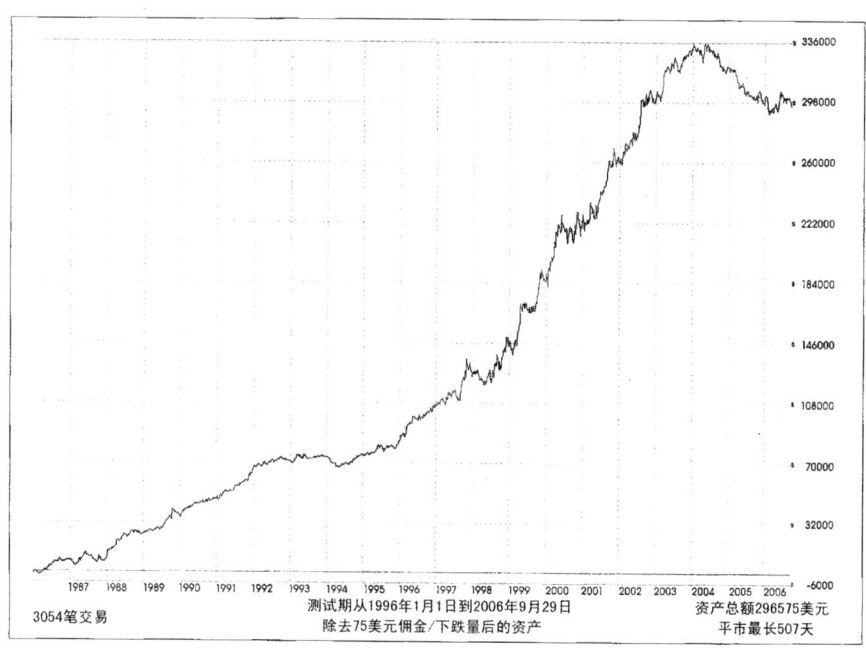

图20-4 综合资产曲线

> 约翰·希尔,Futures Truth 公司创始人和总裁,该公司自1985年以来就分析并评级市面上的期货交易系统。他自1985年进行期货交易,并且是CNBC的常客,也在美国和国外的众多投资大会上演讲。更多信息请参见 www.futurestruth.com。
>
> 乔治·普鲁特,Futures Truth 公司的研发主管,并与人合著了《如何用TS建立赢利系统》和《终极交易指南》。本文首刊于2004年8月 SFO。

作者提示:自从本文 2004 年首次刊登以来,大多数系统——无论长期短期,经历了不少非常恶劣的市场环境,能源板块的剧烈波动,无方向的金融市场、股指低于正常状态的波动。40%的最大亏损率很可能让基金经理丢了饭碗。但本文提出的理念仍然有效,增加多样化系统,我们的年回报/最大亏损率得到提高。

第21章 做盈利交易：开发自己的交易系统

史蒂文·兰迪斯　马克·潘金

无数的文章讨论过开发交易系统，而且出发点往往都是非常技术性的。我们想从不太技术性的形式来讨论这个问题，重点讨论系统开发的基础问题。完全可以说，为盈利而交易从而管理资金的交易人可以分为两类：一类是寻求高利润并接受随之的风险，一类是想要获得市场回报，并希望风险低，能进行买入持有。本文的两位作者只想给大家提供一个参考，所以选择了第二类来讨论。

交易人可选择黑匣子系统、注册服务或自创系统。黑匣子系统这种软件程序的内部机能或算法未知，而且变量无法修改。灰匣子系统在算法未知这一点上与黑匣子相似，但可以修改变量，因此系统的交易更好，或更适合使用者的爱好。注册服务通过电子邮箱、电话热线、传真或互联网向注册者提供买卖信号。但很多交易人认为黑/灰匣子系统或注册服务都不是可靠的备选项，为本文的目的，我们不讨论这两种系统。

开发自己的

在形成系统时，交易人会融入自己的逻辑、理性、风险容忍度和利益期望——任务比较艰巨，在这个过程中，系统会反映交易人自己的特征。如果过程正确，最后的系统会实现交易人几乎所有的需求和期望。这项广泛的工作使交易人能够感知系统在多种情况下如何反应，交易人可以学习预测系统的反应，并在信号出现前做好交易准备。交易来临之

前有感觉，能让交易人在心理上有所准备，降低意外因素显然对交易人有利，否则会在交易前措手不及。

开发自己的系统还有一个好处，能够分析表现不佳甚至系统失效的问题，了解系统背后的动力使交易人更准确地确定系统失败的隐含原因。这种见识帮助交易人决定应该暂时或永久继续使用还是放弃失效的系统。

例如，交易短期指标的系统或许在拥挤的市场会遭到失败。将短期指标与出现的拥挤状况结合，可以帮助交易人认出可能是暂时而不是永久的问题。仅仅因为系统暂时在市场上出现问题，而对一个好系统判死刑可不是明智的决定。

为自己的行为负责对成为成功交易人很重要。如果交易人因系统无效总是抱怨市场、美联储或其他一些顺手的罪魁祸首，那他就可能永远也交易不出自己的潜力。找到系统失败的原因并采取措施改正错误是成功交易人的另一个特征。那么怎么开发自己专属的交易系统呢？

首先，交易人应该相信系统能够发出盈利交易的信号，在亏损交易发生时也不气馁。在开发系统时，交易人必须问自己如下问题：

1. 需要在真实环境下对系统检测多长时间？系统是否需要当日、闭市、开盘、每周还是每月监测？

2. 交易发出信号的频率如何？如果系统满足交易人的所有要求但要每日交易，他有时间监测、执行交易吗？延长频繁交易就是交易成本，这种成本会高到消耗所有的利润吗？税收（长期和短期收入）是个重要问题吗？

3. 盈利交易和亏损交易比是多少？在理想情况下，系统的盈亏交易比会很高，但实际上两者之间有折抵，那你想要哪一个：盈利交易占比高的系统（可能每笔交易盈利低）还是盈利交易占比低（可能每笔交易盈利高）？

4. 系统的盈利能力如何（平均盈利/平均亏损）？许多交易人希望比率至少是 1.5∶1（每损失 1 美元，盈利 1.5 美元）。

5. 各笔亏损交易最长会进行多长时间？在经历可能 6 到 8 次连续

亏损交易后，你还会抓着交易不放吗？

6. 系统的亏损率（资产最高到最低）是多少？系统回归盈利之前，你能接受的损失有多大：5%、10%、15%还是更多？你希望系统恢复赢利后在多长时间内能够弥补亏损？

创造合适的系统

保守交易人倾向的系统是交易频率不高、盈利交易占比高、亏损交易发生时间短、最高亏损率低（5%—10%），更激进的交易人只要利润目标能实现就不太关心这些因素。合适的交易能够满足交易人对情绪、风险和利润的要求，如果交易人对自己的系统不自信，就根本不会交易成功。这种个人的见解只能通过几年的实际动手、实时、真金白银的投资和交易才能获得。

在开始开发交易系统前，必须确定交易工具。系统是用来交易单一证券（股票或债券）、公共基金，还是期货和期权等其他衍生品的？根据获得证券或其他工具的容易程度、交易成本、交易限制（如短期赎回费）和容纳力等来确定选择用哪些工具，可以说比有一个优秀的共同基金系统但基金都不会接受你的钱这种情况还糟糕。我们交易的共同基金最好是：

1. 无交易费平台上有；
2. 接受我们的交易规模和频率；
3. 不收取短期赎回费；
4. 用我们的系统能盈利。

一旦交易人决定了交易工具，就必须形成一个假设。系统是基于典型的市场时机、板块循环、波段交易、策略分配或动态分配或一些其他方法吗？根据交易风格，能否获得共同基金很关键。例如，如果交易人想交易指数基金，交易不收取费用，也不限制交易次数，他就不能交易传统的指数基金。但他能用系统交易基金类如Direxion（原Fotomac）基金、ProFunds或Rydex基金，这些公司替用户着想，因此容纳力不是问题。

开发交易系统需要大量时间，经历无数次失败的尝试，对新手尤其如此，甚至经历丰富的交易人也会失败。有人会花多年时间测试、开发进行账面交易的候选系统，看起来是浪费时间和精力，但是如果能发现系统如何工作以及不同种类的证券如何互动和关联，花费的时间就是值得的。交易人要找到用起来顺手并不负厚望的系统。别玩了，投资时间就是投资未来的交易成功。

开发成功系统的核心是形成交易的理性基础，这样要测试一个或多个假设。例如，我们会根据对多个证券与资产类别之间关系的观察来设计系统，是不是小盘股在大盘股已经开始站稳脚跟后才开始上涨，并且跟随大盘股下跌？如果这个假设成立，会设计出一个系统来观测大盘股的走势变化，可能是通过分析标普500的走势。

下一步是要用Russell200指数观察小盘股。这种关系是不是紧密，方向改变的预测能否有一定程度的正确性？还是这种假设根本不成立，应该找不同的新办法？

假设有人根据上述假设开发了一个系统，经过一段时间的努力，交易人知道了系统的工作原理，也知道了（未来的某个时候）无效的原因。如果大盘股和小盘股历来的关系（这一系统的基础）改变了，交易人就知道到不能用这一系统了，除非关系恢复。

另一个形成理性有效假设的好处是避免数据挖掘。今天强大的软件和庞大的数据让我们很容易找出存在或不存在的关系，有了充足的数据和调查，几乎可以肯定交易人能找出点东西出来。这就像是一句老话说的：如果一百万只猴子坐在一百万台打字机面前，一百万年后，其中总有一只猴子会写出获奖小说。虽然交易人不太当真，但著名的超级腕[①]指标就是一个假关系的例子。（美国橄榄球联盟即现在的美国橄榄球协会的球队获胜会预示市场下跌，而全国橄榄球联盟，即现在的全国橄榄

---

① 美国国家美式足球联盟（也称为国家橄榄球联盟）的年度冠军赛，胜者被称为"世界冠军"。译者注。

球协会的球队获胜会预示牛市来临。）这一话题无法判断谁对谁错，下面介绍一些概念及其特征及这些特征会如何影响系统。

趋势跟踪

不少交易人因为趋势跟踪的高利润和低交易次数而对其青眼有加，因此很多或许是绝大多数技术指标都是为找出市场趋势就不足为奇了。作为最简单和流行的趋势指标之一的移动平均线，其理念很直接：如证券运行穿过收盘价的移动平均线时就会产生买卖盘。

根据短期移动平均线和长期移动平均线之间的关系确定信号也很常见。例如，如果标普500指数的21日简单移动平均线在50日简单移动平均线之上运行就买入。

根据移动平均线而形成的指标含有一些参数，一般是几天、几周或几个月，会决定信号产生的频率，用短期移动平均线的系统会产生更频繁的信号，尽量早点发现趋势。系统参数带来的特征是交易人能够评价确定合适性，带有短期参数的优秀趋势跟踪系统可能会产生不少短期交易，损失额低，有时称之为锯齿形波动，并能产生巨额收益的少数几笔长期交易。

反之，包含长期和效果慢的参数的系统更有可能产生高比例的盈利交易，但是利润可能没有效果慢的系统的最好交易高，这是因为其通常需要更长时间才能找到可交易的趋势，因此可能会错过一些潜在利润，而且见效慢的系统可能会有更高的亏损率，因为会比见效快的系统晚脱手，而且价格较低。

快慢趋势跟踪系统之间的另一个重要区别是风险管理，这一个问题对所有交易方法都很重要。快系统可能有内嵌式的风险管理，其会尽早退出交易，损失较小。反之，慢系统会经历更大的市场波动，如果趋势突然完结，难以快速退出，因此，这种系统一定包含单独的风险控制因素，如止损。

反趋势和趋势反转

所有趋势最终都会结束，此时交易人就该采取行动了，但一定程度上，趋势跟踪方法会发现趋势结束，最后或是反转或是堵塞（盘整运行）。长期参数系统可能发出真实的反转信号，但交易人可能要利用更敏感的指数加以验证。

反趋势交易人不太关心主要趋势是否就位，他们知道总会有与主趋势反向的短期趋势，而且这些趋势往往都是较短期交易获得大笔利润的机会。用这种方法时，一般要设定利润目标，在达到目标或短期趋势再重回主要趋势方向时退出。反趋势交易的一个好处是可以根据主要趋势的回归设定非常近的止损（退出点），因此本身就带有风险管理，但交易人要能忍受比较多的小额亏损交易。

交易幅度

市场不显示趋势的时间很长，在这种无趋势时期，市场进行盘整，通常意味着运行位于一定交易幅度内，交易幅度在较近期内限制在一定价格水平之上和之下。单个系统都在很长时间内处于交易幅度内，原因之一是幅度下线可能是基本面分析所指的好价格，而上线则是分析指标所说的高估。除非股票的基本面发生重大变化（例如，收益远高于或远低于大众预期），否则股票则会在明确的范围内交易。

还有很多方法来利用界限分明的交易幅度，最明显的是在底部买入在顶部卖出，而且如果交易范围能够持续，期权还有很多获利方法，就像反趋势交易，通常在底部之下可以设定非常接近的止损，在交易范围的顶部之上设定卖出止损，这就是风险控制，但可能会有很多小额的亏损交易。一些期权交易方法会解决这个问题，但是降低了交易的利润潜力。

超买超卖分析

摆动指数是技术指标，意在确定价格何时运行过度以及证券价格过低或过高，此类两种最流行的指标是随机指标和相对强弱指标。寻找反趋势的交易人可能认为这两种指标非常有用，但也要知道，在趋势强劲时，超买或超卖状态持续较长时间也很常见，这一点很重要。摆动指数更复杂的用法是要确定摆动指数何时反转了趋势。

季节性形态

虽然这些形态由于每年播种、生长和收获周期，一般是与农产品期货关联性更强，但其他商品，如有着反复季节性形态的民用燃料油和石油也有关系。股票也显示了季节性或周期形态，实际上，众所周知的方法是在11月到4月间持有股票，在一年中的其他时间退出交易，在5月卖出然后就离场。

虽然该系统10年来都可能有效，但也不是每年都能发挥效用，例如标普500指数在2000年11月到2001年4月下跌12.6%，而在2003年5月到10月上涨14.6%，因此运用季节性形态特别是仅此一种系统的交易人要能在长期内严格执行系统并建立止损定订单。

解读图表

不少成功交易人依赖自己对图表形态的解读，这些图表显示了证券或指数的价格（最高价、最低价、开盘价和收盘价）和交易量，看图人可以根据这些数据加入更多指标，其中包括由江恩（扇形和线性）和斐波那契（弧形、回调和时区）开发的指标以及线形回归和标准偏离线。

有效的看图技巧要通过多年的应用，并不是所有交易人都能成功掌握，而且，高超的看图人已经开发出了适合自己的交易方法，而且非常成功。看图与其他技术指标一样，最好是与其他方法结合使用，才能成为有用的工具。

基本面分析

虽然我们重点是在技术分析，但基本面也不应该被忽视。一些交易

人——特别是进行短期交易的人，可能从来没有考虑过基本面，如供需、收益、销售和利率，其他人会将一些基本面指标融入以技术为主的交易系统中。基本的做法是用技术指标发现信号，然后再看看基本面来验证，如果基本面不支持交易，交易人可能就会决定放弃这次机会，等到更满意的机会出现。这样做的交易人应该记录没有做的交易，这样才能衡量基本面的价值。

衡量基本面分析的有效性非常重要，因为这比技术分析更客观。技术指标发出的信号本身更主观，此外，根据技术而形成的系统可以用历史数据回测和开发，而回测基本面系统不说不可能也是非常困难的。

大多数技术系统都是通过对历史数据的构建和测试而开发的，其目的是形成纯粹的机械性系统，能够在计算机上运行，用于技术开发和测试的商业软件程序有几个很流行，也有一些交易人更喜欢用自己写的电子制表软件或程序运行。无论如何，目的就是要用精心制定的原则形成客观的评估。我们怀疑，实际上所有的技术派交易人，除了急切的看图人，现在都用计算机和历史数据开发、测试和重塑自己的交易系统。

要想好好介绍开发和测试的过程就要另撰文叙述了。一旦确定了系统的基本点，要考虑的重要问题包括：

1. （用样本）开发和（用非样本）测试系统需要多长时间的数据；
2. 应该变换哪些参数？变换幅度多大？间隔多长时间？
3. 系统收入（整体盈利性、盈利交易占比、持久性）；
4. 风险评估和控制标准——资金管理；
5. 风险回报；
6. 优化：做还是不做，做的话，如何做，评估标准是什么。

保持简单，但……

我们一直没忘爱因斯坦的建议，"尽量简单，但别过于简单"，也即是说，你会想尽可能包含更多的指标和技能，抓住系统根本的效果，但别想要追求完美而调整系统。追求简单降低了曲线拟合的可能性，但提高了系统未来继续有效的可能性，而更重要的是，保持简单能让你懂

第 21 章　做盈利交易：开发自己的交易系统

得需要了解的信息，即如果你碰到那些难以避免的糟糕表现性能时，确定系统是否真的失效了。

最后，大多数交易人开发自己的系统后可能收效更好，但其间的过程不会快，几乎可以肯定会走到死胡同，筋疲力尽，但用适合自己的有效系统交易会保证获得巨大的收益。

史蒂文·兰迪斯，兰迪斯金融和投资服务公司创始人，曾担任全国活跃投资经理联盟的总裁和主席，该组织由专业的活跃投资经理组成。兰迪斯是注册投资顾问和注册金融理财师ⓒ，曾位列顶级特选顾问，这批顾问是由 SelectAdvisors.com 资金管理平台监控从 250 多名交易人中选拔出来的。通过 steven@stevendlandis.com 和 sdlandis@yahoo.com 可联系他。

马克·潘金，数学博士，创建并拥有 MDP Associates 有限公司，并担任全国活跃投资经理联盟的董事会秘书和董事。他教授大学数学并担任操作研究分析员，并于 1994 年成为注册投资顾问。2000 年，他的 Rydex 板块基金交易程序列为当年特选顾问前 5 名。通过 mdp2@pankin.com 可联系到他。本文首刊于 2004 年 8 月的 *SFO*。

第22章 用系统实现白日梦

约翰·卡特

以交易谋生的投资人会分为三种：有交易系统的、自己开发系统的、不相信系统但要向配偶交代怎么赔掉了投资资本。

这里的意思当然是想强调交易有计划的重要性，该计划很大一部分是要有具体的系统或结构，而且更重要的是要有用在每个系统或体制的交易方法。不进行这种组合，交易人就像是受伤的羚羊身陷狮群，这就不是羚羊是否被吃的问题，而是何时被吃的问题。

我每日的交易程序会用到8个系统，其中最简单且最有效的的系统我称之为"5分钟多主轴法"，是我在电子交易迷你道指合约时用的，电子迷你标普、电子迷你纳斯达克和电子迷你 Russell 期货用的结构相似，为简单起见，我们只在本文中讨论迷你道指结构。

这种系统的主要优势是以价格为基础而不是以指标为基础，大多数指标发出买卖信号时，运行早已在进行中了。采取这种以价格为基础的方法，我多次在指标派交易人之前入场，而且一般会在随机指标或其他摆动指数系统发出买卖信号前已经处理好仓位。我的确会在每个5分钟图上跟踪2个、4个和13个时段的指数移动平均线以及7个时段的相对强弱指标，但不用这些作为信号，而是看看这些滞后指标何时发出买卖信号，也就是大众何时跟随。详细介绍如何使用这一系统前，先来看看其主要构成。

主轴

主轴并没什么神秘之处，就是支撑和阻力线，最初是由交易大厅交易人用简单的数学公式计算的，存在已久，现在举手可得，广为人知，

第 22 章　用系统实现白日梦

交易大厅已经不用了。

虽然不少交易人知道主轴而且也想加以利用，但很多人无疑用得不对，让人更糊涂的是，计算主轴时有不同的公式和时间段。我们先来看一个标准主轴公式：

阻力线 3（R3）：阻力线 1+（最高价−最低价）

阻力线 2（R2）：主轴+（最高价−最低价）

阻力线 1（R1）：2×主轴−最低价

主轴：（最高价+最低价+收盘价）/3

支撑线 1（S1）：2×主轴−最高价

支撑线 2（S2）：主轴−（最高价−最低价）

支撑线 3（S3）：S1−（最高价−最低价）

交易人有了这个公式，就能找到前一时段的最高价、最低价、收盘价，我做交易要考虑 24 小时的数据，因此我就用 24 小时时段，从下午 4∶15（东部时间）到第二天下午 4∶15（东部时间）。找出最高价、最低价和收盘价后带入上述公式，然后填入 Excel 电子制表软件。这一信息产生第二个交易日的 7 个重要价位：中心轴、上部三个轴（R1、R2 和 R3）和下部三个轴（S1、S2 和 S3），当然，中心轴是 7 个价位中权重最大的。

除了这些日价位，我还用周价位（用前一周的最高价、最低价和收盘价计算）和月价位（用前一月的最高价、最低价和收盘价计算）。在运行有波动时，如果迷你道指的交易幅度超过 150 点，或电子迷你标普交易幅度达到 15 点，我还会用到中点，顾名思义就是每日中轴线之间的中点，一旦中轴价位出现并运行，其图形如图 22-1。

要知道，股市很少能达到其阻力线 3 或支撑线 3，这是波动幅度的极限。明白这一点很重要，因为如果市场上涨到阻力线 2 或卖盘下压到支撑线 2，通常就会形成当日的最高价和最低价，了解了这一点有助于缓和交易人的情绪，并且要监督他跟踪系统。说到这里，我们来看看我的中轴线交易规则。

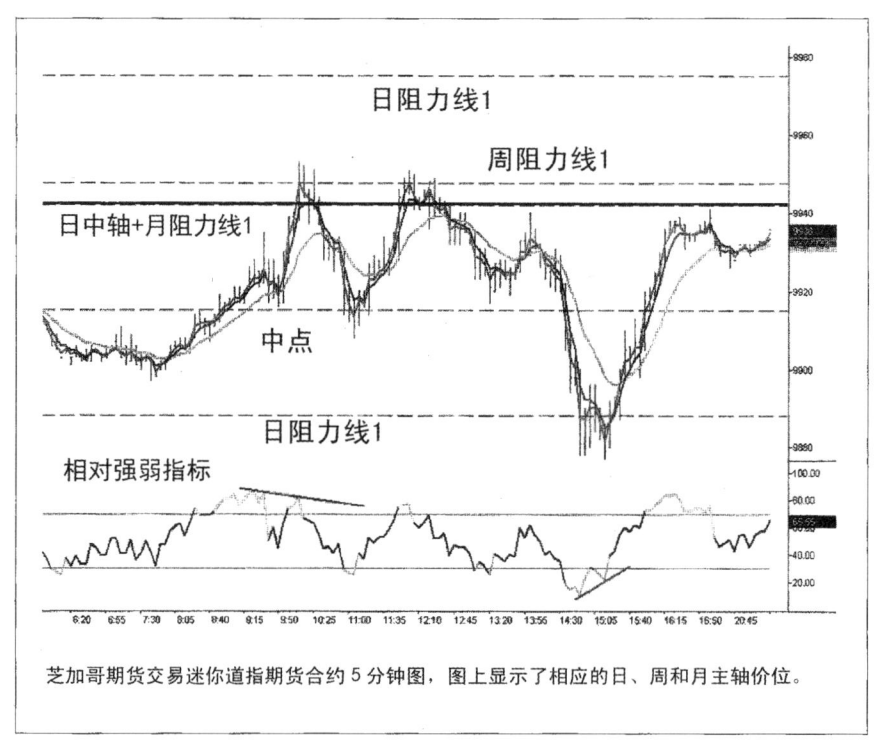

图 22-1 迷你道指合约中轴线图

我会留心不依循中轴线运行的交易，而且我最理想的交易会随着这些价位逐渐势落。如果市场上涨至中轴线，我要么是已经看多正寻机退出，要么是平市，要开始新的看空仓位。例如，市场上涨到一个日价位，我就会看空（卖出），如果市场下跌到一个日价位，我就会买进。

我不会等到移动平均线或相对强弱指标验证该运行，而是根据价格运行确定订单。理想情况下，我会至少在下单前20或30分钟——如果不能更快的话，获得移动平均线的验证。的确，交易人不用移动平均线验证都能用这个系统交易，我自己就喜欢在自己建仓后看着这些验证信息如我预料般出现，而这时大多数交易人才开始建仓——早已为时晚矣！

图22-2中价格在1月16日也就是周五的运行出现了三次建仓

机会。

1）市场上涨到中点接近 10 565 时，我看空建仓，目标是日中轴会接近 10 529，再加上 3 个点（下一个交易原则中介绍）。

2）在一次接近中轴线的运行中，我平了空仓，然后看多，目标确定在中点。

3）达到中点后，我清仓然后反转看空，目标又设定在日中轴线上。

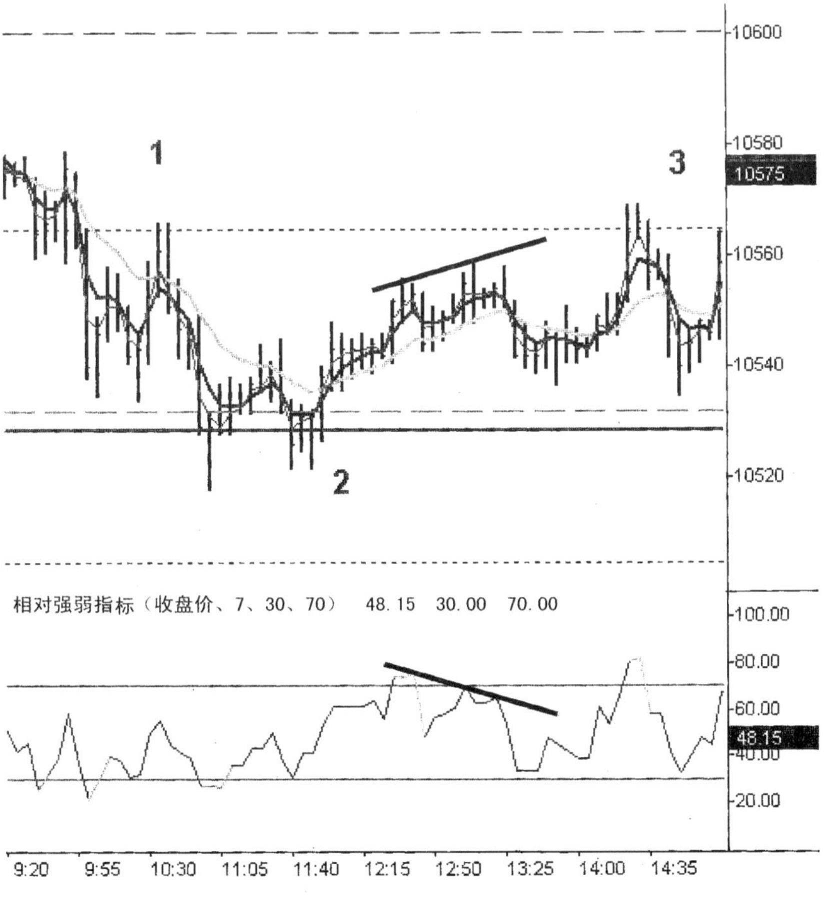

芝加哥期货交易所迷你道指合约5分钟图，标记了系统的进出场价位。

图 22-2 迷你道指图，标记了 1、2、3

现在了解了基本理念，我们回到起点和止损点。我通过限价订单或按照在多个中轴线上下三个点的止损点买卖来进出交易。订单是低3个点还是高3个点取决于市场在中轴线的哪一侧交易，重点是要领先。例如，如果其中一个价位是10 500，市场正要上涨到该价位，我已经看多建仓，这时，我会在该价位之下3个点（即10 497）设定卖出订单；如果情况相反，市场要下跌到中轴线10 400，我就看空，目标是中轴线之上3个点（即10 403）。我用这种增或减3个点的方法确定入场点、止损和目标。再说一次，核心是要领先中轴线，要成为进出场的第一个。我在用日价格线之间的中点时，只用实际的买卖价位的那一个中点，而不是多个中点（不是加减3个点）。

我的第一个止损几乎总是20个点，从来不会少。如果我确立了交易，并且是接近前一夜最高价或最低价——假设是25个点的差距，我会用这个价位作为止损点。但在95%的情况下，只有20个点的止损。

图22-3显示了入场价位和各自的止损点。

1）看空交易在中点10 565成交，我会立即在10 585设置20个点的止损。

2）在周价格线10 532+3 即10 535看多，意味着交易人会设置20个点的止损，即10 515。止损是根据交易人的入场价设定，而不是根据中轴线价位设定。

我对激进的跟踪止损不太感冒，但如果我接近了目标——通常相差5个点之内，我会移动止损，把最大的止损增或减3个点，也就是说，如果是看多交易，我就把止损放在前一个中轴线减3个点的位置上，这就会是平衡点-6。

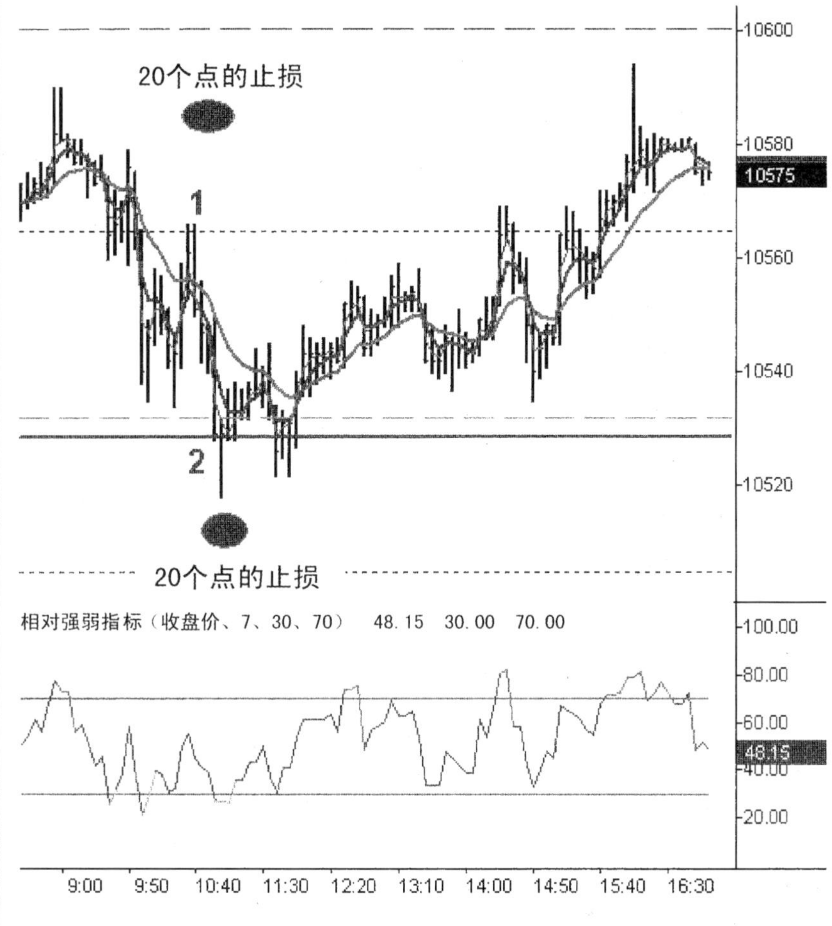

芝加哥期货交易所迷你道指合约5分钟图，标记了进场价、出场价和止损价。

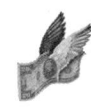

图 22-3 迷你道指图，标记了 1、2 和 20 个点的止损

图 22-4 举例说明应该把止损提高到哪里。

1）第一个止损是看多入场价之下 20 个点，市场下跌到周中轴线+3 个点的位置。

2）如果市场距离我的目标不到 5 个点，我就将止损提高到作为入场价的中轴线再减去 3 个点。这时，入场中轴线是绿色的虚线，也是周价位线之一。那么止损就是该价位之下 3 个点，就是入场价之下 6 个点

（因为入场价是周中轴线+3个点）。

图 22-4　迷你道指图，标记了 1、2 和 20 个点的止损/平衡点-6

连续亏损两次，我当天就不做交易了

这条原则看起来简单，却非常重要。交易的理念是降低损失，交易人才能在第二天继续战斗。用这个系统，如果交易人当天的前两笔交易都亏损，那就是每笔合约交易下跌了 20 点，亏损了 200 美元。这一原则非常合理，会防止交易人情绪失控、过度交易，致使当天遭受致命损失。

规模

我自己用这种系统每12 500美元交易一份合约,当然交易人可以用非常激进的佣金原则,10 000美元可以交易10份合约。这种方法的问题是如果连续两次亏损,一天内就会损失2 000美元或20%,12 500美元亏损200美元相当于1.6%的损失,而25 000美元亏损200美元相当于0.08%的损失。

期货交易的关键是管理资产波段。如果交易人亏损20%,就必须赚回25%才能实现平衡。新交易人犯的一个最大错误就是投入原计划资金的两倍或三倍。交易人连续5次判断准确,但如果继续交易并增加合约,只要出现一次失误就会造成巨大损失。因此,决定交易合约的数量,并在每笔交易中坚持不变。

避开死亡地带

别管东部时间中午12:00到下午2:00的所有交易建立点。如果我已经成交,我会按兵不动,并设定好参数。但如果我在这一时间段内是平价入市,我也不会做新交易,为什么?这是一天的死亡地带。机构到东部时间下午2:00之后就不做交易了,因为下午的交易量不足以消化他们的订单,价格就忽上忽下,这时唯一收益的就是经纪人,因为交易人过度交易,吐出了早上赚得的所有利润。我已经发现提高盈利的最好方法之一就是避开这一时期交易。

这就是我遵循的原则。这一系统的好处就是交易人建仓后不必紧密监测市场。而且我还不是急切追求最高价,而是建仓、设定参数,然后干其他的事。根据交易人的工作条件,他在办公室可以这样操作,特别是位于西海岸的交易人可以这样做。在关键价位设定警示,如果市场接近关键价位,可以在执行平台上设定参数,然后继续干自己的日常工作,接着去开个会,见个人,让参数照看自己的仓位,这就免除了情绪的影响。

只是八分之一……

这只是我每天所用的八个系统中的一个，我还会将中轴线与波动结合找到较大的市场运行，当然还有其他指标决定一次运行是否结束接近中轴线，或是中轴价位是否中断。

我所用的所有系统的关键是，交易人在开盘前就在自己的图上确定所有信息。一旦信息确立，交易人就只能静观，或是设定好声音提示，等待市场达到中轴线。交易人还能提前设定订单，因为在交易确立前，确切的目标价、入场价和止损价已经知道了。这样，交易人如有其他的事尽管可以去做，而在听到闹铃时就知道该回去看看图，研究一下情况如何了。不需要寻根究底，订单要么是实现目标要么是没实现。系统的设计本身就能执行专业交易人的想法，这才是在金融市场赚钱的唯一长久之计。

> 约翰·卡特是摩根斯坦利一位股票经纪人的儿子，高中二年级时就接触了交易，近19年来交易活跃。他在英国剑桥大学学习国际金融，并从奥斯汀的德克萨斯大学毕业。他从1996年起就全职从事交易工作，并于1999年推出了www.tradethemarkets.com，发表他对期货、股票和期权市场的看法，于2005年推出了www.razorforex.com，关注外汇市场。他的追随者达到10 000多人。目前是Razor Trading的商品交易顾问，管理一只期货和外汇基金。最近著有《驾驭交易》，于2005年12月出版。为了保持清醒，他会在闭市后锻炼身体，以应对他和客户碰到的金融波动，跑步、冲浪和练跆拳道是他保持清醒的方法。本文首刊于2004年8月的 *SFO*。

第23章 开发自己的第一个交易系统：一个有关骄傲、谦虚和希望的警世寓言

大卫·斯沃曼

今年是我做交易人的第25个年头。

我不是超级明星，但也是自食其力，这与同时期大多数想成为专业交易人的人不同。我比许多对手都坚持时间长，这一点让我颇感自豪，也深感不易。与所有的交易老手一样，我也有过高低起伏、毫无生气的时候（与其说是一蹶不振，不如说是茫然无措），而且这么多年来，我每天奋斗不息，就是要弄明白市场的兴衰变迁，克服自己的恐惧和短处。

如果说摔打了25年后我有什么见识的话，那就是交易是一个进化过程，交易人开始是个羸弱、毫无还手之力的生物，发育不全的大脑无法有效处理信息，自己的行为是自寻死路、交易一片惨淡、亏损了还加仓，还发誓如果老天显显灵，再也不犯同样的错误。而捕食者伺机一旁，把新手诱惑到陷阱中。如果交易人稀里糊涂地幸存下来，或许会在食物链上有一席之地，但别想着用以前的胜利保住地位，市场每动一个基点，其他交易人就四处觅食。俏皮话就说到这，这就是市场的自然选择过程。

按照原则操作

在这个条件下，我对一个问题想了很多：成功交易人有什么共性？虽然这个问题的答案五花八门，但最重要的答案是成功交易人知道怎么遵守规则。我说规则的意思是一系列深信不疑的基本观点，根本就不会

去想要违反,几乎是不管原则是什么,只要交易人认为其有效就无论如何都会执行。对于我,有一条原则掌控了我所有的交易:在任何情况下我都不会让一笔交易或一系列交易逼得我净身出场,达到这一目的的方法就是将最大损失控制在交易资金的2%。例如,如果我交易1 000 000美元,一笔交易最多损失20 000美元,仍然可以继续交易,更重要的是,我要连续碰到几十个亏损2%的交易才能赔掉所有的钱,而这几乎是不可能的。

而实际上,我的损失几乎都不到2%。虽然我有时会有几笔连续损失——我想没超过12个吧,而我的盈利交易总是比亏损多得多。假设2%的亏损线有点武断,我会将其扩大到5%或更多,但也不会让自己身涉险境。但为了给自己一个交代,我必须确信自己的盈利至少是亏损的2.5倍。由于我不确定这个预期是否合理,额外的风险也让我害怕,所以我的2%原则是我所有交易策略的基本原则。

2%原则也形成了我进行交易决策的框架。例如,假设账户价值100万美元,如果我要买入谷歌,止损点是入场价之下5美元,我知道我买到的不超过4 000股(这么说有点简单化,实际上我很少全部在一个价位建仓,但为了举例,用整数来说明容易些),换句话说,如果我想买较多股票,就要在入场价附近设定止损,或就等到谷歌交易下跌再行动。此外,如果我看多买入同一板块的五只股票,就必须将其看成一只仓位,损失最多共计2%(而不是五只股票各自最大亏损2%),不这样就是违背了基本原则。对成对交易也是一样,例如,如果我进行差价交易,看多谷歌看空雅虎,这是一个仓位,2%的最大损失要合计计算。这一行不那么轻而易举,但我也能靠此过活。

开发交易模型

有了这些原则,我去年决定进行一次实验,我要采取一个交易理念,然后开发成正式的交易模型。当然,这一直都是由成熟的交易公司利用定制技术,由交易人用相对简单的平台(如 TradeStation、

第23章 开发自己的第一个交易系统：
一个有关骄傲、谦虚和希望的警世寓言

MetaStock、Fidelity's Wealth Lab Pro）和其他经纪人和独立商家的现用软件来完成。人人都想要找到完美的交易系统——难以寻觅的万用系统。

我可不这样。我发现自己能在早上找到答案就觉得幸运了，我不会妄自尊大。我的愿望就是，看看我珍贵的原则在受到模型开发人的回测和优化等标准技术检测时，能否依然有效。这种预想让我有一点胆怯，首先，我担心潜在的成本，我知道一些交易人和公司花了成千上万元甚至百万元开发系统，这些钱远比我2%的资产多得多，所以我发誓在这个项目上设定止损，就像我交易谷歌时的操作一样。此外，我之所以担心还有一个完全不同的原因。如果波顿·麦基尔在其经典著作《漫步华尔街》中说得没错：就像蒙着眼的猴子向报纸的财经版面投飞镖那样确定投资组合，可能与专家仔细选择的组合相比也坏不到哪儿去。简单来说，如果我发现我赖以生存的原则什么也不是怎么办？"漫步警察"不会半夜来到我家把我拷走，可我怎么应付对心理的打击呢？这对我的策略意味着什么？我第二天还能去工作而假装一切如常吗？

找专家解决问题

这本不是我开发系统时的首选。15年前我开始学着写编码来开发交易模型，先用的是Logical Information Machines公司相对基础的软件，效果不佳，然后我又试了TradeStation。这两家公司在促销时都宣传软件用起来非常简单，任何人用不了几个小时就能编程了，而我失败了一百个小时，想想我的耻辱感有多大。但这次不一样了，这次我知道自己要什么了——电脑极客。我转而找到芝加哥大学，我的天哪，他们竟然让我在网站上发布广告，不几天，我就收到了35份简历。我最后面试了14位年轻无比、聪明无比的毕业生，其中一个人拥有数学学士学位、计算机科学硕士学位，并当着我的面不到一分钟就转好了一个魔方，而且还是蒙着眼的。这个表演让人吃惊也让人难过，想想这个可怜的孩子有多少个周六晚上一个人孤孤单单玩魔方呢。我对他右脑思维的惊人表

现大跌眼镜，我找到极客了。

我立即开始花钱，虽然我相信我的新员工——我们就叫他小方吧，有我需要的技能，我还费心要教他市场的基础知识以及我的独特方法，这会耗费我很多时间。我猜得没错，我一对一指导他花了大概40小时，但我觉得这是必要的代价。在小方身上一开始投入的时间在程序开始运行时当然会产生红利。开业还有其他的开销，两台电脑和四台监视器花了大概3500美元，两条宽带总计100美元一个月，还有各种软件、书籍、培训手册，这又花了几百美元。他的工资是一周1200美元，他还喝很多红牛，一罐的钱比一加仑的无铅汽油都贵。

找到合适的软件

一旦我们通过了最初的学习关，我就让小方调查，找到系统读写软件和报价数据，以此确定我们进行研究的最好办法。虽说有不少含有预先设定功能和实际黑匣子系统的软件包，但我觉得不会满足我们的要求。首先，要确定商家为了卖出软件而宣传的那些定义和假设是否正确就很难，要费不少时间；其次，这些软件包都很贵，一些要你开个经纪账户，另一些要每月收费。

因此我决定用Wealth Lab Pro这个程序，从Fidelity's Active Trader Pro就能找到，这是我用于执行交易的前端交易系统。Fidelity向其活跃交易人免费提供，当然，金融服务没有什么是真免费的，如果我不交佣金，Fidelity当然会对构建模型软件收取月费。小方告诉我他在Wealth Lab Pro上可以用C++写程序，而且很容易将数据导入并导出到Microsoft Excel，然后在Excel里操作数据库，做其他程序。我根本没听懂他说的是什么，但是他看起来兴高采烈，只要我的专家高兴了，我就高兴。Wealth Lab Pro的优势之一就是Fidelity的报价信息直接来自交易所，相对可靠。这一点非常重要，因为在建模时，如果报价数据有误，调查结果也就有误，也即是说，坏种结坏果。

另一个重要问题就是数据，特别是过去的日中和实时数据，会花上

第23章 开发自己的第一个交易系统：一个有关骄傲、谦虚和希望的警世寓言

几千美元。而Wealth Lab Pro包括大量数据，不用另外缴费，为我省了不少。最后，Fidelity非常支持自己的产品，Fidelity's Active Trader Pro/Wealth Lab Pro的帮助界面在交易之前、之时和之后都开放，我还发现接电话的人无所不知、耐心十足——在受挫的时候能找到人骂两句是个非常重要的增值服务，虽然这不是说Wealth Lab Pro是进行这种调查的唯一或最好途径，但在我充分调查了现有的软件后，Wealth Lab Pro看起来是最满足我特性需求的程序。我也不是说要充分测试交易就得雇一个计算机程序员，当然，除非你是个农村来的傻小子，如果这样的，强烈建议如此。

这时我们准备开始编程。不可能用这么短的篇幅描述我在建模时所做的一切，我们分别用标普500里的500只股票和纳斯达克100的100只股票10年来的数据，进行了几千次测试。我想说的是，交易理念是根据我25年进行的交易类型提出的，简单概括的特性就是"皮筋"策略，基本的想法是市场运行时，就是拉伸，像皮筋一样，无法拉伸时，就会弹回来。这种方法要求立即跟随趋势，那么来举个例，我们的要求如下：

1. XYZ股票至少从第一天到第二天收盘价上涨了10%；
2. 在第二天收盘卖出100股；
3. 在第三天收盘买回100股；
4. 或者如果该股第三天比第二天收盘价上涨5%以上，就买回100股。

第三天的交易可能有三个结果：收盘时平空仓盈利；以不到5%的损失收盘平仓；以5%的损失在收盘前平仓。测试结果呢？皮筋系统盈利。10多年来该系统交易了24 000多笔交易，大约每只股票40笔交易，每年每只股票4笔交易，合计就是600只股票每天10笔交易；盈利约100万美元，平均每笔交易50美元多点；55%的交易看多，45%的交易看空；看多交易盈利大得多，大约80万美元。在我分析数据时，我发现有些股票对系统的反应较好，其他股票每次在信号出现时都会亏

损,流动性差的股票(日交易量不足10万股)表现特别差,我还能滔滔不绝说下去,但我只想给你一个例子,让你看看在这种分析中能发现什么信息。

你会问,为什么不每天只做10笔交易,然后坐收利润?呃,我们还没看到整个情况。完成交易的佣金是16美元,那每笔交易的利润就剩34美元,然后我们还要考虑到下滑,假设是25美元,现在就剩下10美元左右了。误差幅度现在看起来很小,刚看起来还不错的系统现在就是个不赔不赚了。

但先别忙!我们这只是开始,如果我们精挑细选,只做系统能赚钱的股票交易呢?或者我们只买盈利股票,每只买200股,而系统效果不好的股票只买100股?如果我们只做大有赚头的买多交易?如果我们过滤掉消减盈利的日交易量不足10万股的股票?如果我们更改最初的需求变量:波动20%就买入XYZ股票?在第10天退出?卖出止损设定在15%?

我不知道我们这里假设的任何变化或一系列变化会不会让皮筋系统表现更好,更确信的办法就是进行测试。找到让系统优化的参数的过程,从理论上说是无止境的,但在某些时候,必须决定系统是否值得用来交易还是根本就是垃圾。

即使研究了几个月,我还是无法确定,虽然我和小方做的有些工作看起来很有希望,但我不敢称我们对结果进行了严格的测试,已经对得起我的交易投资了。然而我们还是向此方向努力,下一步就是让芝加哥大学商业研究院的一位教授看看我们的成果,他是个超级极客,会用金融工程的所有数学花招摧毁我的模型,如果他失败了,那我就终于有了点成果。这次检验会用一大笔钱,但我觉得建模就像是养孩子,要教要养、送入大学、看着结婚,你得不断花钱,还要让老天保佑他们能给你养老。建模的同时我还要继续用老办法交易,接着养家糊口。

哦,我的魔方现在也玩得超级棒了。

第23章　开发自己的第一个交易系统：一个有关骄傲、谦虚和希望的警世寓言

> 大卫·斯沃曼，成功交易人，在芝加哥商业交易所进行现场交易长达16年，近10年前开始进行电子交易，他四次当选芝加哥商业交易所的董事，服务了8年多。2000年到2005年，他作为Aspire Trading有限公司的负责人，创立、建造并掌管了电子交易场所。斯沃夫目前是独立的电子交易人，并担任经纪公司、交易所和基金管理公司的顾问。他曾在芝加哥的伊利诺伊大学为商业研究生院讲授电子交易课程，目前还时常举办讲座讨论金融服务行业，并且为 *SFO* 供稿，著有《期货直通道：电子交易完全指南》。本文首刊于2006年3月的 *SFO*。

第五篇　期权入门

期权是投资圈发展最快的门类之一，但也会让交易新手害怕。一流的期权专家之一伯尼·舍弗勒写了期权的基本入门知识，说明了期权可以并应该在很多投资人的投资组合中占有一席之地。因为风险有限，购买价格比股票低，而上涨的杠杆效应非常大，交易人应该将期权作为利用短期波动、从市场起伏获利的途径。

不少交易人觉得他们很擅长挑选股票，但一旦要想在期权市场上一展才智时，他们就赔钱。我们会提供一些建议，告诉你如何做出明智的选择，包括把差价策略与期权结合来控制风险和提高利润。我们还会帮你决定买哪只期权，何时卖出，如何进行合理风险分析。我们会说明如何发现并使用期权定价模型（包括一个免费好模型的介绍）。

波动——特别是潜在波动率，是理解何时交易期权的最重要指标之一。乔治·方达尼尔斯和弗雷德里克·鲁菲探讨了如何用高低波动最大化胜算的策略，劳伦斯·麦克米伦描述了期权交易人的通病，并告诉你如何避免掉入这些过于熟悉的陷阱。

第24章 期权在投资组合中的地位

伯尼·舍弗勒

如果你像我一样熟练掌握期权这么长时间（超过25年），就容易抛开初学者的眼界以及从来没交易期权人可能产生的一些基本问题。因此对于那些可能琢磨着期权但又或许对下水有点担心的人，我会谈到刚开始学习基础的人遇到的最基本的问题：为什么选期权？我觉得几乎在任何投资组合里都可以考虑期权，原因主要有三。

风险和持有时间有限

能够以比直接购买股票低得多的成本控制股票运行是购买期权的优势之一；此外，损失的钱从来不会超过本来就很低的资本额，因此可以留下大量的投资现金，而现金根本就不受到疯狂而且往往让人害怕的市场运行的影响。

那完全可以买期权的时候为什么还要直接买股票呢？特别是我们的市场目标可能根据当今波动市场变化更频繁的情况下。买入持有型投资可能仍然受到长期投资者的青睐，但个人投资者还是可以单独设置一部分投资以利用更频繁的波动，从中的获利可能大于利用市场波动的普通买入持有交易。例如，如果投资人认为股票该上涨了，就可以买入看涨期权，而只需支付股票本身价值的一小部分，这就让他在期权到期前，有权利而不是有义务在任何时候以预先确定的价格买入股票。如果股票上涨，看涨期权就让他以低于市场的价格买入股票，这样他就完全参与股票价格的后续运行，而将要损失的资金却少得多。或者他还能卖出期权获利，而不用支付拥有股票的成本。这种低资本筹划引出了期权的第

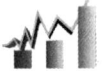 个人投资者线上交易

二个主要优势：借入资本利用率。

借入资本利用率的魅力

借入资本利用率，就是期权中因股票特定的瞬时运行比例而获取的回报比例，这可能是期权最吸引人和最广为人知的优势。如果万幸能在股票中有10%的快速运行，投资人就能获得该股票10%或更多的买入期权。期权提供的是上涨借入资本利用率，如果对市场的看法错误，就会提供下跌的风险控制。关键是如果投资人对基本股票在一段时间内的方向确定，就能利用期权。

我们来看一个例子。2004年4月，亚马逊一季度的收入数字非常好，每股0.23美元，高于华尔街预期4美分，但股票在后市交易中急剧下跌，显然投资人对其收入有更高预期。股票在努力冲破近在眼前的20周和10个月移动平均线阻力位时，价格运行一片惨淡。

但我们分析的关键是亚马逊在几个前沿点所显示的对未来的乐观程度，我们衡量这一情绪的方法是看短期期权的看涨看跌互动。调查显示，期权购买者非常倾向于亚马逊的看涨期权（看涨姿态），超过了看跌期权（看跌姿态），这就表示期权投资者认为股票还会上涨。此外，买空亚马逊股票的数量停留在了多年的最低点，这也表示投资人预测股票会上涨。把这种乐观情绪与股票价格在利好盈利报告发布后疲软的情况相结合，我们相信下跌潜力高于市场预计的上涨潜力。

利用这些看空预期就要买入看跌期权，这样购买人就有权利在期权到期前于任何时间以行权价卖出标的股票，因此，如果股票价格下跌，看跌期权就会获利，能以高于市价的价格将股票卖给看涨期权购买人。股票下跌时，看跌期权上涨，购买者就能选择将其卖出获利，而不用遭受买卖股票的损失。

在亚马逊发布一季度报两个交易日后，我们推荐买入5月份、45美元的虚值（看跌期权的预订价低于标的股票的市价）看跌期权，其卖方开价为1.05，这个期权就让买者有权第三个周五到期前以45美元卖出100股亚马逊股票，而不管股价跌到多低，因此我们就要利用看跌

前景，让自己有权以固定价格（45美元）卖出，即使市价远低于行权价。

结果，亚马逊不出所料继续盘整到5月中旬，几乎接近三月的最低价，这一下跌助推了亚马逊5月份、45美元的看跌期权，如表24-1所示。

表24-1 股价和看跌期权价格比较

	亚马逊股价	亚马逊5月45美元的看跌期权价格
4月26日	46.25	1.05
5月11日	42.80	2.60
获利比	7.5%	148%

读者应该注意到，买空亚马逊在11天的交易内获利7.5%，但买入虚值看跌期权然后在5月11日卖出，盈利148%，几乎是买空股票的20倍。虽说不能每天都这样，但5到10倍的借入资本利用率在盈利期权交易中随处可见。

还要注意到，买入期权的资金每份合约只需要105美元（1.05美元×100股），比看空买入100股亚马逊股票的钱少得多，这也显示了借入资本利用率的威力，在风起云涌的市场冒险的资金少。

如果个人看多市场，就可买入股票或共同基金，或买入看涨期权，这实际上是租用了一段时间的股票运行，这些期权的好处就是上面谈到的借入资本利用率和低资本投入。

但如果看空呢？对于共同基金投资者来说，有在下跌市场获利的基金，但数量较少，而且最小的账户资金都很大。对于股票交易人来说，可以卖空——借股票卖出，希望将来以低价格买入股票清还。但卖空有一个我们所说的消极因素——亏损的可能性比盈利大。例如，在50美元卖空股票，肯定可以上涨到100美元或150美元，卖空者每股就要花上50美元到100美元，但因为股价不可能跌到负值，这次的收益就限制在了50美元。

简单策略：买入看涨期权

对于优势，我们来看看买入看涨期权，虽然期权仓位的增值（一旦超过期权费用）与股价下跌时的看空交易相差无几，但其损失仅限于费用，不管股票上涨多高，而其获利潜力却大得多（但不是无限的，因为股票不能负值交易），这就是优势。

为说明这一点，我们来举个例子，股票 XYZ 以 100 美元交易，我们看空的话，可以卖空 100 股股票或买入 100 美元在 3 个月后到期的看跌期权，每股 10 美元、每份合约 100 美元，也就是说，我们能用 1000 美元借用三个月的股票运行（希望会下跌）。如果 XYZ 在期权到期时在 100 美元或以上，期权到期就没什么价值了，我们就损失了 1000 美元，这也是期权的最大损失。表 24-2 是这两种持仓在不同价格条件下的利润结果。

表 24-2 不同股价的利润结果						
股价	50 美元	80 美元	90 美元	100 美元	110 美元	150 美元
看空交易利润（投资 10 000 美元）	5 000	2 000	1 000	0	-1 000	-5 000
看跌期权利润（投资 1 000 美元）	4 000	1 000	0	-1 000	-1 000	-1 000

看空交易每收益一个点会损失一个点，因此，只要 XYZ 的获益不足 10 美元，卖空的损失就低于看跌期权的损失。还要注意到，看跌期权的收支平衡点因为投资额而低于卖空交易 10 个点，但开空交易在下跌不到 100 美元时就开始盈利。

一旦双方达到各自的平衡点，股价每次下跌，双方都会竞相盈利。看跌期权的最主要优势在于其最大损失和最大利润的差异。期权交易最大损失就是其投资费用，这个例子里就是 1 000 美元，而最大收益却可以到 9 000 美元（股价不可能跌到 0）。看空交易的最大收益是 10 000 美元，但最大损失理论上来说却是无限的，因为股价可以涨到无限。看

第24章 期权在投资组合中的地位

涨期权的投入资金也很小，而且会享受到杠杆收益的好处。另外看空交易在股票跌点交易时无法进行，而看跌期权却能够在任何时间启动。

核心是看跌期权是看空策略，能有效处理与看空交易相关的风险和负面影响的真正问题。

多策略期权交易

我们还要提一下，期权策略有不少，可以通过多种组合买出期权在平市或交易幅度内获利，这些策略一般都是为了卖出期权保住资本，以免在到期时变得不名一文。利用期权的平淡市场是增加投资收入的一个大好办法，这样不必继续持有。

而下跌市场的看跌期权还有一个优势，为所持股票保险。那些即使在短期内看跌市场的人还是愿意持有股票的话，可以买入看跌期权平安渡过市场下跌，平价期权会因为市场的下跌以同一点数获利。因此，仓位的净值保持稳定，唯一成本就是买期权的费用。有时，这种费用低于卖股的费用，特别是考虑到税收问题时。

还不确定？上涨时的期权交易

如果还认为要对期权敬而远之，我们就来看看下面的事实。从1991年起，除了2002年稍有降低外，股票期权量每年都在创新高（见图24-1）。2006年的数量大幅超过前一年近35%，比2003年新高的两倍还多。

罗伯特·C.莫顿和迈伦·斯科尔斯由于开发了评估衍生品和股票期权价值的布莱克-斯科尔斯模型这一杰出贡献（与费希尔·布莱克合作），而获得了1997年诺贝尔经济学奖，这就更增加了期权的合理性。这个认识把期权和其他衍生品完全融入了真实和可以利用的金融工具行列。

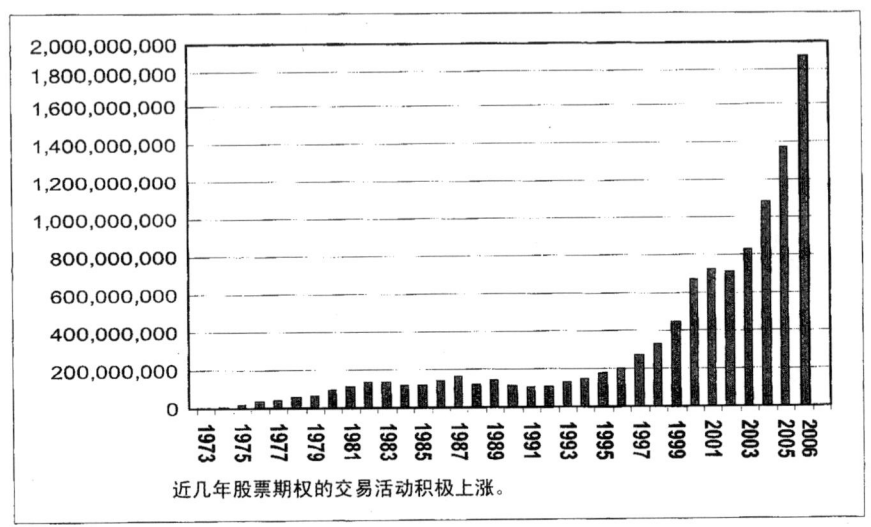

近几年股票期权的交易活动积极上涨。

图 24-1　期权自推出起的交易量

回答为什么的问题只是第一步，我们强烈希望被我们激发起兴趣的读者自学了解如何做、做什么的问题，这些学习和理解无疑会提高增加投资收益的能力和潜力。

伯尼·舍弗勒，舍弗勒投资调研公司主席，公司网站www.schaeffersresearch.com 被《福布斯》和《巴伦周刊》评为顶级期权网站。他的反向操作方法主要应用于股票，利用与投资人预想相反的技术和基本面趋势。本文首刊于2004年9月的 *SFO*。

第25章 用涨、跌期权价差降低风险

劳伦斯·麦克米伦

供期权交易人用的策略琳琅满目,各有优势但没有一个能包治百病,也不应该如此。差价交易无疑有一些实际优势,但也同任何策略一样有一些局限。期权交易人有时不只会直接买期权,还会进行差价交易,这样通常会降低资金风险,还可以提高获利概率,但建议交易新手还要抓住潜在的不利条件。

简单价差交易

先来了解基础知识。差价交易是买入一种期权的同时卖出另一期权进行对冲,而不是仅仅买卖一种期权。

简单价差交易有三种基本类别:垂直价差、水平价差和斜线价差。期权价格起初主要是从报纸获得的,这三种方向性的名称来自于期权价格过去到现在依然如此的排列形式,行权价竖直排列,而到期时间水平排列(见图25-1)。按道理说,垂直价差包含到期日相同而行权价不同的两种期权,水平价差包含预期价格相同而到期日不同的两种期权,斜线价差的到期日和行权价都不同。

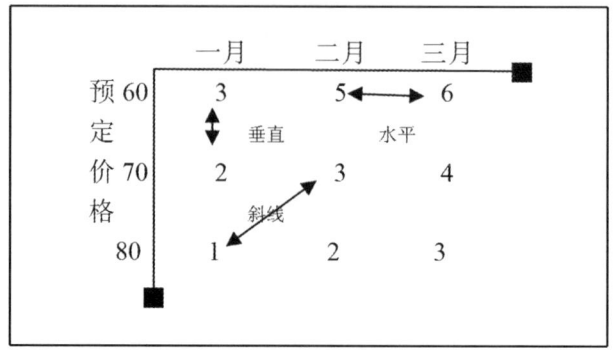

图 25-1　从报纸而来的期权命名

对交易人来说，垂直差价可能更常见的说法是看涨或看跌价差，就看盈利来自于上涨还是下跌；水平价差更普遍的称谓是日历价差。

对价差还有一种分类，分为信用价差和债务价差，看涨和看跌价差也是信用价差或债务差价，实际上，叫哪个都可以。"信用"或"债务"仅指确定价差交易（信用价差）或使用（债务价差）时，是否有钱入账。

（这里讨论的看涨和看跌价差都是假设买卖量匹配，买卖不同数量时还有更先进的价差交易策略，如逆差价或比率价差。）

价差交易订单和执行

在最纯粹的意义上，差价交易是一笔交易，同时在两方发生了买卖，如果只是在一方进行（通常是因为交易人知道标的股票向哪个方向运行，因此从理论上获得更好差价交易价格），就称为"单腿价差"，这种价差不予推荐的原因是，如果已经确定了单边交易，但交易人的方向认识错误，就会造成不利价差交易。

好了，我们来做一笔价差交易，假设有下面的价格：

期权	买价	卖价
1月份50美元的看涨期权	4	4.5
1月份60美元的看涨期权	2	2.50

第25章 用涨、跌期权价差降低风险

如果执行买入此价差的市场订单,就应支付1月份50美元看涨期权的卖价(4.50),得到1月份60美元看涨期权的买价(2),有了2.50的债务。另一方面,假设此笔价差已经卖出,就得到1月份50美元看涨期权(4)的买价,支付1月份60美元看涨期权(2.50)的卖价,有了1.50的债权。这样我们就可以说此价差市场的买价是1.50,买价是2.50。如果市场订单是在电子下单系统上进行,交易价差时就会以这样的价格支付或收取。

现实中,做市商经常有更优的价格,如果价差交易的需求很大,经纪人就说价差市场实际的买价是1.75,卖价是2.25,也就是说,愿意进行双向交易(价差交易)的交易人会发现他的订单很吸引一些需求者,他们就会做笔好买卖。

由于期权市场的计算机化,无法让众人在价差交易时进行内部交易是个大问题。实际上做市商不可能为各种价差提供市场,因为价差太多了。例如,如果XYZ股票有20笔不同的看涨期权交易,就会有C_{20}^{2}种可能的双向价差组合,总计190种。

在传统的市场条件下,如果交易人想交易某一个价差,仅需要派一个现场经纪人,大家称之为市场,但在电子市场,这样做就非常难,因为没有集中了各种电子做市商的地方,期权电子交易所国际证券交易所注意到了这一事实,正在想办法解决,可能是建立聊天室,提供价差市场。

自从期权交易诞生以来,差价交易就是一个关键部分,几乎所有的策略都有滚动的到期选项,可以从当月滚动到日后的日期。持有标的资产的立权人和直接购买期权的人都经常这样做,即使他们本来的基本策略根本不是差价交易。

向经纪人发出差价交易订单时,无论是通过人还是电子平台,都要说明如下一些基本事实:

要设定价差订单,需:

1)确定要购买的期权和数量;

2) 确定要卖出的期权和数量;

3) 确定愿意支付的价格,包括是信用价差还是债务价差。

如果在 2.25 的价格买入上述价差期权 10 次,指令就是"买入 10 次 1 月份价格为 50 的 XYZ 股票看涨期权,并卖出 10 次 1 月份价格为 60 的 XYZ 股票看涨期权,债务价差为 2.25"。如果是电子经纪人,就要在价差订单表里填入信息,如果经纪人发出电子价差订单,表格里的信息一般是按照上述顺序排列的。

看涨价差期权基础知识

看涨价差是一种较流行的价差交易类型,但在我看来用得过多了。如果基本价格上涨,垂直价差就能盈利,无论是买权(债务价差)还是卖权(信用价差)都能进行看涨价差操作,看涨价差一般会执行如下操作:

看涨价差:在行权价买入期权的同时卖出行权价更高的期权,两个期权的到期日相同。无论用买权还是卖权都是这样构成看涨价差。

例如:假设用买权建立看涨价差,那么价格如下:

XYZ 股价:32

买入一个 10 月份、价格为 30 的买权:4

卖出一个 10 月份、价格为 35 的买权:2

下面的段落会举例说明每种期权在到期时如何表现,价差的结果是两个期权的和。

图 25-2 以图的形式显示了结果。看涨价差的形状总是如图所示。有一个最大的但有限的风险区,在价差的较低行权价之下,还有一个最大的利润区,但也有限,位于较高行权价之上。两者之间有一个平衡点——本例中是 32(除过佣金),这时价差交易不赔不赚。

第25章 用涨、跌期权价差降低风险

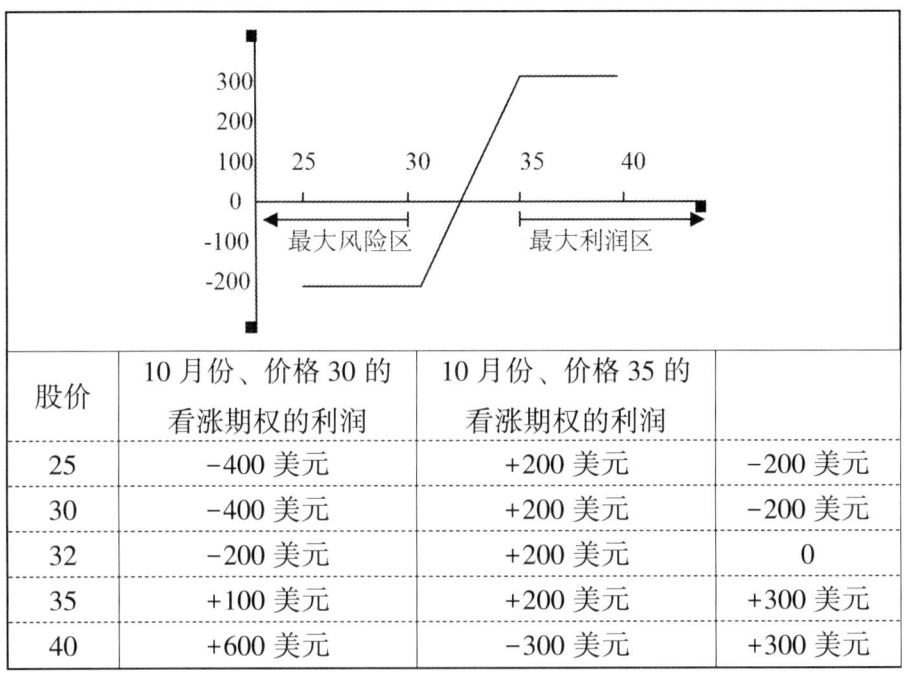

图 25-2　看涨价差的利润/风险

大多数情况下，价差交易要在保证金户进行，而且保证金就是其中最大的风险。在上面的例子中，最大的风险是200美元，这也是保证金的最低额，因此进行价差交易的投资全部都有风险，而利润虽然有限，但百分比却够大（本例中就是最大150%的回报）。

以下的简单公式可用于快速计算看涨价差——由买权期权形成的债务价差——的风险和收益：

1. 最大风险 = 支付价差交易形成的债务
2. 最大潜在利润 = 预期价格的差 – 债务
3. 平衡点 = 较低行权价 + 债务

上面例子中的公式会形成如下结果：

债务：2个点

最大潜在利润 = 行权价差 – 债务 = （35-30）-2 = 3

平衡点 = 较低行权价 + 债务 = 30+2 = 32

看涨价差的逻辑

价差通常是为了降低直接拥有期权的风险,在上面的例子中,10月份、价格为30的XYZ股票买权的卖出价格是4,这就太贵了,但如果同时卖出了10月份、价格为35的买权,就降低了风险。这种降低风险的特别理念一般被高估了,而且实际上可能对潜在利润有害。在如上价差的例子中,最多能赚300美元,但如果交易人只有10月份、价格为30的买权,潜在利润就不可限量了。

新手往往在形成看涨价差交易时犯错,不完全明白如果在到期前有大量时间,价差就不会有最大利润。例如,如果先买入90天的价差交易,股票运行到或超过较高的行权价,该价差交易就不会达到其最大利润,除非股票交易价格远高于较高行权价或快到期了。

图25-3显示了10个点的看涨价差(买入价格为90的买权,同时卖出价格为110的买权)的利润潜力。假设价差的成本是10个点,风险和最大利润潜力在到期时都是10个点。注意,价差刚开始还有90天到期,但在30天或60天后,利润图看起来完全不同了。过了30天后,价差利润只剩500美元——虽然股票一路涨到140,远高于较高行权价。在任何情况下,这种到期前的利润潜力来源于期权的波动性,但图25-3表明的是一般概念。60天后,图25-3中的利润曲线开始更像到期时的形状了(就像图25-2所示)。

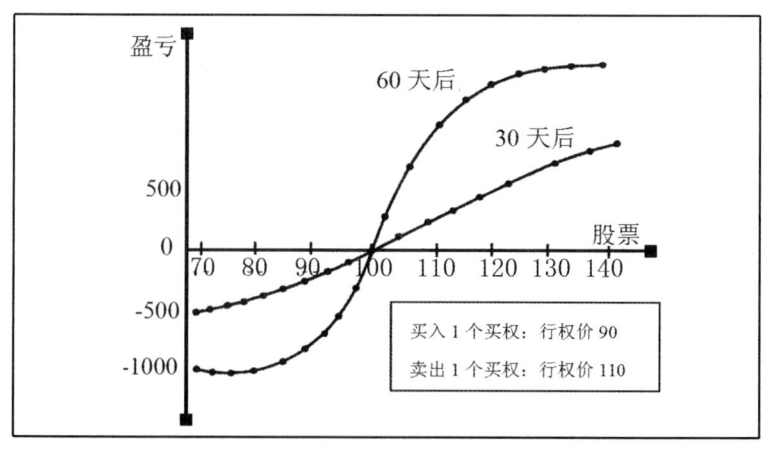

图25-3 看涨价差利润图(形成于到期前3个月)

第25章 用涨、跌期权价差降低风险

不少新交易人建立了看多价差，看到标的股票迅速上涨就很高兴，但当意识到看涨价差没赚多少钱而且离最大利润潜力还遥遥无期时就灰心丧气。实际上，要过一段时间，越来越接近到期日，看涨价差才会达到最大利润。

期权价高时，看涨价差才最可行，因为这种情况下买入看涨期权不需要降低风险。价差没有很快拉大的问题（如图25-3所示），无法完全克服，但可以通过加大行权价之间的差来缓和，这即是说，最大利润潜力更大，如果价差仅仅扩大到最大获利潜力60%的一半，行权价之间差距够大的话，这也是个较大的数字了。

通过这种方式加大约定价格之间的差，就会有更大风险。卖出买权的价格低于较低价差的买权。一些价差交易人不愿意考虑这种额外的风险（即使对标的股票看涨，他也希望股票无论如何要上涨）。这个问题可以通过价差中的虚值买权抵消，在行权价差很大很大时这样做，交易人的价差成本就较低，而利润潜力却很可观，这才是看多价差交易人最终的目的。

卖权信用价差

上面所举的都是看涨价差以买权债务价差执行的例子，但卖权信用价差也是一种看涨价差，非常类似于买权价差，以较低行权价买入，以较高行权价卖出，利润图的形状也类似，损失低于较低预定价，利润高于较高预订价。卖权信用价差应用如下公式：

1. 最大利润潜力＝最先获得的债权
2. 平衡点价格＝较高预订价－获得的债权
3. 风险＝预定价差－收到的债权＝所需的佣金

卖权信用价差一般执行虚值卖权，因此两个卖权到期就没有价值了，而获得的债权就算是已经实现的利润。因此，一般只需投入少量的资金，而股票下跌得会出现问题的可能性也低。

例如，XYZ股价是80，确立的卖权信用价差如下：

以 1.00 买入一份 1 月份、价格在 65 的卖权

以 0.50 卖出一份 1 月份、价格在 55 的卖权

获得的债权 = 0.5 个点 = 最大获利潜力

平衡点价格 = 65-0.5 = 64.5

风险 = 65-55-0.5 = 9.50

这份价差的风险是 9.50 个点,获利是 0.50 个点,但由于股票价格是在 80,只要到期时股价高于 65(较高的行权价),整个债权就会盈利,因此盈利的机会相当大。

卖出卖权信用价差的策略不是每个人都热衷,可以理解,大多数人看到用 9.50 个点的风险赚取 0.50 个点的利润都不是太乐意,但这种情况下,只需要一个最大损失就能折抵 19 笔盈利交易。实际上,这一策略的整体回报除去波动和佣金后就很小,赚小钱的机会很大,亏大钱的机会很小。

买权信用价差策略的一些支持者是想在期权价位高时再设定价差,即使这样,卖出高价期权再买入另一种高价期权进行对冲的盈利如何呢?可能很小,但不足以改变这一策略的整体评价,就像是赌一匹非常看好的马,要让它连续赢比赛,结果就是大量的小收益,偶尔的大损失。

看跌价差

如果市场下跌,看跌价差就比看涨价差受欢迎,看跌价差就其本质而言就是看涨价差的反面:

看跌价差:以较高行权价买入期权,同时卖出较低行权价的期权,两个期权的到期日相同。

如果标的市场的价格下跌,看跌价差就盈利。上面说过,这种价差

第25章 用涨、跌期权价差降低风险

也可以用卖权或买权来建立——这就是上面的定义中没有指名期权类型的原因。有了这个定义,买权看跌价差就是信用价差,而卖权看跌价差就是债务价差。

例如:XYZ 价格为 65,看跌价差的确立交易如下:

以价格 7 买入 1 份 4 月份、行权价为 70 的卖权

以价格 3 卖出 1 份 4 月份、行权价为 60 的卖权

风险=最初的债务=4 个点

利润潜力=行权价差-债务=10-4=6

平衡点价格=较高行权价-债务=70-4=66

这些点见下面的利润图(图 25-4):

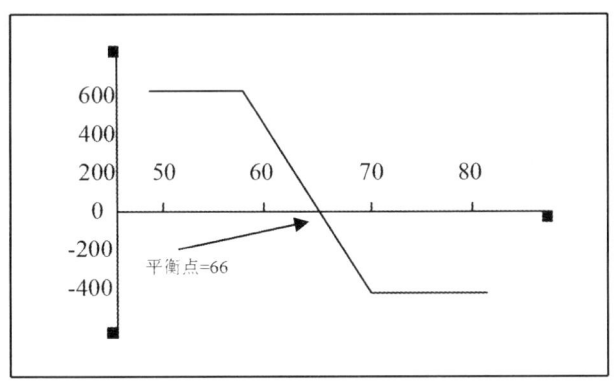

图 25-4 看跌卖权价差

之前有关看涨价差的其他知识点一般也适用于看跌价差。举例来说,看跌价差扩大的没预想的那么快,对付这种情况的最好办法把行权价差拉大,这样的话,如果标的市场下跌,价差就更大。

看涨价差和看跌价差都是期权降低风险的可行办法,但新交易人总是使用过度,结果就是价差交易的盈利不如预期。投机商很可能在大多数情况下买期权的收效更好一些,期权的股价过高时才会用到价差策

略,这时他们会用看涨价差或看跌价差保证价差的行权价差很大,这样就提高了通过标的市场快速运行而获利的机会。用这种方法时,看涨价差和看跌价差就是期权交易人锦上添花的有用工具。

劳伦斯·麦克米伦,拥有多部专著,包括畅销书《策略投资工具——期权》,担任麦克米伦分析公司(www.optionstrategist.com)总裁。该公司发布多种期权交易通讯,有广泛的期权研究资料、学习资料和研讨会,同时也管理期权市场的个人账户和一个对冲基金,并销售软件,如布莱克-斯科尔斯模型的独立版本。麦克米伦担任过经纪公司 McKinnon Securities 和 Prudential-Bache Securities 的专属交易人,然后于1991年创立了麦克米伦分析公司。他在普渡大学获得数学本科学位,并在科罗拉多大学获得应用数学和计算机科学双硕士学位。本文首刊于2002年8月的 *SFO*。

第26章 用期权抓住市场波动机会

乔治·方达尼尔斯 弗雷德里克·鲁菲

疑惑、骚乱、伤害、股价重挫、多头惨痛的呼喊、空头欢乐的尖叫……市场波动对此无动于衷，傲视一切。如果你在股市浸淫多年，很可能经历过——如果不是煎熬过市场极度波动的时候，就像1987年的大崩盘、1998年全球金融危机以及从2000年到2003年折磨人的熊市。市场恐慌当然时有发生，这是投资无法回避的部分。

虽然如此，市场发生剧烈波动的时候只是偶尔，一般情况下还是很平静的。实际上，股价可能在漫长的时间里没有过高或过低的波动，此外，由于投资人一般都是喜欢运行快速的市场，盘整交易或水平运行很难让交易人做出投资决定，我到底应该买入股票看多还是卖出股票看空呢？

对于预测市场波动将会继续的平静时期或短时而随后通常更稳定的剧烈波动时期，都有一些非常合适的期权交易策略，本文会探讨这些策略，介绍利用剧烈波动和平缓波动的具体办法。

波动的定义

要理解波动交易，我们先来看看波动是什么意思。波动是指股市、商品或期权趋势根据过去的每日价格在一段时间内的价格上行或下降，

一般说起波动的时候,是指股价下跌。例如,如果布莱恩·威廉姆斯①或其一同行在晚间新闻中报道称标普500股价波动,他很可能就是指价格下跌。但对于期权交易人,波动并非是单方面的,期权交易人一般认为波动不是在股票下跌时才发生,实际上市场时常会,而且是经常发生上涨波动。交易人也用不同的波动标准衡量股价的运行,如历史波动,即过去的价格运行,或隐含波动率,这是本文的重点内容。

期权市场独有的是,隐含波动率可能只能用期权价格和模型来计算,要计算隐含波动率,必须有期权定价模型——例如布莱克-斯科尔斯模型,以及一套变量,包括期权价格、标的股票价格、行权价以及有效期,有了这些变量和模型才能计算隐含波动率。

因为计算大量不同股票的隐含波动率有点困难,交易人一般都不劳神用计算机或模型,他们会从大量渠道获得隐含波动率的信息,例如,Optionetics.com 的 Platinum Site 就提供股票和指数的隐含波动率,一些专门进行期权交易的在线经纪公司也提供。此外,交易人还用芝加哥期货交易所的波动指数率,这是标普500指数期权的当前隐含波动率。

返转回中值

用波动方法确定交易的下一步是了解回归中值的理念,这就是,即使波动一直是一种起伏状态,股票或指数的波动常常可以被赋予一个稳定或平均值,一段时间的波动是围绕股票或指数趋向的中心进行的。在统计学上,平均也就是正常,波动极大背离平均数时,总有会恢复到平均或正常值的趋势,因此,如果股票的波动在一段时间内与平均值相比较小,我们就认为它会恢复到平均值。反之,如果波动距离平均值很大,隐含波动率就很可能会回到更正常的水平。

因此,根据波动研究进行交易时,一般会预料到高波动时期后面会

---

① 美国全国广播公司著名主持人,曾经是该公司驻白宫记者,曾主持消费者新闻与商业频道、微软全国广播公司节目的独家新闻报道栏目,在2007年被《时代》杂志评选为百位影响世界名人之一。译者注,资料来自互联网。

有平静时期，换句话说，低波动时期往往会发生在市场极度波动之后，目的是要找出某一股票的正常或典型状态，再去找正常状态的偏离。

还有一个要考虑的重要因素是隐含波动对期权费用的影响。图26-1是波动指数过去5年的走势，可以看到，指数一路有涨有跌，2001年和2002年间指数多次涨幅超过40%，当时标普500期货的隐含波动率或预期波动率很高。此外，因为隐含波动率是决定期权价格的因素之一，因此期权价格会随之上涨。隐含波动率越高表示期货交易人预计标的资产未来的波动会更高，这些会被计价或隐含到期权费用中。简单来说，如果隐含波动率升高，期权价格也会提高。

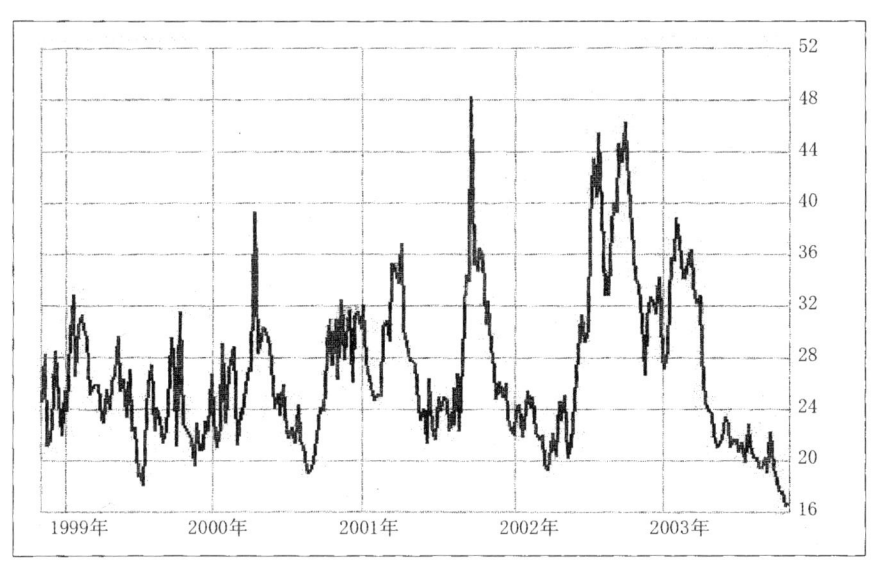

图26-1 芝加哥期货交易所波动指数

另一方面，如果波动指数下跌到其幅度的低点，或下跌到12%之下，就表示标普500指数的隐含波动率低，这样的下跌就是期权费用也要下降的信号。从2004年到2006年间，波动指数率经历了长期的下跌，跌到多年低点，甚至不足11%。由于预期或隐含波动率下跌期延长，标普500期权与过去比较变得很便宜。

波动指数衡量标普500指数期权的隐含波动率，而任何股票或指数期权都能计算出类似的图形。我们举一个隐含波动率的例子,来看看其随时间如何变化。图26-2是摩根大通期权2001年至2003年的隐含波动率,图上的每条线都表示不同时期尚未到期的期权,颜色最浅的线总是显示波动最大的幅度,代表还有30天到期的期权的隐含波动率。到期时间越短的期权,隐含波动率的变化幅度更大。而且还要注意到,这只股票的隐含波动率的平均或正常幅度是在30%到50%之间。

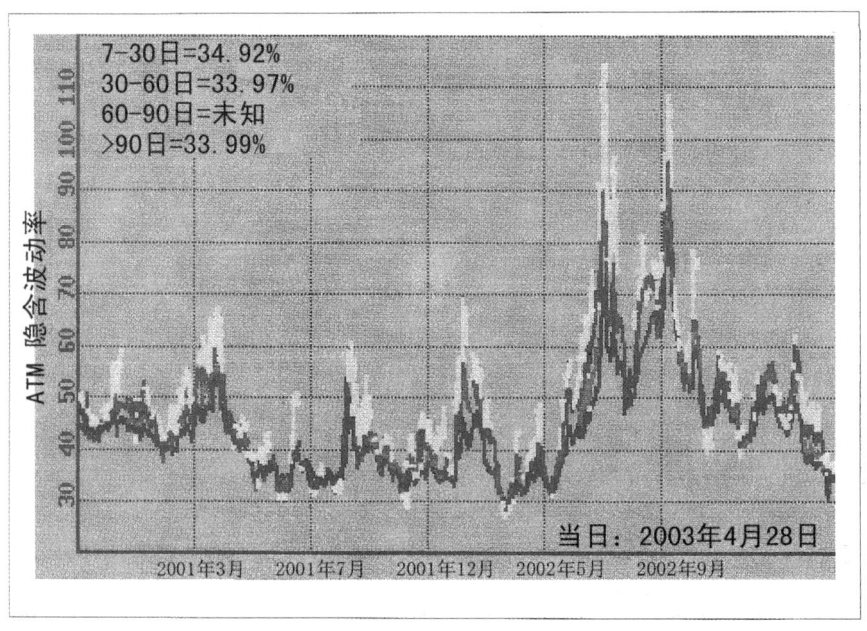

图26-2　摩根大通平价期权的隐含波动率

2002年秋,摩根大通期权的隐含波动率猛涨,这个趋势在股票市场也很盛行,投资者的急切心情也高涨。由于投资者担心经济和贷款违约、银行受巴西和世界其他部分市场不安的影响等多种问题,特别是摩根大通等银行股受到重创,还有传言称该公司会消减分红。大量因素导致投资者忧虑加剧,市场的焦虑情绪放大,银行股被抛盘,摩根大通期权的隐含波动率上升到三位数,远高于该股正常范围,期权价格非常高。

回头看基本点

隐含波动率很大且期权高价时,最好是卖出期权,我们来看一个最基本的股票期权策略——对冲购买权,就明白原因了,这种策略也称为"购买冲销",是买入股票的同时卖出看涨期权。

建立对冲卖权仓位有两种方法:1)买入股票的同时卖出看涨期权;2)卖出看涨期权以对冲投资组合里已有的股票。无论哪种方法,每拥有100股股票就要卖出一个看涨期权,购买冲销人卖出看涨期权兑现,所获得的现金相当于看涨期权的费用,或是看涨期权的市价,结果对购买冲销人在隐含波动率大的时候获得的回报就更多。

为了收到费用,在看涨期权到期——期权到期月的第三个周五之后的那个周六前,购买冲销人同意以期权的预期价格卖出股票(每一个看涨期权100股股票)。如果对冲购买权所有人被迫卖出股票,这就是背书,因此对冲购买权所有人拥有股份,获得卖出看涨期权的回报。但是,卖出看涨期权也是一份合约,如果背书的话,需要交易人以期权的行权价卖出股票。

我们来用摩根大通的例子说明一下。购买冲销策略一般会用虚值看涨期权确立,也即是说,卖出的看涨期权的行权价高于股票的市价。例如,2002年10月中旬,隐含波动率冲高到三位数,摩根大通每股交易价接近20美元,隐含波动率接近75%,策略人会用10 000美元买入500股摩根大通,并卖出3月份、行权价为25的看涨期权,每份合约2美元,以冲销部分成本,这笔交易获得总计1 000美元的利润(5×2美元×100),因此交易总费用是9 000美元,收支平衡点降低到每股18美元(9 000美元/500)。

谨记计算风险

这笔交易的风险何在?首先,股票可能会降低到18美元以下,期权到期时如果股价低于18美元就会带来损失;其次,摩根大通到期权期满前可能就在25美元到18美元之间交易,这时,交易人就有利润(1 000美元),

能够卖出更多看涨期权，持有股票或清仓退出；最后，股价会涨到高于25美元，这时，股票就会被从投资人手中买走，这样的话，500股每股25美元，策略人不仅赢得卖出看涨期权的利润，还会有摩根大通从20美元（购买时的最初价格）涨到25美元（卖价）的资金。

无论如何，摩根大通本该出现第二种情况，也即是，期权在到期时一文不值，卖出股票获利。图26-3是该股3年间的价格走势，到3月份期权到期时，股价接近22.50美元，结果期权毫无价值，无法背书，这时清仓盈利2 250美元，即25%〔（22.50美元×500）-9 000.00美元〕。

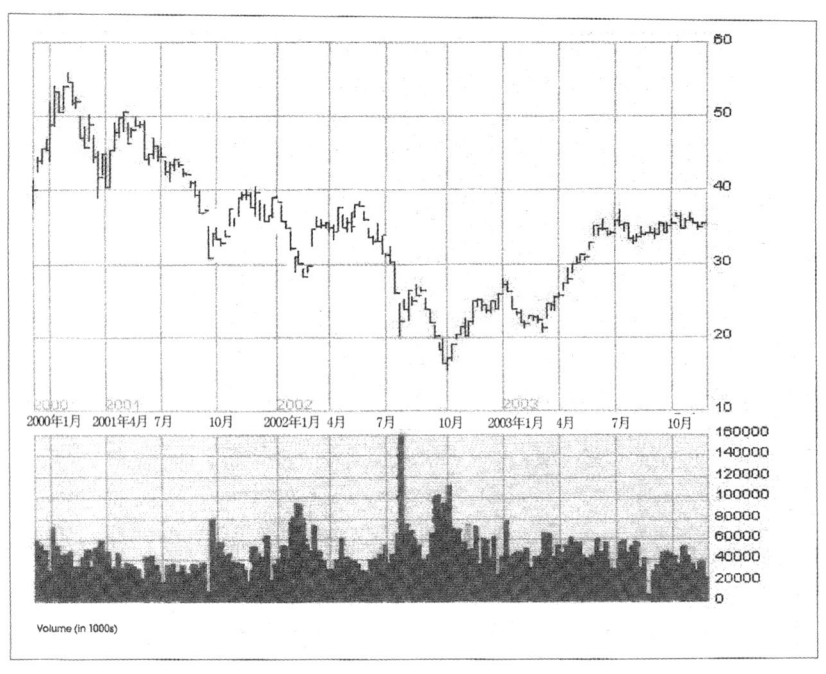

图26-3　摩根股票价格和成交量图

现在来看看在隐含波动率低时确立对冲购买权会怎么样。想想第一个例子，摩根大通期权的银行波动率是75%，3月份、行权价为25的看涨期权交易价格是每份合同2美元。现在假设隐含波动率位于幅度低位25%，同样的看涨期权费用只有0.25美元，如果我们建仓规模相同，

第26章 用期权抓住市场波动机会

交易费用或风险就是 9 875 美元 ｛[500 股×20.00 美元/股] －[5×0.25 美元×100]｝。这种情况下，收支平衡点是 19.75 美元，股价在期权到期时达到 22.50 美元的话，交易利润只有 1 375 美元（13.9%）[（22.50 美元×500）-9 875 美元]。因此隐含波动率的不同假设对交易成败关系重大。

利用高波动

如果股票缓慢稳定上涨，对冲购买权会产生不错的结果，突出了隐含波动率大时卖出期权的好处。首先，隐含波动率远大于正常或平均水平时，经常会恢复到中等水平，因此，价高的期权会变得便宜，这就是卖高的时候；其次，隐含波动率极度大时，一般表示投资人非常忧虑甚至恐慌，这时股票经常被抛盘，股市下一个合理运行就是上涨，这就是摩根大通 2002 年 10 月的情况。

隐含波动率高时，对冲购买的风险/回报就提高，但不见得一直如此，因为交易风险很大。基本上，用这种方法的交易人是用卖出看涨期权的方法，冲销购买股票的一些成本，结果对冲购买只比直接买股风险稍低，而且回报潜力不高，而且需要大量投入交易资本。结果就是这种方法虽然在一些投资人中非常流行，但在很多情况下不是理想选择。

看涨卖权价差

除了对冲购买，有大量方法在高波动环境创造较好的风险回报条件，例如，如果交易人预计股票会大涨，即会卖出平价期权，并买入行权价更高的看跌期权进行对冲。这种交易称之为看涨卖权价差，可用于利用高位隐含波动率。

买入低行权价看跌期权并卖出到期日相同的高行权价看跌期权，这样就确立看涨卖权价差，也就是信用价差，在市场看涨时使用，名如其意，这种交易获得的净债权就是交易的最大利润，最好的情况是，标的股票在期权到期前突破较高行权价，期权到期没有价值。如果股票跌破较低行权价，最大的风险就是行权价差减去获得的债权。要选择信用价差中盈利可能性最高的期权，重点就是要平衡以下因素：

1. 这些方法的利润依赖于期权到期时变得没有价值，最好是期权的有效期还有 45 天或更短，这样标的股票就没多少时间转移仓位，而看跌卖权就无法背书，最大损失也不会出现。

2. 因为最大利润值最初获得净债权，要让净债权尽量高，保证交易的价值。

3. 保证看空行权价是平价期权，避免卖出价内卖权。

4. 行权价差必须足够小，保证最大风险很低，交易才划算。

5. 保证收支平衡点位于标的股票的交易幅度内。

我们来举个看涨卖权价差的例子，以 2 美元看多买入一个 4 月份、行权价在 65 美元的 XYZ 股票卖权，再以 8 美元看空买入一个 4 月份、行权价在 75 美元的 XYZ 股票卖权，这笔交易的利润要看看空卖权在到期时是否没有价值。为了盈利退出，XYZ 股票就要涨到看空期权的行权价之上，并且要保持到期权到期前，看空期权到期才能没有价值，那么最大利润就是交易获得的净债权，即 600 美元〔(8-2)×100=600〕，从理论上说，股价在 69 美元以上时，交易就盈利。

要退出看涨卖权价差，就要监测标的股票的每日价格运行和期权的隐含波动率，两者在每笔交易都不一样，我们来探讨一下这笔交易在以下四种情况下会怎么样：

1. XYZ 股价涨到看空行权价（75）之上：让期权在到期时价值为零，在启动交易时持有获得的最大债权。

2. XYZ 股价保持在收支平衡点（69）之上但没有涨破看空行权价（75）：看空卖权可能被背书，并被持有人兑现，你就必须从期权持有人手中以每股 75 美元购买 100 股 XYZ 股票。你可以以市场价卖出股票，该价格高于看多卖权的行权价，因此有一点损失，但会被刚开始获得的债权抵消，你还可以卖出看多卖权获得额外利润。

3. XYZ 股价跌破平衡点（69），但高于看多期权的行权价（65）：看空卖权还是可能被背书，并被期权持有人兑现，你就必须从期权持有人手中以每股 75 美元购买 100 股 XYZ 股票。你可以以现价卖出股票，该价格稍高于看多卖权的行权价,这时,股票损失不会被刚开始获得的债权平衡掉,卖出看多卖权获得额外利润,可以弥补损失。

4. XYZ 股价跌破看多期权行权价(65):如果看空卖权还是可能被背书,并被期权持有人兑现,你就必须从期权持有人手中以每股 75 美元购买 100 股 XYZ 股票。现在你可以执行看多卖权,按照每股 65 美元卖出股票,产生最多 1 000 美元的损失,被最初获得的 600 美元债权平衡一部分,最后产生 400 美元的损失。

看涨卖权价差的风险情况(如图 26-4)显示,盈亏线从左向右斜向上,展示了上涨预测。如果标的股票上涨到看空卖权的价格,交易就达到了最大利润值;反之,如果标的股票的价格下跌到看跌卖权的约定价格,就产生了最大损失。要一直监测标的股票,留意反转或突破,避免出现最大损失。

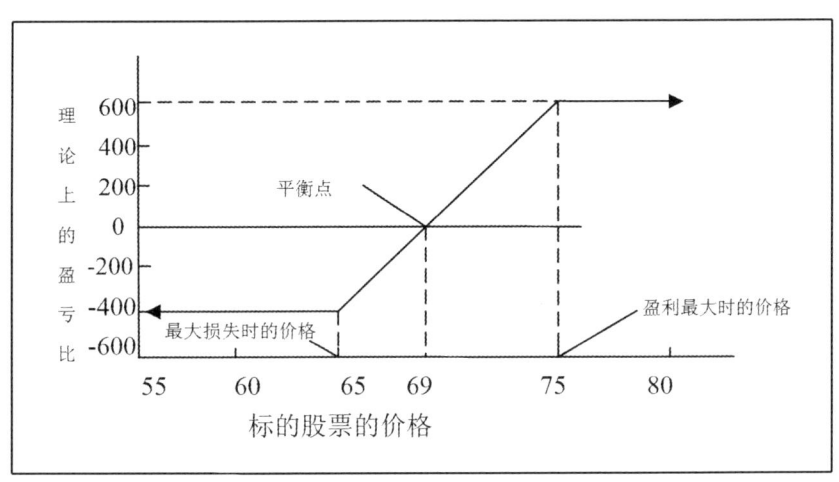

图 26-4　看涨卖权风险图(2 美元的看涨 4 月份、行权价 65 的卖权和 8 美元的看空 4 月份的卖权)

如果策略人预计高波动时期之后必定出现平静和正常,不同的日历价差和斜价差类型也能有很好的收效。

直接卖权和买权

在低波动环境下，最好的办法就是买入卖权或买权，我一般不推荐这样的交易，但为了我们在此讨论波动的目的，就来看看直接买入eBay买权的交易。2006年11月，eBay的股价是32.75美元，我们决定以2.50美元的价格买入eBay 4月份、行权价为35美元的买权，每份买权可以在2004年4月到期前买入100股eBay股票，有效期还有165天。

我们用模型计算了这些买权的隐含波动率，目前大约是35%，从图26-5中可以看出，35%是个历史低点，实际上，这些期权的隐含波动率在去年不止一次猛涨了几乎这个水平的两倍，因此，这些期权价格较低。实际上，如果所有其他因素不变，隐含波动率从35%上涨到70%，期权价格会从2.50美元涨到5.50美元，仅从隐含波动率上涨就能赚得120%的回报。

购买卖权更有可能比购买买权从隐含波动率的上涨中获利，因为股票或指数下跌时，隐含波动率往往上涨。换句话说，股价上涨一般会导致隐含波动率下跌。为什么？因为市场心理的原因，股票下跌往往会导致波动率更大，而且交易人对市场的回应降低。具体说，如果股票或市场下跌，就加剧了投资人的焦虑，交易人会因为波动过大而推高期权价格，基于此，购买卖权更可能比购买买权从隐含波动率上涨中获利。

直接购买买权和直接购买卖权的成功都在很大程度上依赖于标的资产在期权到期前，是否按照预定方向运行，知道这一点很重要。此外，期权交易经验丰富的人很清楚，时间消逝对看涨买权和看涨卖权都有不利影响，具体来说，由于期权都有固定的到期期限，期权的价值随着时间流动而消失，因此，期权有时被称为消耗资产。

总之，在直接进行卖权和买权交易时，标的资产的价格是要考虑的最重要因素，第二个要考虑的就是隐含波动率和有效期，这也是极其重要的，所以，别仅仅因为隐含波动率低就买入买权。如果股价重挫，隐含波动率再上涨买权也失去了价值。话虽这么说，但如果期权很便宜而隐含波动率也低的时候，买进买权和卖权的盈利机会就很大，不过交易

第26章 用期权抓住市场波动机会

人还是希望有更大的上涨或下跌。

在突破前买入双向期权

双向期权就是同时买入卖权和买权，两者的行权价（非常接近市价）和到期日一般相同。以 eBay 为例，交易者不是买入了行权价为 35 的买权，而是买入了 4 月份、行权价为 32.5 的双向期权，也就是说以 3.70 美元的价格买入 4 月份、行权价为 32.5 的买权，以 2.80 美元的价格买入 4 月份、行权价为 32.5 的卖权，买入时，两个期权的隐含波动率都是 35%，每个双向期权的总费用是 6.50 美元（3.70 美元+2.80 美元）。

购买人最希望在期权到期前，标的股票急剧上涨或下跌，例如，如果 eBay 在期权到期时上涨超过 39.00 美元（行权价加上双向期权成本），买权就会盈利；另一方面如果股票跌至 26.00 美元（行权价减去交易成本）以下，卖权期权的升值就会使双向期权交易盈利。无论哪种情况都需要股票在期权购买后急剧涨跌。

隐含波动率对期权到期前双向期权的价值也有重要影响。如前所述，如果其他所有因素保持不变，且 4 月份、预订价格为 32.50 美元的买权的隐含波动率从 35% 上涨到 70%，那么买权的价格就会从 2.50 美元左右上涨到 5.50 美元。同样，如果卖权的隐含波动率从 35% 上涨到 70%，行权价 32.5 美元的双向期权也会涨价。比如，其他条件都一样，如果隐含波动率从 35% 上涨到 70%，双向期权的价值会从 6.50 美元涨到 12.00 美元左右。

当然，很少能有条件都相同的，因此两个期权的隐含波动率上涨而其他情况保持不变是非常不可能的。隐含波动率在几周或几个月时间内往往会上涨，但每天都有很大变化的情况很少，因此，双向期权会因为隐含波动率的上涨而盈利，但其他因素也会影响交易，盈利最关键的因素是标的股票有大涨大跌。此外，双向期权还受到期权有效期的影响，卖权和买权都会因为有效期变短而跌价。我们举的例子中有效期还有 165 天，交易人希望标的资产的价格迅速变化来抵消有效期变短的不利影响，每过一天，交易利润就被蚕食。因此，股票变化越快越好，隐含波动率也会影响交易，这是第二个要考虑的非常重要的因素。

留意标的资产的价格

只要交易人了解了如何最大化获利机会，期权交易就会提供无限的盈利机会。在很多情况下，交易的成功取决于标的资产在预期方向上的运行。直接买权和卖权、不同类型的价差交易和对冲购买权等方法都与标的股票的上涨和下跌息息相关，因此，除了关注隐含波动率，许多交易人在建立期权仓位时还要注意预测价格走势。隐含波动率在期权定价时是核心条件。

精通几个能在波动剧烈或平缓环境下有效的期权交易方法很重要，www.optiontics.com 介绍了这些期权方法和其他方法的一些信息和免费学习文章，其他公司也有提供培训期权客户的服务。期权交易很值得一学，理解了波动剧烈和不剧烈时的内部原理，成败可能就在于此。

乔治·方达尼尔斯，美国顶点投资公司总裁，Optionetics 公司（www.optionetics.com）名誉总裁。他积极进行股票期权和股票交易，担任几个离岸交易组织、专业交易公司和大型金融机构的注册投资顾问和对冲基金经理人，并著有几本畅销书，包括《期权：高利润低压力交易方法》、《在线期权交易》和《学习波动》（与汤姆·金泰尔合著）。

弗雷德里克·鲁菲，Optionetics 公司的资深供稿人、指数策略师，专注于交易所交易基金和指数产品的期货交易。在就职 Optionetics 公司之前，他在纽约为 Miller Tabak 交易公司效力。本文的一个版本首刊于 2004 年 2 月和 3 月的 SFO。

第27章 期权交易的常见错误

劳伦斯·麦克米伦

不少交易人觉得在挑选和交易股票时都相当在行，但一旦把相同的操作转移到期权市场上他们就赔钱了，对此他们疑惑不解，有时埋怨期权市场、做市商和专家导致期权交易失利。在现实中，如果能够成功交易股票或有一个好的交易系统，完全可以相信能够成功移植到期权市场，实际上，利用期权甚至可以提高交易人的盈利能力。交易人会犯一些常见错误，但找出来并加以改正也不难。

一般来说，期权交易人会犯三种错误：约定价格确定错误、期权购买数量错误以及没进行合理的"万一"分析，解决的办法都与一些来自可靠的统计分析的常识技巧有关，这些技巧利用期权定价模型就能找到。了解期权交易不一定非得是数学家或统计学家，但有必要了解如何利用期权定价模型的一些基本结果。

因此，所有期权交易人在交易时使用期权定价模型就很关键，如果不用模型，就必定会被用模型的交易人玩弄于股掌之间，落得与其他人一样的境地。

最常见的期权定价模型就是布莱克-斯科尔斯模型，芝加哥期货交易所网站（www.cboe.com）有免费版，从众多软件和期货交易公司可以买到更炫的版本，有100美元左右的独立版本，也有1500美元以上连接实时价格的复杂版本。一般来说，没必要花那么多钱买模型软件，如果免费版本上的分析够你用，那就别再费上几千美元买自己根本用不上的功能。

买最好的期权

很多成功股票交易人在从股市转移到期权市场时，不知道如何选择合适的期权，实际上，要买适合自己现在在股票上用的交易系统的期权，有一个非常简单的方法，就是要知道和利用期权的 delta 值。期权的 delta 值就是决定期权在多大程度上会跟随股票运行，说得具体点，就是股票运行的百分之几可以反映到期权上。看涨期权的 delta 值从 0 到 1 不等。如果某一看涨期权的 delta 值是 0.50（50%），那么看涨期权的运行速度就是股票的一半。（例如，如果股票上涨 80 美分，那么看涨期权的价值就会上涨 40 美分）期权的 delta 值是期权定价模型的一个输出值。首要原则是：交易系统的时期越短，期权的 delta 值就越大。

举几个例子来说明。最短期交易系统是日交易系统，那么根据上述原则，日交易人交易工具的 delta 值最高，delta 值最大的交易工具就是股票本身，值一直都是 1，因此，我们这里想说的是，日交易人很可能就想交易标的股票，根本不考虑期权。股票比期权的流动性更好、更供不应求，因此对日交易来说，股票比期权好。

但除了日交易之外的几乎所有系统都能得益于期权。假设你是短期股票交易系统，持有股票的时间可能短至两三天，或长至一两周，系统的时间可以说非常短，但还是可以进行期权交易。根据原则，你希望买的期权 delta 值大，实际上，短期价内期权保证就是你的选择之一。例如，股价为 50，8 月 1 日出现买入信号，你想买入八月行权价为 45 的买权，这样的期权，时间价值利润很少，因此有非常高的 delta 值，可能 0.85 左右，其运行就非常接近股票，类似于股票的代替品。我不会买有效期不到一周的期权，但既然这个交易系统基本上都是在不到两周的时间里进行买卖，那在 8 月 1 日买入 8 月份的期权就非常合适。

长期股票交易系统能够交易不同的期权。假设你用的是中期系统（3 到 6 个月），从中期股票交易系统看到买入信号后想买入期权，可以买入平价有效期为三个月的买权，其 delta 值约 0.55，但对于中期系统，

delta 值不必太高。例如，假设股票 8 月 1 日的交易价格为 50，你在中期交易系统看到买入信号，比较合适的期权是 11 月份行权价为 50 的买权。

最后，如果你的股票交易系统是长期系统（持有期超过一年），那就可以买入长期普通股预期证券期权，有这个玄乎名称的期权有效期超过 9 个月。这样的长期期权，即使是虚值买权的 delta 值都相当高。因此，这是考虑买入虚值期权的为数不多的机会之一。例如，股价在 50，长期交易系统出现买入信号，可以考虑买入 8 月份行权价 55 美元的长期普通股预期证券买权，两年后的 1 月份到期，还有 17 个月的有效期。这种期权的 delta 值约为 0.60，要看标的股票的波动。

这一简单原则可以解决期权交易人的问题，例如，买入有效期过长的虚值期权。利用这一原则，结合成功的股票交易系统，你买的期权也会盈利。

决定买多少

很多期权交易人因为买的期权数量不对而损害了利润，这不仅是指买得太多，买得太少同样不好，那怎么来决定买入的正确数量呢？用的标准还是非常简单：与每笔交易占账户资金数量的比值相同，具体说，就是 3% 或 4%，别太多，也别太少。如果你每笔交易占账户资本的 3%，你运用的预定就足够了，而且，如果你风头正盛，交易盈利，会自动买入更多期权，因为随着账户资金增大，3% 也是相当大的一笔资金了。反之，如果你屡屡失利——大家都有这样的时候，那 3% 也就缩水了，这一原则让你控制自己的交易规模。

这个办法很合适。获利的时候提高交易规模，亏损的时候降低。如果你听到了相反的话，那就是数学家说的马丁格尔系统，这是死亡之路。一位名叫马丁格尔的数学家称，从输赢对半的赌局中总是能赚到 1 美元的。先赌 1 美元，如果输了就赌 2 美元，输了再赌 4 美元，以此类推。最后你会赢，赚回 1 美元（例如，假设输了前五局赢了第六局，赌

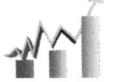

局的结果就是：-1美元-2美元-4美元-8美元-16美元+32美元=+1美元）。这种方法只在理论上有效，因为在现实中，我们的投资总有限。如果你每输一次就两倍再投入，如果一直输的话，你的钱总有用完的时候，而且真的会一直输，特别是自己没钱还胆敢和命较劲的时候。

假设我们决定每笔交易冒3%资本金的风险。（注意我们没说投入3%的资本金，而说冒3%资本金的风险）

你观察一只股票，看着其突破上涨到100美元新高。看着图，你决定如果买入的话，会在股票跌到95美元时止损退出，这种回调显示突破是个假动作，因此这笔交易你有5个点的风险。如果你账上有100 000美元，每笔交易有3%的风险，风险就是3 000美元。你的分析表明，这笔股票交易有5个点的风险，就可以买入600股（300美元的风险除以每股5个点的风险等于买600股）。注意股价为100美元，买600股就是投入60 000美元，但如果你在95美元止损退出，风险就是3 000美元。

相同的策略也可以用于期权市场。假如你决定买入期权，成本是10个点，即1000美元。如果期权是按照前一个原则确定的，即根据交易系统的时间轴决定买哪个期权。乍一看你应该买三份期权，风险资本是3 000美元，而你有100 000美元交易资本，每份期权1 000美元。但答案错误！如果你想在股票跌到95美元时止损退出，真的是在每份期权上亏100美元？很可能不是。如果那样的话，几乎可以确定期权的一些价值被遗漏了。

正确的做法是用期权定价模型决定如果股价跌到95时，期权的价值是多少。举例说明，你决定如果股票两周（你交易系统的时间期限）后跌到95，期权会值7个点，这时，每份期权合约的风险是300美元，最初成本是10，预计价值是7。因此，如果你想在每笔交易上冒3 000美元（交易资本的3%）的风险，那就要买入10份期权，3 000美元除以每份期权合约300美元的风险金。

10份和3份的区别就大了，但如果分析正确，10份才是正确的数

第27章 期权交易的常见错误

量。买得太多与买得太少的失误一样具有破坏性,我有时会与打扑克比较,好玩家不会从头到尾在每一把上都投钱,而是要在牌最好的时候大获全胜。在期权交易上,傻子才会在一笔交易上拿出资本的一大部分去冒险。但每笔可能盈利的交易都要投入允许的最大量,因此,这笔交易应该买10份而不是3份。

进行"万一"分析

买期权的最后一步是保证在买入时恰当考虑了市场可能出现的结果,这样做只能通过期权模型,但这一点非常重要。如果只是顺手或一时兴起买期权,就一定会被一些问题困住手脚,而如果提前做一些计划,会很容易预见到这些问题。

我们来举个例子加以说明。假设他看到股票突破不断创出新高涨到115,随后就决定要买这只股票的期权。当时是7月1日,但他想买入9月份的期权,给自己留些时间。他看到如下期权的价格:

股价:115

9月份110美元买权:17.5

9月份115美元买权:15

9月份120美元买权:13

9月份125美元买权:11

9月份130美元买权:9

看过这张期权价格表,交易人错误地认为,他应该买9月份、130美元买权,因为价格只有一位数(9个点);他没兴趣买价内或平价期权,因为看起来太贵。因此,他就盯上了9月份、130美元买权,期权询价是8,出价是9。一般的情况是,波动股票流动性不好的期权供大于求,就像这里举的1个点市场的例子。再假设交易人用自己的期权定价系统决定9月份、130美元买权的delta是0.46。

战胜买卖价差

交易首先要考虑的是确定股票要上涨多少才能战胜他所交易期权的

买卖价差。买卖价差是1个点（买8卖9），delta是0.46，用价差除以delta得到1/0.46=2.25，就是说，股票需要上涨2.25点，才能平掉买卖价差，也就是你现在要花9个点买期权（很有可能，因为在流动性不好的期权上做市商不会让你以买卖价之间的价格成交），然后，股票需要涨2.25点才能让期权的卖价为9，这可是一大笔费用呀。

其他问题

此外，期权模型能克服的另一个问题是期权如何应对隐含波动率的变化。假设期权交易时隐含波动率是95%，而不是一般的85%，因为其不断创新高。期权模型会显示这一期权的vega是16美分（0.16），意味着，隐含波动率每上涨或下跌一个百分点，期权就会涨或跌16美分。

期权交易人决定在9美元买入9月份130美元的买权，他不一定没看到期权模型软件发出的警告，但没有给予充分的重视。

三天后，股价涨了4个点，交易人就打电话给经纪人或查看他的线上报价，惊恐地发现期权的报价现在是8.25，而他花了9——即使股票涨了4个点。这时，交易人可能会问候一下期权市场、做市商等等。实际上，如果他能更仔细分析一下"万一"的情况，就会认识到这种情况可能发生。

我们来看点证据：首先，股票涨了4个点，delta是0.46，因此期权价值应该涨了1.80个点（4×0.46），实际的确如此。只是其他因素的代价还不止如此。再假设股票突破几天后，期权会回归一般85%的隐含波动率，也就是从期权买入时的95%降了10个百分点。既然模型已经提示每降一个百分点期货价值就跌16美分，这就是1.60个点的损失（10×0.16）。最后，还有期权的买卖价差，因为价差的幅度，按卖价买入按买价卖出的交易人会损失1个点。

总之，这笔期权交易的结果如下：

Delta：上涨4个点×0.46=+1.84

波动率下跌：跌10个百分点×0.16=-1.60

买卖价差：-1.00

期权净损失：-0.76

换句话说，如果交易人用期权模型进行了"万一"分析，问问如果股票涨4个点、隐含波动率回归正常水平该怎么办。而且买卖价差保持不变，模型也会显示期权会损失大约0.75，事实果然如此！

如何才能避免这一切？首先，如果交易人记得对短期股票交易系统应该买入短期价内期权，那他就会买入7月份、110美元买权，这个买权的delta比0.46高得多，而且隐含波动率下跌时间短，因此顶部线（delta上涨）会是很大的盈利，而第二个线（波动率下跌）会是小得多的损失。而且短期期权的买卖价差无疑更小，所以整个交易会盈利。

虽然看起来以一位数的价格买入虚值期权是限制风险的方法，但其最终只是一个消减利润的办法。正确使用期权模型软件会提前告诉交易人这些情况。但即使没有期权模型助威，只要遵守本文提到的第一个原则——交易的时间轴越短，dalta的值应该越大，交易人也应该买入短期价内看涨期权，结果也会不错。这是一个经典案例，在对期权交易经验缺乏时，相信直觉会让你自陷困境，即使你选择的股票盈利了。

不少交易人只要听从本文列出的简单原则就都能提高盈利能力。首先，记住如果你的股票交易系统期间越短，购买的期权delta就要越大。第二，记住用模型正确评估期权风险，才能在交易时买到足够的期权。最后，利用模型使用delta风险和波动率风险，这样你会对要买的期权进行现实的"万一"分析。有了这些简单步骤，任何成功的股票交易系统都能转换为成功的期权交易系统，并且很可能提高盈利率并真得降低风险。

劳伦斯·麦克米伦，拥有多部专著，包括畅销书《期权策略投资》，也是麦克米伦分析公司（www.optionstrategist.com）总裁。该公司发布多种期权交易通讯，有广泛的期权研究资料、学习资料和研讨会，同时也管理期权市场的个人账户和一个对冲基金，并销售软件，如布莱克-斯科尔斯模型的独立版本。麦克米伦担任过经纪公司McKinnon Securities 和 Prudential-Bache Securities 的专属交易人，然后于 1991 年创立了麦克米伦分析公司。他在普渡大学获得数学本科学位，并在科罗拉多大学获得应用数学和计算机科学双硕士学位。本文首刊于 2002 年 7 月的 *SFO*。

第六篇　结语

最后，对在线交易人如何避免犯常见而且代价巨大的错误，提一些建议。当代著名的交易专家博瑞思·谢鲁斯伯格分享了他的一手经验，介绍了7个最惨痛的交易错误，以及避免犯错的历经考验的办法。无论你是刚开始交易，还是交易活跃，你至少熟悉其中一些场景，并将从此次讨论中有所收获。

第28章 交易七宗致命罪

博瑞思·谢鲁斯伯格

傲慢、嫉妒、贪食……等等七宗罪，我们都很熟悉，对其给身体和精神带来的伤害也不陌生。那我们在交易上会不会也犯类似的罪过，打击我们的信心并毁掉自己的资金呢？会的，这是七个最大的交易错误，但也有办法来防止。我怎么知道？这些错我都犯过。

1. 没合理根据就交易

问一个交易新手为什么做交易，他很可能愣愣地看着你，嘟囔说："不知道，有人卖，我就买了。"

问一个半熟手，他可能会说："呃，看多一方的五分钟移动平均线与价格背离，我就看空了。"再问问他"那你止损退出后怎么又进去交易了？"他会说"额，总会再下跌的呀。"

最后问一个真正的专业交易人做什么交易，他往往会来这么一句："什么也没做，没看到交易机会。"

毫无根据、冲动之下做交易是大多数交易人转眼就亏损的主要原因。迷失在看似随机的价格运行中、矛盾的基本面意见里以及混乱的经济、政治和技术价格信息里，不少交易人从一个交易跳到另一个交易，就像是沉船的绝望幸存者要找到陆地。他们想在波动的日子找到趋势、在趋势明显的日子追随趋势，做了一笔好交易就被胜利冲昏了头脑，立即跳进市场，要把赚来的全都还回去，然后就没有然后了。最后不少交易人在沮丧迷茫之下，转而求助于大师或交易系统，要付出的往往是成千上万真金白银，而得到的不过是被说得天花乱坠的移动平均线交叉策略。

用最近12个月赚了200亿美元伪币的黑盒子系统交易并不是个交易的合理理由；因为"看起来像是跌够了"，就在自由落体时买入电子迷你标普，这不是交易的合理理由；因为某位一本正经的经济学家在消费者新闻与商业频道上说利率很快会上涨就抛售债券期货，也不是交易的合理理由。

怎么才能找到交易的好理由呢？毕竟没有什么灵丹妙药，但其实很简单，你必须做功课。如果交易股票和股指，就是要进行技术交易，你就要看几千个小时的图，最后才能分离出能够时常出现而且你用起来顺手的价格形态，然后你还要花几百个小时在模拟系统上练习操作这些特定形态，然后才能真枪实战。

如果你交易债权或货币——这两个市场完全是基本面交易，你必须知道运行这些市场的助推器。迅速说出7个大型央行的掌权人和其各自的资金政策。德国最近6个月的订单有什么趋势？在G7集团中哪个国家最容易受到油价剧涨的打击，哪个国家的货币对石油反应最积极？如果你交易这些市场而不知道这些问题的答案，那你的交易就没有好根据。

2. 追踪价格

我们把这一点说得简单形象点，看看图28-1。看起来是买入的好机会，是吗？实际上不是。即使价格飞涨50YM点，在这个图像下买入也是个赔钱交易。为什么？因为其显示的风险回报率很低。我们来具体分析一下。这笔交易的合理利润目标在哪里？假设是突破蜡烛条长度那么大。那设置止损的合理位置在哪？对风险非常谨慎的交易人会贴着10EMA支撑线下方设定止损，而更激进的交易人会把止损设定在后面两个蜡烛条的最低价之下一个基点处。

第28章 交易七宗致命罪

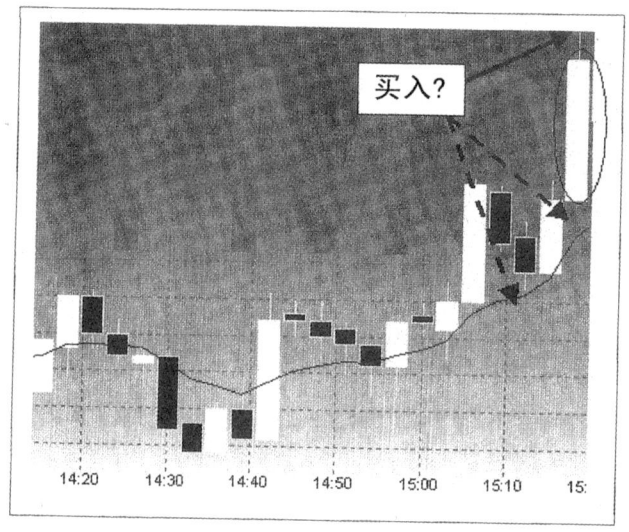

图28-1 该买吗？

但我们来看看下面几张图里可能有什么情况。

比较图28-2和图28-3，注意黑色箭头如何突然变小而浅色箭头为何突然变长。图3中的第二个交易建立点有什么特别的不同？没什么不同。我们仍然根据相同的理由进行交易，只是要等到价格接近目标。但注意这时风险回报率的巨大差异，在第一种情况下（图28-2），回报风险率是1∶1和1∶1.4；第二种情况下（图28-3），回报风险率是2.3∶1和1.4∶1。

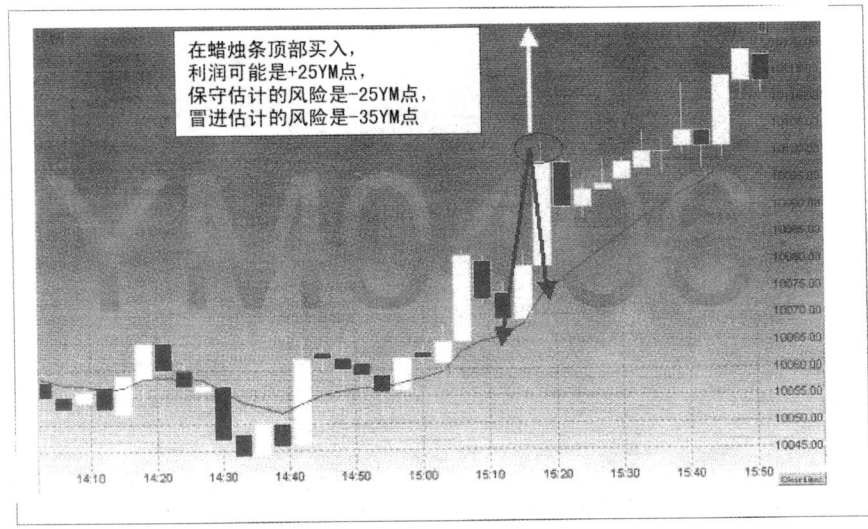

图 28-2　在蜡烛图顶部买入

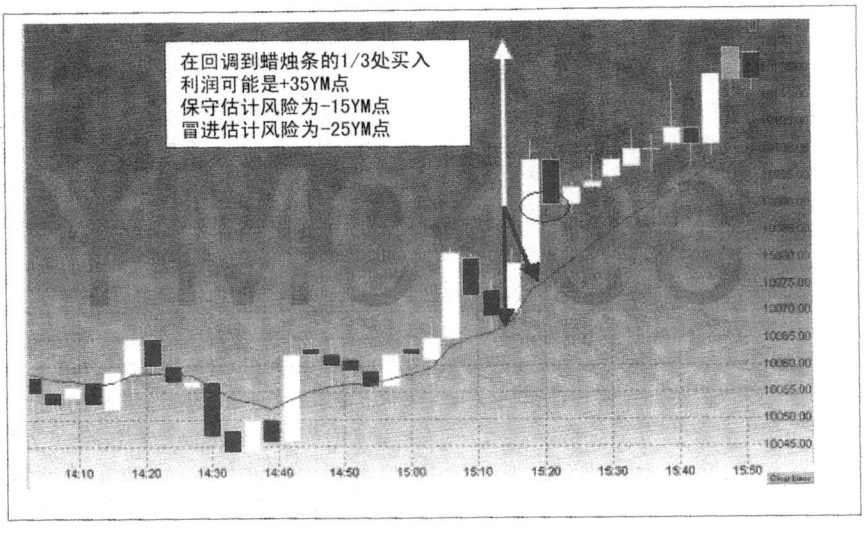

图 28-3　价格收缩后买入

买高逃低的代价非常昂贵。即使方向最后是正确的，交易人也陷入了易受害的地位，要么因为止损过紧而被踢出交易，要么为了获得过多利润而将止损设得过大。

很多交易人问我，如果没有回调——价格继续在一个方向上运行，那怎么办？答案很简单，别追着价格走了。

3. 不能实现利润增长

说到这一点，即使是最顽固的交易人都知道要尽快止损。自动交易软件越来越多，会自动在你进行交易时自带止损订单，大多数交易人不用特意考虑止损。

但任利润增长则是另一回事。为什么任利润增长实践起来这么难？首先，损失总是有限的，而利润可能是无限的，我们的股本都有限，这就是绝对损失，再下跌也就能有这么多损失，但利润实际上是无止境的。

假设持有1 000美元的微软上市新股，现在的价值是约100万。当然微软的例子过于绝对，但说明了一个重点，交易的原因是为了让利润增长而不是尽快止损。

我们总是因为亏损了责怪自己，赢一点利润就犒劳自己，实际上我们应该反其道而行之，为能够保住资本、控制风险而有合理损失沾沾自喜，为"丢了西瓜捡了芝麻"而自责不已。如果没有足够的利润怎么去付那些损失呢？在很多工作中，20%的交易产生80%的利润，交易怎么会有不同呢？

但交易在一个方面的确不同。在一般工作中，一般会提前知道或非常清楚利润最多的20%生意在哪，我们会预测需要，提供足够的资源，保证我们得到并留住那笔生意，但交易可没这个运气。连续一百次交易，没人能有把握预测会产生80%利润的那个20%在哪，这是交易困难的一个让人抓狂的因素。

怎么才能让生意利润增长而在瞬间又能获取呢？我从成功交易人身

上观察到的唯一的办法是逐步退出法。人类发泄情绪的需要很急切，如果不立即释放一些压力的话，我们会故意破坏交易，因此许多成功交易人会在交易获得暴利（假设 1 个 ES 或 10 个 YM 点）时清仓 1/3，在达到中期目标（如+3 个 ES 或+10 个 YM）时抛出第二个 1/3，然后持有最后一份，等着日交易可能大获全胜（+10 个 ES 或+100YM）。

做过计算的人会发现，这样做往往比一次性退出收益小（因为很少能实现第三次目标），但在市场上，数学算出来的最优方案通常不是人心理能承受的最佳方案，这就是为什么芝加哥和纽约交易现场的圆滑世故的家伙能从无数博士交易人手里赚钱的原因。

如果你就是一个一手交易人呢？老实说，你的交易规模太大，解决方法之一可能是交易单股票期货而不是电子迷你指数。例如，你可以以 DIA 单股票期货代替 YM、以 QQQ 单股票代替 NQ，以保证能用到逐步退出法。

4．寻找高概率交易

如果我告诉你世界上最好的对冲基金交易人（没有之一），他能获得 50%的利润——其他人只有 20%，他赚的钱仅来自 5%的交易，你会怎么想？没错，他就是史蒂夫·科恩，执掌 CAC Capital Associates——最隐秘最成功的 40 亿美元对冲基金。他根本不怕犯错，是个老派的新闻动向交易人，做的很多交易都让他大失所望，他要交易的是"大手笔"，而不是"确定的交易"。他在接受杰克·施威格采访时说："我的大多数交易人盈利的机会只有 50%，这就是说会犯很多错，这样的话，最好保证你亏得尽量少，赚得更多。"

科恩的成功经验很明了，股市不是个预测性很高的环境，与其到处寻找高概率低收益交易（相信我，没有高概率高收益的交易），不如找那些收益可能更大，但准确性不高的交易。找到盈利风险比 2：1 而把握只有 50%的交易，这种方法一再被使用而且依然有效，只要能接近这些数字的交易人在长期内绝对可以赚大钱。

5. 设想趋势直线运行

新交易人一个根深蒂固的糟糕认知就是在交易里赚钱的办法就是跟随趋势交易，然后立即想象价格从 A 到 B 平缓地沿斜线向上运行，自己的账户资本呈指数上涨。价格往往是从 A 上涨到 B，但没几个交易人最终的资产正向变化。如果趋势的确经常这么运行，那为什么几乎没人从中得利呢？

看看图 28-4、28-5 和 28-6，当然事后看来，趋势非常明显，但再看看单个时间期限，这些图几乎从长期看来无法激起人的信心。市场一直要把交易人赶出去，因此认为跟随趋势很简单的人都是在自寻死路的幻想下操作，而有效进行趋势交易的人会找无数的确认信息。

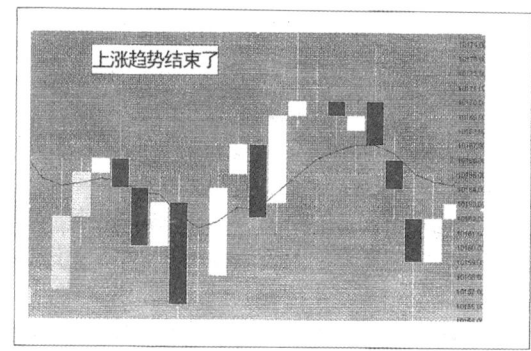

图 28-4

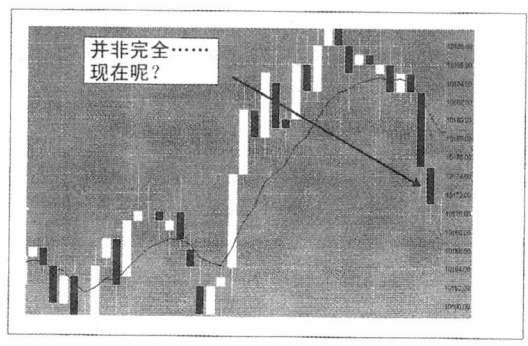

图 28-5

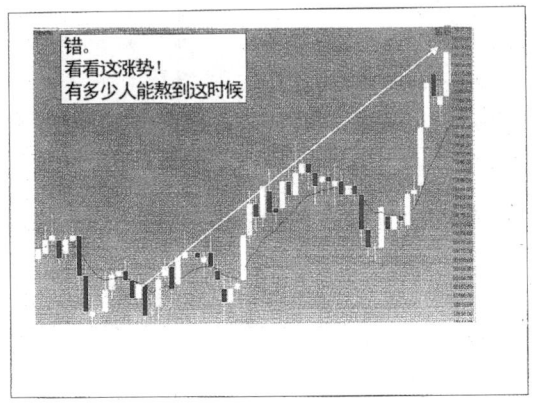

图 28-6

6. 没有以低于平均价格买进

我们来看看一个简单的情况,我持有 100 股价值 100 美元;股票下跌至 90 美元时,我买了 200 股;到 80 美元时买了 400 股,把止损设在了 85 美元。如此,价格的浮动范围就非常大,我为了尽可能接近市价,用了非常激进的双跌策略（1×2×4）,而不是标准做法（1×1×1）。我们再进一步假设,我把退出的目标价设定在 90 美元,以获取最有把握的利润。把握有多大?我们设定 75% 的盈利机会,这在真实交易中几乎闻所未闻。

我们运用的办法是尽量能以低于平均价格买进,情况怎么样呢?以 75% 的盈利机会来算,我们盈利 37.50 美元,你觉得还不错。但别忙,如果我们的胜算降为 70% 呢?亏损 15 美元。如果胜算再下跌一点到 65% 呢?亏损 67.50 美元。虽然我们的策略的胜算达到 65%,还是损失了 67.50 美元。

最后一个问题,如果市场的跌势延长,我们的胜算降为 55%,又会怎样呢?我们还有一个完全积极的办法,情况会怎么样?连续 10 次亏

损后，我们赢得172.00美元。只有较小的20%的下跌机会，我们的损失比最好的盈利大450%。

以低于平均价格买进是交易办法中的俄罗斯轮盘赌，你有时会逃过霉运，但总有一天它会抓住你，让你净身出场。

但以低于平均价格买进原则有一个例外，就是第三个错误中提到的逐步退出法的反向操作。如果你最初的仓位是300股，那平均每次投入100股，只要你老实设定止损。例如，如果你想在100美元买入300股，止损为90美元，风险共计是30个点，那就分别在100美元、95美元和90美元各买入100股，止损为85美元。很多交易人愿意用这种办法，这样他们的价格更多样化，止损更有把握。如果要遵循这种办法，从开始就要这样做，别双倍建仓，还把这叫作逐步投入，你骗的只能是自己。

7. 过于频繁地交易

你有10 000美元的风险资本，在快交易期货经纪人那里开了户，每笔交易收费5美元，你又下载了最新的免费自动执行软件就开始交易。但你不想冒止损过大的风险，就决定分步进行，每天做10笔交易。你做得怎么样呢？比大多数人都好得多。你一直保持不赔不赚，不急于盈利，还在学习，对市场一分不让。

假设200天之后亏损和盈利完全平衡，没赔给市场一分钱，那你的账户里还有多少钱？零。

没错！你的经纪人成了帮凶，你还怪不上他，他的收费最低了。错就错在过度交易，最不为人知的交易错误，实质损害不会立即显现。

如果活跃交易人把年佣金与年终盈亏率相比，他们可能对数字会大吃一惊，大多数交易人支付的佣金比从市场赚的钱还多。

那么日交易人的合理交易次数该是多少？没有硬性规定，但一般来说，每天的平均交易不应该高于3到5次，如果一天做10次以上，就不能说你是超级活跃的逐步操作、对市场有超群的短期感觉，而应该说你交易过度,这最后会让你付出代价。

避免这七个错误无法保证你就能盈利,决定盈利的是你的技巧和决心。但成功交易与其说是行动的艺术,不如说是避免的艺术。在交易中避免这些致命的错误可能不会让你成为优秀交易人,但会防止你成为差交易人。

> 博瑞思·谢鲁斯伯格,福汇资深货币策略师,该公司是全球最大的零售外汇交易商之一。他著有《货币市场技术分析:从市场变化与商人情绪赢利经典技术》。本文首刊于 2004 年 8 月的 *SFO*。

术语表

算法 在交易系统中进行金融市场的交易决策的一种高级数学模型。

美国股票交易所（AMEX） 一家股票交易所，私人非盈利机构，1842年成立于纽约，亦称为AMEX和场外证券交易所。

应用程序界面 发送交易订单到"后端"的计算机软件程序功能，包括处理订单的硬件。

套利 同时买卖（通常是在不同交易所或市场）同一份资产，希望从不同市场里的同一份股票、商品或金融工具的不同价格中获利。

交易间 为一群或单个交易人建立的交易间。

报卖价 卖家愿意接受的证券、期货合约或其他金融工具的价格，亦称为报价。

按此价格或按更好的价格 （1）在购买股票、商品或其他金融工具的委托指令中，以特定价格或更低价购买；（2）在卖出委托指令中，以特定价格或更高价格卖出。

平值期权 行权价与标的金融工具（如股票）现价相同的期权。

开盘集合竞价指令 规定在市场开盘或交易开始时执行的委托指令，否则就取消委托。并非一定要以开盘的价格执行，但要位于集合竞价的幅度内。

证券逆差价 一种期权价差，交易人持有的看多仓位多于看空仓位。看空仓位交易的收益用于购买看多仓位，这种价差的建立可用全看涨期权或全看跌期权。

熊市（熊、看跌） 价格下跌的市场，价格普遍下跌且悲观观点蔓延的时期。

看跌价差 买入一种期权的同时用卖出另一期权对冲，两种期权的

到期日相同但行权价不同，因此能从价格下跌中获利。

Beta 投资波动幅度系数，值越低投资风险越小。

报买价 买家愿意支付的证券、期货合约或其他金融工具的价格。

β系数 单个市场（股票、期货、金融工具）相对于整个市场的波动系数。

黑匣子系统 交易软件程序，其内部运行或算法无人知晓，且变量无法修改。

布莱克-斯克尔斯期权定价模型 费雪·布莱克和迈伦·斯克尔斯1973年开发的期权定价公式，应用很广，曾用于评估场外交易市场期权、期权投资组合或交易所期权交易的估值。

交易所/同业公会 交易所或买卖一种商品的商人联合会，一般指商品期货和/或期权交易的交易所，有时指合约市场或交易所。

布林带 技术分析师用于指示市场超买超卖的方法，包括上方的固定线和下方的简单移动平均线，波动大时带宽加大。

债券 按期付定额息的债务工具，发债人保证按时全额返还债务。

账面价值 会计账目显示的金融工具的价值，一般与市场上的价值不同。

登记 交易处理的过程，虽然还没有资金，但系统已经记为在将来交割。

登记日 记录和执行付款的日期，付款日会传递到自动系统进行登记。

交易账目 自动系统处理金融交易的记录，亦称为记录。

包围单 含三个部分的订单，包括入场订单、止损退出订单和目标价退出订单。如果退出订单成交，则其他订单就被取消。

中断 价格急剧下跌。

收支平衡点 （1）收入和损失相同的点；（2）期权市场必须达到的一个价格，买入者在行权的时候才不至于亏损。

经纪人 （1）收取费用或佣金代替其他人或公司执行其买卖指令的个人或公司；（2）商品期货交易的场内经纪人，在交易所大厅现场执行指令。

经纪费 经纪人执行交易收取的费用。

经纪自营商 买卖股票的个人或公司，公司既可以是经纪人（代理人），也可以是交易人（本人），但不能在同一笔交易中。在美国经纪自营商必须在证券交易委员会和营业地所在州注册。

倒买倒卖 （1）未在官方交易所执行的非法买卖订单；（2）非法使用客户资金而不披露。

牛市（上涨，看涨） 价格上涨的市场。认为价格会继续上涨的交易人被称为股市看涨的人。

看涨价差 购入一种期权，并同时卖出另一种股权用以对冲，两种期权到期日相同但行权价不同，会从价格上涨中获利。

买进 为抵消、补差或结束卖空仓位的购买。

买入止损订单 价格高于目前出价时买入的指令，当市场价格触及或越过买入止损价时启动。

日历价差 见水平价差。

看涨期权 许可所有人可以（并非必须）在确定的将来某日以特定价格买入商品或其他金融工具的公开交易合约。

蜡烛图 包括交易期内开盘价、收盘价和移动方向信息的价格图，亦称为日本蜡烛图，日本自18世纪起就利用该方法分析米市，名称亦沿用至今。

利率上限期权 利率上涨到一定水平后给持有人补偿的一种投资产品。

清算经纪人 商品交易所的成员，通常是结算公司，其他经纪人或客户通过其结算全部或部分交易。

置存资产费用 储存实体商品产生的费用，一般包括利息、保险和储存费。

现金市场 为买卖期货和衍生品合约相关的现金工具而进行交易的基础商品、证券、货币或资金市场。

图表 市场技术分析利用图和表描绘价格走势、交易量和持仓价格。

芝加哥期权交易所（CBOE） 芝加哥商品交易所交易股票期权的

交易所，有资产、期权和场外证券交易市场。

芝加哥商品交易所（CBOT 或 CBT） 美国最悠久的期货交易所，成立于1848年。该交易所已经与芝加哥商业交易所（CME）合并，组成新的 CME 集团。商业交易所交易农产品期货，如玉米、燕麦、大豆，以及金融工具，如长期国库券和中期国库券。

芝加哥商业交易所（CME） 该交易所与芝加哥商品交易所合并成立全球最大的期货交易所。商业交易所运营国际货币市场（IMM）、指数和期货选择买卖市场（IOM）和创业板市场（GEM），并最终会运营芝加哥商品交易的农产品期货，如玉米、燕麦和大豆，以及长期国库券和短期国库券等金融产品。

结清 交易正式完结。

结算成员 清算公司或联盟的成员，所有非清算成员的交易必须通过清算成员注册并最终处理。

结算公司 与交易所联系、负责处理交易账户、结算交易、收取和维护佣金、管理交付和报告交易数据的代理机构或独立公司。清算公司担任所有期货和期权合约的第三方。

结算 检查交易是否成立的过程。交易生效时，清算公司或联盟成为每个卖方的买方和每个买方的卖方。

收盘 交易期的结尾，此时认为所有交易已经成交。

期末报表 报告期结束时体现全部发生项目的资产负债表。

收盘价 某日闭市时的交易价。

收盘范围 闭市时交易的近似价格范围，闭市时的买卖指令可能在此范围内的任何价格成交。

佣金经纪人 执行买卖金融期货合约订单的交易所成员。

期货经纪商 以自己的名义为交易所的其他成员或非成员客户进行交易的经纪人，在交易中对另一方负有本人的责任。

佣金 （1）经纪人因为执行某项职责如买卖期货合约而向客户收取的费用，佣金必须公平合理，考虑到交易的所有相关因素；（2）有时指美国商品期货交易委员会（CFTC）。

商品 可能在未来执行的交易或商业的实体、服务或权利。目前交

易的合约包括小麦、玉米、棉花、牲畜、铜、黄金、白银、石油、丙烷、胶合板、货币、短期国库券、长期国库券和股指。

商品渠道指数（CCI） 技术分析中的一种摆动指数，用于决定投资工具是否被超买和超卖，量化了资产价格、价格移动平均线和平均值标准偏差的关系。

纽约商品交易所（CMX） 纽约商业交易所的一个部门。

商品期货交易委员会（CFTC） 根据《1974年商品期货交易委员会法案》设立的联邦机构，以保证期货市场公开有效运行。

有条件订单 在满足特定条件时才会自动提交或取消的订单。

确认声明 交易成立时经纪公司向客户发出的声明，确认了买卖的合约数量和价格。

堵塞 市场进行盘整运行。

盘整 技术分析术语，指交易活动暂停，价格横向运行，为下一步的运行做准备。据称交易人在盘整时会评估自己仓位。

合约日 双发达成合约的日期。

合约月 期货合约约定进行交割的月份。

合约 （1）至少两方在某种条件下针对某种产品买卖达成的合约，双方因此形成法律上的权利和义务。（2）指商品交易的一个单位。

Cookie 某些网站在用户浏览网页时链接到用户硬盘的小型文本文件信息，包括的信息有用户识别、用户偏好或存档的购物车信息。

倾轧 确保控制一个市场，由此能操作价格。

调整 技术分析术语，价格逆市场主要趋势反应。有时指回调。

平仓 用等值反向操作抵消先前的期货、证券或其他金融工具的开仓交易。空头平仓是买入数量相同并且月份相同的合约来抵消之前的卖出开仓。多头平仓是为抵消买入交割义务而进行的抛售。

有保护的 空头拥有标的证券的投资策略。

借方价差 购入一种期权，并同时卖出另一种股权用以对冲，当组合过期不执行时有收入进账。

交叉套利 在不同但相关期货或其他衍生品市场进行现金工具套利。

客户持仓日报 说明客户的一个账户或一组账户持仓量的每日报告。

日订单 在下单当日如果没有执行则自动在交易段结束时失效的订单。

日内交易人 在市场建仓并在交易日结束前清算的交易人。

死猫式反弹（DCB） 价格在一个交易期内下跌30%—70%后反弹再继续下跌的图表形态。

交易商期权 有形商品的买权或卖权,并非根据交易所规则发起或限制,而是由交易基本现金商品的公司出具。

交易商 为自己账户和客户账户买卖金融工具的个人或公司。

借方价差 购入一种期权,并同时卖出另一种股权用以对冲,当组合过期不执行时有收入进账。

碎片整理 收集计算机文件的碎片,并将其整理分配到硬件中连续部分,提高文件管理速度,加快线上交易。

delta式对冲 在同一外币上反向开放货币点部位部分抵消货币期货的兑换风险。

delta 期权价格预期基础期货合约或股票价格之间的关系系数,衡量期权价值与基础价值的互动关系。

需求 消费者购买货物或服务的需求和愿望。

衍生品 其自身价值来自于或联系到基础金融资产,如股票、债券、货币或抵押的复杂投资。衍生品会在交易所挂牌交易,也会在场外私下之间交易。例如,衍生品可能是期货、期权、抵押证券。

斜线价差 买一种期权的同时卖出另一种期权对冲,两种期权的行权价相同但到期月不同。

打折经纪人 佣金低于全面服务经纪人的经纪人。

贴现率 联邦储备系统银行成员收取的贷款利息率,该利率会影响金融机构向其客户收取的利率。

背离 资产价格和指标、指数或其他相关资产反向运行,可能利好或利空,在技术分析中用于投资决策。

回撤 在特定交易期间从高峰到低谷的下跌,通常会以百分比

表示。

每股收益（EPS） 公司收益按照普通股发行总量分配的值，市公司盈利能力的指标，通常被认为是决定股价的最重要变量。

权益曲线 描绘账户价值上升下跌曲线的图。

弹性 指供应、需求和价格之间互动特性。商品需求有弹性是指价格变化会造成消费提高或降低；如果供求对价格变化反应不大，则表明供求缺乏弹性。

电子通讯网络 意在允许交易人在执行订单时彼此直接交易的电子系统。

电子交易 通过电脑对金融资产的买卖双方自动匹配，例如GLOBEX、Project A 和 Access。

权益值 持仓头寸全部以市场现价折现的期货账目资金值。在证券市场，则指属于股东的公司净值部分。

交易所 参与期货和/或期权买卖的人或实体联盟，通常会涉及竞卖。亦被称为交易板块或合约市场。

执行日 交易人希望使期权的日期。

执行 （1）完成交易指令；（2）执行指令。

实施日和行权价 执行期权的最后一天，以及在该日及以前市场买卖期权的币种和价格。

实施日 期权买方决定按照与期权卖方达成的期权合约实施买方权利的日期。

实施价格 看涨（看跌）期权买方可以决定实施期权买（卖）标的期权合约的价格，亦称为行权价。

实施 实施期权就是买方决定按照期权的行权价接受标的产品。

到期日 一般指可以实施期权或执行交易的最后一天。

风险暴露 由于市场价值、利率或汇率的变化而可能引起的价值损失。

Fed 美国联邦储蓄银行的简称。

联邦公开市场操作委员会（FOMC） 美国联邦储蓄银行的一个委员会，进行货币供应操作的决策，主要目的是购买和销售政府证券，

提高或降低货币供应，同时也规定主要利率，如贴现率和联邦基金利率。

联邦储备 美国央行，制定货币政策。美联储和 FOMC 监控货币供应、利率和贷款，目的是维持美国经济和货币稳定。亦被称为美联储。

斐波那契数（或数列） 意大利数学家列奥纳多在 14 世纪发现的数列，被用于技术分析。数列的前两个数字是 0 和 1，后面的每一个数字是前两个数字的和（0、1、2、3、5、8、13、21、34、55、89、144……）。

成交 完成股票或商品订单（如买或卖）的行为。

金融工具 亦称为金融产品或简称工具，包括债券、股票、衍生品和其他金融资产形式。

场内经纪人 在交易所大厅为其他人或实体执行指令的个人。

场内交易人 交易所成员，亲自在交易所大厅进行自己的交易。

地面 （1）金融市场获准下跌的最低比率；（2）交易所大厅。

远期 金融工具未来的比率或价格。

摩擦 市场交易相关的直接和隐含成本。

前端 计算机里放置交易订单的软件程序。

全面服务经纪人 执行买卖订单、调查投资对象、帮助投资人开发和满足投资要求并提供建议的经纪人。

基本面分析 研究影响市场供求、整体经济、行业状况等的根本因素的市场分析方法。

期货佣金商 发出或接受买卖期货合约或商品期权订单、并接受此订单相关客户的资金或其他财产的个人或组织。

期货合约 在未来某一时间买卖特定数量和特定质量等级的商品的标准化合约。期货合约可自由转让，只能在指定交易所公开竞价交易。

期货期权 期货合约上的期权。

跳空 技术分析中，一日的价格范围完全低于或高于前一日范围的情况。

Globex 交易衍生品、期货和商品合约的全球不间断电子系统。用于芝加哥商业交易集团的自动成交系统。

术语表

撤销前有效的买卖订单 按照设定价格买入或卖出某种证券的有效订单,除非被客户取消或成交。

头肩形态 一种技术分析图表形态,有三个最高值,类似一个头部两个肩膀。头肩形态的最高点一般在重大上涨后形成,表示市场反转。头肩形态的底部(倒转头肩形态)表示市场上涨。

对冲 为降低风险在价格运行相反方向所做的投资。

对冲交易 交易商和交易人以及农民、制造商和其他生产商针对外汇、商品和证券运用的交易策略,以防汇率和市场价格的严重波动。现在的卖或买会被未来特定时间的买或卖合约冲抵。

水平价差 买入一项期权的同时卖出另一项期权对冲,两个期权的行权价相同,但到期日不同。亦称为日历价差。

隐含波动率 股票或商品价格的估计波动率。

价内期权 有内在价值的期权,如果行权价低于目标期权合约的现价,则买权为价内期权;如果行权价高于目标期权合约的现价,则卖权为价内期权。

无弹性 是指供应、需求和价格各自独立的特性。如果价格变化不会引起消费增减则表明商品缺乏弹性;供应和需求对价格变化不产生什么反应则表明缺乏弹性。

初始保证金 在建立期货或外汇仓位时需要客户缴纳的资金,期货或外汇市场的保证金不属于首付款,而证券市场的保证金则属于。

内幕交易 (1)公司高级职员根据公开信息进行的合法证券交易;(1)投资人根据非公开信息进行的非法证券交易。

跨商品价差交易 交割时间相同(或接近)、商品相关、通常在同一交易所进行的交易。

跨月价差交易 商品相同、通常在同一交易所、交割时间不同的交易。

跨市价差交易 商品相同、交易所不同、交割时间相同的交易。

国际证券交易所(ISE) 全球最大的电子资产期权交易所。

机构投资人 大数量金额交易股票或其他金融产品并有资格获得特殊待遇和/或低佣金的个人或机构。

利息 使用资金需支付的费用或成本,以每一时期的一定百分比表示。

国际期权市场(IOM) 芝加哥商业交易所的一个分部。

中介经纪人 吸引和接受客户的商品期货指令的公司或个人,但其不接受客户的资金、证券或财产。

Level I 包括实时询价/报价的线上交易服务。

Level II 包括单个投资参与者报价的线上交易服务。

使用资金杠杆 利用借来的资产提高所有人资产的回收,投资人可以通过存入低于合约价值的资金在市场建立仓位。

限制运行 根据合约市场的规定,在交易期间有上涨或下跌限制的价格。

限价订单 在确定价格或更好价格才可以成交的订单。

流动市场 有大量有意的买卖方存在因而买卖很容易的市场。

流动性 资产变现的容易程度。

多头套期保值 买入期货合约以防商品价格可能上涨,参见对冲交易。

净多头 同一货币的资产(和/或期货购买合约)多于负债(和/或期货购买合约)。交易商买入超出卖出的部分使他成为净多头。

看多 持有(买入)股票、货币、期货合约、商品或衍生品。

长期普通股预期证券(LEAPS)期权 从当前日期起九个月之后到期的期权。

补充保证金通知 经纪公司或结算公司要求客户或结算成员补充保证金,已满足交易所规定的最低额要求。

保证金 (1)在期货和行业,期货合约买卖双方存入一定金额的资金,已担保对合约的操作;(2)在股市指必须准备的购买证券的一定量现金。

市场套利 在不同市场同时买卖同一种证券、期货或其他金融工具,以期利用两个市场间的价差。

市场的冲击成本 订单成交价与要求的最佳成交价之间的差额。

市价指令 买卖证券、期货合约。或其他金融工具的指令,并能以

术语表

尽可能最好的价格立即成交。相反，有限指令则指对成交的价格或时间有具体要求。

市场 （1）买卖双方直接接触一起做生意的地方或环境；（2）金融工具的通称。

加价 交易商中最低的当前报价与交易商收取客户的最高报价之间的价差。

配对交易 竞价之外的金融交易或协商过程。以同一价格买卖同一金融工具的指令要经过配对后才能执行，通常是由电脑完成的。

配对指令 同时输入相同（或几乎相同）的买卖一种金融工具指令，使市场上产生交易活跃的现象。

规则上升（MMU） 显示价格趋势继续上升的图表形态。

机械系统 根据事前确定的指标或其他标准形成的过滤条件买卖股票的方法。

迷你合约或电子迷你合约 电子化交易的迷你型股指期货。大量指数拥有迷你合约，例如纳斯达克100指数、标普500指数、标普中型股400指数和罗素2000指数。

动能指标 当日与固定天数之前价差构成的线，可以通过当日价格与移动平均线当前值之间的差来衡量，通常指动能摆动指数。

移动平均线 一定时期的价格平均值。价格随时间改变，降低了数据的波动性。移动平均线强调趋势方向，验证趋势反转，平缓价格和交易量波动，避免对市场反应的含义迷惑不清。

共同基金 积极管理的股票投资组合，多有持股人都分担基金的盈亏，股票可在任一工作日以净价赎回。

美国全国市场系统 在地方交易所同时公布股票价格的系统，于1975被广泛采纳，以保证交易活动达到合理标准。

纽约证券交易所（NYSE） 美国最大的股票交易所。是一家由董事会运营的公司，负责监管交易所和成员的活动、证券上市、监管交易所成员席位的转让，并决定申请人是否有资格成为做市商。

标准化 调整数据（如价格列），将其置于正常或更标准的范围。有时用于开发交易系统。

NYFE 纽约期货交易所。

Nymex 纽约商业交易所。

报买价 愿意以一定价格出售的意思表示，亦称为询问或询价。与其相对应的是递盘。

抵消 （1）通过出售期货合约、远期或其他金融工具而清偿所买入的同等数量、同一交割月的期货合约、远期或其他金融工具；（2）通过购买远期期货或其他金融工具来冲销买空同等数量、同一交割月的远期期货或其他金融工具。两种操作都将交割实际金融工具的义务转嫁给了其他人。

成交量净额（OBV） 交易量动能指标，将交易量和价格变化联系起来，由乔·格兰维尔最早提出。

一个订单取消所有订单 如果执行了一个订单，该组订单全部被取消。

线上经纪人 通过互联网提供服务的证券、期货或期权的散户经纪人。

线上交易 用电脑和互联网、借助在线经纪公司下达买卖交易指令，而不用经纪人亲自参与。通过计算机终端可以电子化输入和返回指令。

公开叫价 在商品交易所的交易场内或圈内公开拍买卖盘的行为。

开市 交易节点开市的时间，此时认为所有交易都"开门营业"。

开盘区间 开市交易中价格紧密联系形成的范围，开始的买卖单可能会在此范围内的任何一点成交。

期权合约 在未来特定日期买卖特定数量基本工具的权利（而非义务）。期权的卖方有义务（在看跌期权中）出售基本工具或行使期权时从期权买入人手中以交割价买入。

期权有效期 期权合约的起始日到期满日之间的时间。

权利金 购买人未获得期权合约向出卖人（授权人）支付的资金、证券或财产。

期权出售者 指期权买入者行使期权时负有履行义务的一方。

期权 表明有权在特定时间按照特定价格买卖一定数量的基本证券

术语表

（如股票、债券、期货合约）的合约，购买者享有权利，出卖者负有义务。

指令执行　经纪人对订单的处理，包括从客户收到口头或书面指令，将指令传达给交易所大厅，再返回完成客户指令的确认信息。

买入指令　在一定条件下买入一定量指明的金融工具的命令。

卖出指令　在一定条件下卖出一定量指明的金融工具的命令。

摆动指数　一种技术分析工具，用于决定资产是否定价过高或过低。摆动指数接近资产的最高值时，则认为资产处于超买状态；接近最低值时，处于超卖状态。

虚值期权　行权价高于标的资产市场现价的看涨期权或行权价低于标的资产市场现价的看跌期权。

场外交易市场（OTC）　在有组织的交易所外进行的金融工具交易，包括在做市商之间及做市商和客户之间进行的交易。

超买　技术分析术语，指市场价格相对于基本面或其他因素来说，上涨过于剧烈、过快。

超卖　技术分析术语，表示市场价格经历了巨大卖盘，而基本面却缺乏支持理由。

场外交易衍生品　一种金融工具，其价值旨在跟踪在柜台或交易所之外交易的商品、股票、国债、货币或其他某种标准的回报。

PC　个人电脑。

公平　地位平等。

场内　一些交易所交易大厅内特别构建的场所，可以公开喊价交易。其他交易所里用"环形交易台"表示该交易区。

平台　计算机界面，向用户提供信息以及进行电子交易的途径。

融券　为贷款或其他金融交易提供证券的行为。

点　价格或期权费最小的波动单位。汇率差单位，银行间市场最小的价格增量变化。

投资组合　一个人或机构的金融工具组合，通常为了分散投资风险。

头寸交易人　买卖金融工具并持有到延展期的交易人，与日内交易人不同，后者一般在一个交易期内建仓并清仓。

头寸 市场承诺。例如，可以说期货合约买入人拥有多头头寸，或反之，期货合约卖出人拥有空头头寸。

权利金 期权买入人向期权卖出人支付的金额。

价格限制 根据交易所规定，期货可以在前一天的计算价格基础上上涨或下跌的最大值。

每股市盈率（P/E） 根据股票市价和每股收益的比值来衡量不同普通股的价值。

保护性止损 如果价格达到预先确定的水平则退出交易的指令，意在防止极端损失。

下拉 价格从最高点下跌。

看跌（期权） 赋予期权买入者有权（并非义务）以特定价格在特定日或之前卖出基本金融工具的期权。

卖权价差 以较低行权价卖出看跌期权以支付较高行权价的看跌期权。

报价 证券、商品、期货、期权、货币或其他金融工具在特定时间的实际价格、递盘或询价。

上涨顶部 上涨停顿的点。

上涨 价格上行。

随机漫步理论 认为股票或其他市场价格过去的运行或方向不能用来预测未来运行或方向的理论。

幅度 某时期最高价和最低价之间的差。

比例价差 投资者同时持有数目不等的多空仓位的期权策略。

回落 价格的短期反趋势运行。

相对强弱指标（RSI 或 RS） 技术性动能指标，比较近期收益和近期损失之间的程度，以期决定资产的超买和超卖状况。

阻力 趋势徘徊的价格水平。由于卖盘多于买盘，市场停止上涨，与其相反的是支撑线。

回调 技术分析中，价格反向主要趋势运行，也称为调整。

收缩 价格下跌。

术语表

资本权益报酬率 计算公司的盈利性，特别是资产回报，计算方法是用税后收入除以有形资产。

反转到中间位置 该理念认为最自然的波动往往总会围绕正常或平均价值。

风险管理 控制和监测银行、金融机构、商业实体或个人的风险。

风险 资金损失的可能性。

季节性交易 用日期作为基本面指标预测市场趋势。

证券和交易委员会（SEC） 国会设立的联邦机构，用以监管证券市场、保护投资者。

证券 票据、股票、国债、投资合约、公司债券、利润分配的权益证明或合伙协议、存款证明、抵押信托凭证、组织成立前的证明文件、证券期权或其他投资工具。

倾销 集中推向市场，价格急速下跌的时期。

结算价 （1）收盘价，或收盘价范围之内的价格，用于决定闭市时净收益或损失的官方价格；（2）根据合同金额所支付的款项。

空头回补 反向操作或了结卖空头寸。

空头 卖出现金商品、商品期货合约或其他金融工具的人。反之，多头就是买入现金商品或期货合约的人。

滑移价差 交易价格估值和实际成交支付值之间的差价，一般是由于价差变化引起。

投机商 试图参与价格变化并从金融工具买卖中获利的人。

价差 （1）购买一种期货合约并同时卖出另一种期货合约，利用偶尔出现的非正常价格关系盈利；（2）报价时，买卖盘的价格差；（3）两个或更多价格之间的差额。

间谍软件 公司未经客户许可安装到用户计算机上的软件，其通过用户操作收集数据并形成广告，这样会降低用户计算机的运行速度。

随机指标 技术性动能指标，用于比较商品、证券或期货合约的收盘价和一定时期内的价格幅度。

止损限价指令 一旦达到特定价格，就变为限价指令的指令。

止损指令或止损 只有在股票或商品达到客户指定的价格时，才被

激活变为有效订单的休眠订单。抛盘止损低于市价,买盘止损高于市价。

行权价 投资人能够买卖期权标的金融工具的特定价格。期权合约约定的汇率、利率或市场价格。

供应 消费者能够买到的货物或服务总量。

等价买卖 买入行权价和到期日相同的买权和卖权的期权策略,一般用于投资人认为价格会有极大变化但方向不明的情况下。

合成止损 在自己或居间计算机上而不是在交易所大厅退出所持交易的指令。价格达到止损水平时,指定则发送到交易所服务器上执行。

系统 见交易系统。

T1 连接互联网的专用电话,有助于数据快速传输。

尾型状态 一日的价格走势出现长钉型,收盘价接近日中最低点。

技术分析 分析市场的一种方法,是根据算术形态预测市场价格的趋势。技术分析师通常研究价格范围的形态、变化率、交易量变化和未结权益,研究数据会通过图表表现,显示作为未来价格可能走势指标的趋势和形态。

技术止损 用技术分析预先确定退出交易的价格的订单。

Theta 系数 期权到期前根据剩余时间的变化衡量期权理论价值变化的系数。

基点 证券、期货或其他金融工具价格上行或下降的最小值,亦称为点。

交易人 代表投资人或为自己账户商谈价格并执行买卖指令的个人。

交易系统 根据预先确定的指标和其他标准所显示的屏幕信息买卖股票的方法。

跟踪止损 按照预先确定的价格退出交易的指令。跟踪止损在市场有利交易人时,按照确定的量,一个基点一个基点地跟踪股票,以保证获益不会变为亏损。

交易成本 (1)谈判、监督和履行合同的费用;(2)执行金融交易的总成本。

趋势线 连接趋势中一些列最高点或最低点的线。趋势线可代表支撑线（积极趋势线）或阻力线（消极趋势线）。

Vega 波动1%的变化而引起的期权价格变化幅度。

垂直差价 购买一种期权，并同时抛售另一种股权用以对冲，两者到期月相同但协定价不同。亦称为看涨价差或看跌价差。

波动率 （1）预计汇率在一定时期内波动的量；（2）根据一段时间的每日价格表现所确定的商品价格上升或下跌的量。

交易量 在特定时期内合约、股份或其他金融工具的交易数量。

锯齿 损失小的短期交易。

投资收益 投资的年回报率，以分红或利息形式支付，以百分比表示。